키워드로 읽는 스포츠

이 학 준 저

(주)북스힐

머 리 말

대학에서 스포츠를 가르치면서 늘 생각하는 것이 있다. 그것은 스포츠의 현실참여에 관한 문제이다. 현실참여는 철학과 윤리적 판단과 깊은 관련성을 갖는다. 이 문제에 대한 반성의 차원에서 저자는 좀 더 현실적인 문제를 가르쳐야 한다고 생각한다. 이 때문에 철학적 사유와 윤리적 판단을 경험하고 습관화 할 수 있는 방법들이 없을까 하는 고민을 가지게 되었다. 지금도 그 고민은 진행형이다.

가장 좋은 교수법은 학생들을 생각하게 하는 것과 용어를 올바르게 이해시키는 방법이다. 즉, 철학적 지식보다는 생각하는 방법과 언어의 올바른 이해를 가르치는 것이다. 특히 철학용어가 익숙하지 않은 학생들에게 철학의 개념에 대한 강의 보다는 생각하는 방법과 용어에 대한 정확한 이해가 더 필요하다. 학생들이 현상을 올바르게 이해하는 습관을 형성하는데 도움이 되어야 한다.

그 중에서 읽기 위한 자료의 필요성이 제기된다. 읽기 위한 자료는 가르치는 사람과 배우는 사람의 욕구를 잘 반영하고 있어야 한다. 시중에는 볼 수 있는 스포츠철학에 관한 서적들은 분명히 이전보다는 많이 출판되었다. 하지만 대부분의 철학지식을 중심으로 전개하고 있을 뿐만 아니라 전문용어의 사용 때문에 학생들의 입장에서 보면 접근이 쉽지 않다. 그래서 저자는 각 주제에 대한 생각과 올바른 이해에 대하여 정리하여 보았다. 일종의 논리적 절차에 따라서 각 주제에 대한 저자 자신의 사유하기를 실시해 보았다. 각 주제에 맞게 쉽게 풀어쓰고 다시 다듬어 보았다.

16개의 키워드를 설정하고 그 주제에 대한 철학적 사유를 할 수 있도록 글을 정리하였다. 학생들과 독자들이 읽고 의문을 가지고 질문하고 함께 고민하는 사유의 교류를 위한 준비라고 할 수 있다. 저자의 사유과정이 얼마나 보편적 지식에 접근하고 있는지, 각 주제에 대하여 저자와 같은 생각을 독자들이 가지고 있는지, 아니면 다른 생각을 하고 있는지 서로간의 교류를 통하여 각 문제들을 사유하게 될 것이다.

이 책은 새로운 것이 아니다. 이전에 출판한 책들과 논문 속에서 저자의 고유의 생각을 잘 들어나는 글들을 발췌한 것이다. 독자들이 이 책을 읽고, 사유의 열쇠를 발견하고 스포츠를 오해에서 이해로 나가고 스포츠에 대한 지속적인 호기심을 가질 수 있기를 기대한다. 이와 더불어 진지한 사유를 통하여 무엇이 옳은 것인지, 무엇이 잘못 된 것인지에 대하여 독자의 입장에서 판단하기를 기대한다. 이전의 국내외의 학자들의 사유의 흔적들을 더듬어 가는 과정에서 저자 자신의 생각을 정리할 수 있었다. 이분들에게 감사드린다.

2007년 2월 5일
이학준

차 례

1 개념

스포츠란 무엇인가?

스포츠의 맛이란 무엇인가?

스포츠의 명제적 지식과 실천적지식이란?

1. 개념

"이해에서 체험에로"

스포츠가 뭘까?

모든 사람들은 스포츠를 잘 안다고 생각하고 있지만 막상 물어보면 쉽게 대답을 하지 못한다. 그 이유는 아마도 스포츠란 용어가 너무 익숙해진 나머지 너무나 당연시하고 있기 때문이다. 일상용어가 되어버린 스포츠는 일상의 삶에서 이제 떼어 낼 수 없을 만큼 일상의 용어가 되었다. 이제 스포츠는 하나의 볼거리 그 이상으로 대화의 소재와 동호회 중심으로 즐기는 것이 되었다. 다른 문화와 더불어 스포츠는 독자적인 문화를 형성하고 있다고 볼 수 있다.

스포츠문화는 고대에서 현대까지 문화, 정치, 경제, 사회, 군사, 예술 등과 밀접한 관계를 맺으면 형성되었다. 그래서 각 민족 특유의 스포츠는 그들의 전통의 용광로 혹은 문화가 내면화 된 작은 사회라고 한다. 현대 사회에서 스포츠란 말이 너무나 많이 사용되고 있을 뿐만 아니라 지금처럼 넘쳐난 시대도 없을 것이다. 그렇다면 스포츠란 무엇인가? 어떻게 알 수 있을까?

지금 스포츠, 체육, 운동경기, 사회체육, 생활체육, 레크리에이션 등의 개념 혼동의 사용으로 명확한 이해를 하고 있지 못하고 사용하고 있다. 그만큼 스포츠와 유사한 용어들은 넘쳐나고 있다는 것이다. 단순히 스포츠 개념만을 안다고 스포츠를 안다고 할 수 있을까? 이것은 분명 아니다. 스포츠를 안다는 것은 개념 즉 명제적 지식뿐만 아니라 인간 움직임과 신체 활동을 통해 얻어지는 신체 활동적 지식 혹은 신체지라는 것에 대한 이해가 필요하다.

스포츠란 뭘까? 무엇인가 하는 의문을 가지고 스포츠현상에 대한 전체적인 그림을 그려보았다. 이러한 문제 제기를 통하여 스포츠를 안다는 것이 진정 무엇인가를 알아본다. 이를 위해서 스포츠의 객관적 정의와 주관적 정의로 나누었다. 어느 하나의 정의만으로 스포츠가 무엇인가를 알 수 없다고 생각했기 때문이다. 지금까지 우리는 스포츠의 객관적 정의만을 가지고 스포츠가 무엇인가를 이해하였다. 이것은 스포츠가 무엇인가를 완전히 이해했다고 말하는데 한계를 가진다.

이 한계를 넘기 위하여 스포츠의 객관적 정의에 해당하는 스포츠 이해하기를 통한 스포츠의 명제적 지식을 알아보고, 스포츠의 주관적 정의에 해당하는 스포츠 체험하기를 통한 스포츠의 실천적 지식에 대하여 알아본다. 스포츠의 맛에 대한 체험과 스포츠의 뜻에 대한 이해, 이것이 스포츠가 무엇인가를 여는 생각의 열쇠이다.

스포츠 이해하기 : 스포츠의 뜻

스포츠 이해는 스포츠의 명제적 지식에 해당한다. 스포츠가 무엇인가를 알기 위해서 스포츠와 스포츠가 아닌 것을 구분할 수 있는 잣대가 필요하다. 예를 들어 과연 바둑은 스포츠인가 혹은 아닌가 하는 문제는 명확한 잣대(기준)를 제시할 수 있다면 그 해답은 가능하다. 잣대는 경쟁, 유희, 규칙, 대근활동 등이다. 이 기준으로 스포츠와 스포츠가 아닌 것을 구분할 수 있다.

많은 체육학자들이 바둑이 스포츠가 아닌 이유로 대근활동을 들고 있다. 대근활동은 큰 근육을 사용하여 우리 몸에서 땀이 날 정도를 움직이는 것을 말한다. 그래서 어떤 사람은 농담으로 바둑이 스포츠가 되는데 만약 대근활동이 꼭 필요 하면, 바둑돌을 들고 하늘높이 점프해서 바둑을 두거나 아니면 팔굽혀 펴기를 하면서 바둑을 두면 된다고 말한다. 그러나 현실적으로 이렇게 바둑을 두는 사람은 아마 없을 것이다.

스포츠(Sport)란 용어는 어원이 영어의 고어인 'disport'(즐기는 것, 기분을 경쾌하게 하는 것)에서 유래하였고, 불어의 'desporter'나 라틴어 'disportare'란 용어와 함께 심신의 전환, 오락의 뜻을 내포하고 있다. Sport라는 용어는 그 개념과 내용에 있어서 다양하고 광범위하게 쓰여 지고 있다. 예를 들어 Sport는 즐기는 것, 기분 전환, 오락, 레크리에이션은 일에서 해방된 상태에서 즐기고 있는 활동을 뜻하고 있는가 하면, 운동 규칙에 의해서 이루어지는 경쟁적 요소를 지나 운동경기(축구, 야구, 배구 등)를 말한다. 그런가 하면 이외에도 경쟁이 따르지 않은 캠프, 하이킹, 사이클, 등산 등은 야외 스포츠에 포함해서 이를 스포츠라고 한다.

좀더 스포츠의 명제적 지식에 대하여 알아보자. 스포츠의 어원을 찾다 보면 이 용어는 유희(Play)라든가 오락(Pastime)을 뜻하는 것을 알 수 있다. 따라서 스포츠의 본질은 유희의 요소를 지니고 있다. 만약 스포츠가 유희의 요소를 잃게 된다면, 스포츠라고 할 수 없었을 것이다. 이런 기본적 사실을 가지고 스포츠의 명제적 지식이라고 할 수 있는 체육학자들의 스포츠 정의를 알아보자.

· Carl Diem(1980)은 스포츠는 목적에 구속받지 않고 희열을 느끼며 능력을 높이고자 노력하는 유희라고 정의한다. 따라

서 단순한 유희는 결코 스포츠가 아니며 유희는 계획적으로 행할 때 비로소 스포츠라고 할 수 있다. 이것은 스포츠의 본질은 유희에 있으며 유희는 반드시 조직적, 계획적인 과정이 전재되어야 한다. 이러한 조건 하에서 스포츠는 성립되는 것이다.

· Bernard Gillet(1983)은 스포츠는 본질적으로 유희라고 말하고 스포츠는 경쟁심 없이는 존재 할 수 없다고 말한다. 그리고 하나의 운동을 스포츠라고 인정하는데 있어서는 3대 요소인 유희, 경쟁, 대근 활동을 요구한다고 정의하고 있다. 이는 스포츠의 경쟁적인 요소를 강조하는 것임을 알 수 있다. 스포츠에서 경쟁이 없이는 유희적 요소가 상대적으로 감소한다. 그러므로 경쟁은 스포츠의 필수 요소라고 할 수 있다.

· MeInTosh(1980)은 요한 호이징가와 로저 가이와의 유희론을 계승하면서 스포츠의 기본적 성격을 유희로 보고 있다. 그 가운데 경쟁과 결부시키면서 유희 가운데 어떤 탁월성을 찾고자 노력하는 것이라고 말하고 있다. 이를 정리하면 스포츠는 적어도 유희, 경쟁, 탁월성 추구라는 요소가 포함되어야 비로소 스포츠라고 할 수 있다는 말이다.

스포츠의 명제적 지식에 의하면 스포츠는 경쟁, 유희 그리고 기술성과 자발성, 규칙이 총체적으로 결합하여 작용하는 신체 활동의 총칭이다. 신체 활동에서 유희적 요소가 없다면 일과 구분될 수가 없을 것이다. 적어도 경쟁, 유희, 규칙, 대근활동 등이 있어야 스포츠라고 할 수 있다. 스포츠는 곧 자발적인 신체 활동을 통하여 유희를 동반하는 것으로 탁월한 기술과 경기 규칙의 총체라고 정의 할 수 있다. 이와 같은 스포츠의 명제적 정의(지식)에 대한 이해를 가지고 스포츠의 실천적 지식이 무엇인지 알아보자.

스포츠 체험하기 : 스포츠의 맛

스포츠 체험은 실천적 지식이다. 스포츠가 무엇인가를 안다는 것은 신체 활동의 외면적인 명제적 정의를 통해서 아는 것만이 전부가 아니다. 신체활동의 내면적인 스포츠 체험을 통해 습득되는 일종의 살아 있는 생생한 지식이라고 할 수 있는 스포츠의 실천적 지식을 아는 것 또한 필요하다. 스포츠의 실천적 지식은 인식 주체로서의 신체가 인식하는 일종의 체험의 지식(앎)이라고도 할 수 있다. 다시 말해서 스포츠의 실천적 지식은 신체 활동을 통해 땀을 흘리고 그 과정 속에서 느끼는 일종의 체험적인 앎이다.

스포츠 현상을 관찰하여 추론해 볼 때 스포츠를 안다는 것은 단지 스포츠의 개념을 아는 것만이 아니라 스포츠의 독특한 진수라고 할 수 있는 '참 맛'을 안는 데서 찾을 수 있다. 흔히 운동선수 출신 학자들은 이론적 지식만을 가지고는 스포츠를 제대로 알지 못 할 것이라고 말한다. 이 말은 스포츠는 명제적 지식뿐만 아니라 실천 과정에서 알 수 있는 실천적 지식이 필요하다는 것을 말하는 것이다.

스포츠를 체험한다는 것은 스포츠가 가지고 있는 실천적 지식을 알 수 있는 일종의 지름길이라고 할 수 있다. 스포츠를 제대로 안다고 우리가 자부 할 수 있는 것은 스포츠의 참 맛에서 찾을 수 있다. 스포츠의 맛은 직접 스포츠에 참여 하는데 있어서 그 진수를 체험하는데 있다. 참으로 스포츠를 안다는 것은 스포츠 현상 속에서 참가자들의 참여하는 가운데 몰입의 과정을 통해서 알 수 있다.

이때의 체험을 우리의 일상 생활언어로 표현한다면 '맛'이라는 용어로 표현할 수 있을 것이다. 맛의 또 다른 표현은 신바람, 신명이라고도 할 수 있다. 맛에 대한 외국의 표현을 찾아보면,

토마스는 완벽한 순간(Perfect Moment), 칙센트미하이는 몰입(Flow experience), 매슬로우는 절정체험(Peak experience), 불교의 열반, 선의 경우에는 삼매 등으로 표현하고 있다.

'스포츠의 맛'은 어떤 절정 체험을 경험했을 때 알게 되는 것이다. 그 때의 그 맛은 직접 체험하는 사람이외는 아무도 모른다. 스포츠는 많은 운동선수들이나 일반인들이 매일 참여하는 것은 이런 스포츠의 맛을 체험하기 때문이다. 예를 들어 음식을 먹을 때 우리는 맛있는 음식에 젓가락이 가고, 입으로 향한다. 맛은 먹었을 때 체험하는 인식 주체적 신체가 작용을 통하여 아는 것을 말하며 이때의 맛은 주관적인 지식이다.

이 맛은 사람들은 각자 체험된 앎으로 인지하고 있기 때문에 같은 음식, 맛있는 음식점을 찾는 것과 같다. 그 이유는 순수한 '맛' 때문이다. 그러나 이러한 '맛'은 말해 버리면 그때 그 맛은 이미 사라지고 만다. 즉 본래적인 상태에서 떠나고 마는 것이다. 한번 맛본 음식은 먹고 나서 과학적으로 그 맛을 분석하여 성분을 파악하고 다시 그 성분들을 합성해서 음식을 만들어도 이전에 '맛'과는 분명 다른 맛을 가진 음식이 된다.

스포츠를 통해 얻어지는 인식 주체로서의 신체가 알게 되는 신체 활동적 지식은 '스포츠의 맛'이라 말할 수 있다. 맛이라고 하는 용어는 미각을 통해서 얻어지는 것만이 아니라 체험을 통해서 얻게 되는 것을 지칭하기도 한다. '스포츠의 맛'은 체험을 통해 알 수 있는 것으로 음식의 맛과 이런 점에서 같다. 하지만 '스포츠의 맛'은 대근 활동을 통해 얻을 수 있는 생생한 살아 있는 실천적 지식이라는 점에서 음식의 맛과는 구별된다. 이 맛은 스포츠 참가자들의 지속적인 운동을 가능하게 하는 요인이다.

이러한 점에서 음식의 예와 같다. 어떤 유명한 음식점에서 어떤 맛있는 음식을 맛을 본 사람이 다시 그 맛있는 집을 찾아 같은 음식을 먹는 경우와 같다. '스포츠의 맛'을 한번 맛본 사람은 지속적으로 스포츠 활동을 하게 된다. 이는 '스포츠의 맛'이 신체활동 혹은 스포츠 행위의 촉매제 역할을 하기 때문이다.

체육학자 이진수는 '스포츠란 행복을 추구하는 신체활동의 총체 혹은 절정체험을 추구하는 신체활동의 총체'라고 정의하였다. 다분히 주관적인 정의라고 할 수 있지만 어떤 측면에서 스포츠가 무엇인지를 적확하게 표현한 말이 아닌가 한다. 결국 진정한 스포츠를 안다는 것은 '스포츠의 맛'에 대한 체험(실천적 지식)과 스포츠의 뜻에 대한 명제적 정의(명제적 지식) 이 모두를 안다는 것을 의미한다.

이것이 스포츠이다.

스포츠란 무엇인가에 대하여 알아보았다. 스포츠는 우리 일상의 생활 세계의 일부분을 구성하는 문화라고 할 수 있을 것이다. 일상적으로 우리는 스포츠신문을 보고, TV스포츠 중계를 시청하고 일상적인 대화에서도 일기예보 보다 더 자주 스포츠를 일상적 대화의 주제로 사용하고 있다. 이러한 현상은 우리가 의식적이든 혹은 무의식적이든 알 수 있다.

이는 스포츠가 우리 생활세계에 한 부분으로 작용하고 있다는 것을 의미한다. 이러한 상황에서 자연스럽게 우리는 과연 스포츠란 무엇인가에 대한 의문을 가질 수밖에 없다. 너무나 많이 스포츠란 용어들이 우리 주변에서 사용되고 있기 때문에 스포츠에 대한 이해가 절실히 필요로 한다.

스포츠가 뭘까 라는 궁금증을 해결하기 위해서는 스포츠의 이해와 체험이 필요하다. 우리는 단지 스포츠의 체험이나 혹은 이해만을 가지고 스포츠가 무엇인지 안다고 자족하고 있지만 실제로 어느 한가지만을 통하여 스포츠를 온전히 안다고 단언 할 수는 없을 것이다. 스포츠란 무엇인가를 알기 위해서는 스포츠의 뜻에 대한 이해하기와 스포츠의 맛에 대한 체험하기가 필요하다.

우선 스포츠의 명제적 지식은 무엇보다도 이해를 요구한다. 이를 충족시키기 위해서 저명한 체육학자들, 즉 칼 디임, 질레, 메킨토시 등의 정의한 스포츠의 뜻을 알아보았다. 그들에 의하면 스포츠는 유희가 본질이고 경쟁, 대근 활동, 규칙, 자발성, 기술성 등이 총체적으로 결합된 것임을 알 수 있다. 스포츠를 안다는 것은 명제적 지식만을 가지고 알 수 없기 때문에 이와 더불어 실천적 지식 또한 필요한 것이다. 이 모두 알게 되었을 때 비로소 스포츠란 무엇인가를 알게 된다.

'스포츠의 맛'이란 인식 주체로서의 신체가 스포츠에서 체험을 통해 얻을 수 있는 살아 있는 생생한 느낌이다. 이것은 일종의 암묵적으로 우리는 알고 있는 그 무엇으로 우리는 이미 알고 있지만 말로 설명할 수 없는 것이라고 할 수 있다. 스포츠의 실천적 지식을 알기 위해서는 스포츠의 맛이란 체험을 통한 인식이 요구된다.

스포츠를 안다는 것은 명제적 지식과 스포츠의 실천적 지식 이 모두를 알게 되었을 될 때 비로소 우리는 스포츠 뭘까 하는 궁금증을 약간이나마 풀 수 있을 것이다. 만족할 만한 설명이 되지 않았다면, 지금 당장 밖으로 나가 운동장을 가로지르면서 뛰어보는 것이 좋을 것 같다. 체험이 이해를 더 잘 말해줄 수 있기 때문이다. 그 체험은 스포츠 맛에서 시작한다. 스포츠의 맛은 빠져 들어감에서 찾을 수 있다.

2 사회

스포츠공동체란 무엇인가?

왜 스포츠를 권하는 사회인가?

어떻게 스포츠를 권할 것인가?

2. 사회

"술 권하는 사회에서 스포츠 권하는 사회에로"

우리가 살고 있는 생존의 터전인 이 사회는 어떠한 사회인가 하는 의문들이 제기될 수 있다. 한국 사회는 IMF(국제구제금융) 체제의 사회, 시장경제의 자본주의 사회, 후기 산업사회, 포스트 모던사회, 기호사회, 죽을 맛 나는 사회 등 여러 가지 수사적 표현을 빌려 규명할 수 있다. 그러나 저자는 이러한 경제적, 정치적 차원의 해석을 떠나 우리 사회를 사회, 문화적으로 해석하고자 한다.

우리 사회의 한 단면을 볼 수 있도록 해주는 공동체 의식을 형성하는 매개체가 있다면 그것이 무엇이며, 그것을 통해 인간 대 인간, 인간 대 사회를 연결해주는 가장 이상적인 것이 무엇인가를 밝힐 필요가 있다. 그 이상적인 것이 술과 스포츠라고 조심스럽게 말할 수 있다. 이러한 관점에서 볼 때 우리의 현실이 술에 의해서 지배된다고 말한다고 해도 전적으로 억측이라고 치부 할 수 없을 것이다. 그런 뜻에서 다음의 글에 주목하게 된다.

"대한 주류공업협회가 지난 12월 1일 전국 7대 도시의 중고생 3천명과 14개 4년제 대학생 3천명의 음주실태를 조사한 결과 남자 중고생은 10명중 8명꼴인 78.5% 여중고생은 69%가 술을 마신 경험이 있는 것으로 나타났다. 음주 경험자 중 한 달에 한 번 이상 술을 마시는 학생은 26.4% 일주일에 한 번 이상 마시는 음주

학생은 7%이다. 또한 대학생 중 음주자는 93%로 미국대학생의 음주비율(86%)보다 높게 나타났다"(동아일보, 1998. 12. 2).

다음으로 대학의 문화를 조명해 보자. 개강 첫날 많은 새내기들의 활기 넘치는 모습은 모든 이에게 대학의 생동감을 느끼게 한다. 그리고 우리 자신의 새내기 시절을 더듬어 보게 한다. 그러나 변하지 않은 모습들 중에 하나는 술로 만취해 변기통과 싸우고, 술에 지친 모습들과 광기 어린 모습으로 학교 정문 앞 대로에서 집단적 행동으로 교통 장애를 일으키는 모습이다. 이러한 행동도 대학생이니까 해도 된다는 전근대적인 사고로 자신을 합리화하는 것이 현실이다. 이렇게 되풀이되는 모습이 진정 대학의 자화상인지 자문해 볼 필요가 있다. 이러한 현상은 대학의 자연스러운 문화로 자리 잡아왔다. 여기에 문제를 제기하는 학생도 많지 않았다. 이성의 합리적 견지에서 이런 현상을 살펴본다면 그 해답은 자명해질 것이다.

인간은 사회와의 관계맺음을 통해 문화와 전통, 규범을 자연적으로 체질화하고 자신의 삶 속에 용해시켜 성숙한 어른으로서 자라난다. 우리에게 인간관계와 공동체 문화를 형성하고 지속시키는 매개체가 있다면 그것은 무엇인가. 이 질문에 해답이 될 수 있는 것이 있다면 술과 스포츠이다. 그 만큼 오늘의 우리 삶에서 술과 스포츠가 차지하는 역할을 크다고 말할 수 있다. 술과 스포츠는 일상생활 속으로 깊이 침투하여 인간의 희노애락을 함께 해 왔다고 할 수 있다.

이 글에서는 '술 권하는 사회'의 문제를 지적하고 대안적 방안으로 '스포츠를 권하는 사회'를 제시하려고 한다. 술은 '술 권하는 사회'를 대표적으로 상징하고 스포츠는 스포츠를 권하는 사회를 대표적으로 상징하는 의미로 사용하였다. 지금까지 술이 챔피언으로 대학과 사회에서 숭배 받는 현실에서 스포츠를 도전자로 등장시켜 술과 스포츠의 한 판 승부를 벌이려고 하는 것이다. 이러한 승부를 통하여 한국 사회에서 술과 스포츠로 대변되는 공동체문화에 대한 올바른 이해를 시도하려고 한다. 이기주의와 개인주의적인 서구의 생활 형태가 정착되어 가는 사회분위기에서 공동체 문화의 상실이란 위기를 경험하고 있다. 이때 새로운 공동체 문화로서 "스포츠를 권하는 사회 만들기"를 통해 사회전체가 우울하고 암담한 현실에서 우리 모두에게 살맛나는 삶과 새로운 공동체 문화를 형성하려고 하는 것이 이 글의 의도이며, 목적이다.

이 글의 논의 절차는 술과 스포츠에 관련된 문헌고찰을 중심으로 술과 스포츠의 장단점을 비교・검토하였다. 일차적으로 술 권하는 사회문화의 문제점을 조명해보고, 그 뒤를 이어 술 권하는 사회문화의 대안으로 '스포츠를 권하는 사회'를 제시하였다. 끝으로 술과 스포츠의 한판승부를 통해 과연 오늘날 우리에게 필요한 새로운 공동체문화는 무엇인가를 살펴볼 것이다.

'술(酒) 권하는 사회'의 문제

IMF(국제구제금융)체제 이후 사람들은 삶을 어렵고 힘들어하고 있다. 빈부의 격차는 커져만 간다. 삶 자체가 너무 무겁게 우리의 의식을 억압한다. 억압에서 벗어나기 위해서, 잠시만의 평안한 마음을 얻기 위해, 스트레스를 벗어나기 위해서 우리는 술을 마신다. 이러한 일상적인 현실의 모습은 인근 공원과 역주변의 풍경을 살펴본다면, 확인할 수 있다. 막걸리, 소주병이 옆에 나뒹굴고, 술에 취해 벤치에 누워 잠을 청하고 있는 사람들의 얼굴은 근심과 우수에 차있는 고통스런 우리 시대의 자화상인지 모른다. 늘어나는 시간이 여가를 의미한다면 이들의 삶에 있어서 여가는 견디기 어려운 고통의 시간이다. 즐거워야 할 여가시간이 고통의 시간이 되는 것이 오늘의 현실이다.

우리 민족이 여타 민족보다 술 소비율이 높은 수치를 보이는 것은 그 만큼 비례적으로 삶이 고통스럽기 때문이라 말 할 수 있다. 대부분의 사람들이 사회생활의 피로와 스트레스를 술로 해소하는 것이 일상생활의 한 단면이며, 술 마시기가 바로 여가행위를 의미하기도 한다. 또한 인간관계를 맺고 유지하는 중요한 매개체로서 술은 우리 사회에서 챔피언으로 숭배를 받아왔다. 술을 먹지 못하는 사람은 인간관계에서 원만해질 수 없다는 것이 일반적인 사회의 통념이다.

우리 사회의 하루 술 소비율은 세계의 상위권에 속한다. 이것은 우리 사회가 술 권하는 사회로 향하고 있다는 것을 보여준다. 남성 술 소비율의 증가와 여성 술 소비량은 계속적으로 증가하고 있다. 술은 경제력과 건강에 악영향을 미친다. 물론 저렴한 가격의 적당한 음주는 이상적이다. 문제는 술 문화가 2차, 3차로 이어져 취할 때까지 마시는 것이다. 20대 초반 대학생들의 활동이 활발해지면서 공부의 피로와 스트레스를 술로 푸는 대학생이 늘어나고 있다. 1996년 갤럽이 전국의 20대 이상 남녀 1천 5백 명을 대상으로 실시한 음주 습관 여론조사에 따르면 남성 음주자는 92년 80.1%에서 83.3%로 3% 늘어난 반면 여성 음주자는 20.1%에서 61.2%로 세배 가까이 늘어났으며, 또한 지난 해 통계청의 보건 부문 통계를 보면 우리나라 여성의 60.3%가 한 달에 한 번 정도 술을 마시고 30.5%는 1~2주일에 한 번, 7.3%는 일주일에 서너번 술을 마시고 있는 것으로 나타났다.

한국보건사회연구원에서 1995년 한 해 동안에 우리나라에서 음주와 관련하여 야기된 질병 및 각종 사고 의료비, 질병으로 인한 조기사망, 생산성 손실 등으로 인한 비용을 산출한 결과 알코올로 인한 경제적 비용은 1995년에 약 9조 7,840억원으로 추정되었다. 이는 우리 나라 GNP의 2.8%에 해당하는 액수이다. 알코올로 인한 사회경제적 비용을 주요 항목별로 살펴보면 질병 및 숙취로 인한 생산성의 손실비가 5조 8,611억원으로 59.9%, 질병 및 사고로 인한 조기사망에 의한 손실비용으로 2조 8,774억원으로 29.4%를 차지하고 있으며, 그 나머지 555억이 음주운전사고에 의한 재산피해와 경찰 및 보험행정 처리비용으로 집계되었다(서문희, 1997).

이것은 우리 사회가 얼마나 술 권하는 사회로 가고 있는가를 단적으로 증명하는 사실이다. 술이 아니면 인간관계를 불가능한 것으로 알고 술을 챔피언으로 숭배하였기 때문이며, 새로운 도전자가 나타나지 않았기 때문이다. 그러나 이제는 21세기의 문턱에서 우리나라 사회와 대학에서 술을 챔피언 자리에서 물러나게 해야 한다. 스포츠가 도전자로서의 패기를 살려 챔피언이 되어 진정한 인간관계를 위한다면 스포츠가 그 역할을 대신하여야 한다. 그래서 대학과 사회가 '술 권하는 문화'에서 '스포츠를 권하는 문화'로 변화해야 할 것이다.

술은 인간을 빠른 시간 안에 서로간의 담을 허물고 진솔한 대화를 하게 한다. 그러나 술이 초래하는 문제는 서로간의 체질차이로 인해 어느 정도 술을 소비했을 때 사람들이 마음의 벽을 무너뜨릴 수 있고 진솔한 대화가 가능 한가 이다. 과음으로 우호적인 인간관계가 아니라 원수 관계가 될 수도 있다. 과음으로 인해 주사가 일어 날 수 있으며, 다음날 공부와 업무에 지장을 초래 할 수도 있다.

또한 과다한 알코올 섭취는 신체의 거의 모든 부분에 영향을 미쳐서 간질환, 위염, 췌장염, 고협압, 중풍, 식도염, 당뇨병 그리고 심장병 등 많은 질환을 일으키는 것으로 보고되고 있다. 만성과음자는 대다수가 알코올성 간질환, 알코올성 간경화, 알코올성 지방간, 알코올성 심근증, 알코올성 위염 등으로 사망할 확률이 높다. 미국의 질병관리 센터에서는 병으로 인한 사망자중 알코올로 인한 사망이 식도암은 75%, 만성췌장염은 60%, 구강인두후두암, 간경변 등은 50%, 급성췌장염은 42% 순으로 높다고 밝히고 있다. 이외에 음주는 태아성 알코올증, 고지혈증, 혈액응고장애, 면역학적 문제, 저 알부민 혈증, 빈혈, 백혈구 감소, 혈소판 감소 등을 일으킬 수 있으며, 근 골격계에 작용하여 근육질 병을 일으키고 골다공증의 위험요인이 되기도 한다. 우리나라 알코올리즘 유병율은 남 45.6%, 여자 2.2%로 특히 남자의 유병률이 높다(서문희, 1997).

음주는 건강문제 뿐만 아니라 사회문제로 우리 사회에 엄청난 경제적, 사회적 손실을 초래하고 있고, 앞으로도 생산성 수준의 향상과 함께 알코올 관련 사회적 비용도 크게 증가될 것으로 전망되므로 이에 대하여 다음과 같은 대책방안이 제시되고 있다. 첫째, 알코올 판매 및 소비 조정을 통한 건강증진 기금의 조성이다. 둘째, 주류 판매 면허제의 도입이다. 셋째, 알코올 남용 및 중독관리 관련 기관의 필요성이다. 넷째, 절주 운동을 위한 민간단체 활동의 지원이다. 사회운동 차원에서의 범국민적인 운동을 전개하여 폭탄주 돌리기, 2,3차 음주 등 과도한 우리나라의 음주문화를 건전한 방향으로 유도해야 할 것이다(서문희, 1997). 이러한 차원에서 술 권하는 사회의 대안으로 '스포츠를 권하는 사회'에 대하여 알아보자.

'스포츠를 권하는 사회'

스포츠는 첫 만남을 의미 있게 하는 매개체로서 인간관계의 근본적인 매개 역할을 수행할 수 있다. 스포츠 활동은 열린 마음으로 타자에 대한 관심과 상호 존중과 배려를 전제로 행하여지기 때문에 가식과 허식에 의한 형식적인 만남의 인간관계를 배척하고 자연스럽게 만남의 의미를 중요하게 여기는 계기의 장이 된다. 예를 들어 등산을 경험해 본 사람은 등산을 함께 하면 모르는 사람이라도 쉽게 친해질 수 있다는 것을 알 수 있다. 등산은 일단 동일한 목표를 가지고 시작하여 힘들고 어려운 일을 함께 경험하므로 그 속에서 인간의 정과 끈끈한 우정을 느낄 수 있기 때문에 등산이 사람과 사람 사이를 가깝게 만든다. 따라서 스포츠는 친선과 만남 그리고 인간관계의 중요한 통로라고 말하지 않을 수 없다.

만약 스포츠가 없었더라면, 첫 만남에서 친숙함에 이르기까지는 상대적으로 긴 시간이 걸렸을 것이다. 스포츠는 살아 있는 생생한 체험을 통해서 서로 알아갈 수 있는 문화라고 말할 수 있다. 이러한 전제하에서 예를 들어 동문 체육대회와 학교 체육대회가 좀 더 많은 참여자를 동원할 수 있는 프로그램을 개발하여 이용한다면 체험을 통해 단결과 화합의 장이 조성될 것이다. 이것이 스포츠가 가지는 매력이며, 열린 마음의 상태로 도달하게 하는 매개체로서의 역할이다.

그리고 스포츠 활동은 가정 경제의 의료비 부담을 감소시킬 수 있다. 만약 가족 중에 한 사람이 중병에 걸렸다면 그 가정의 경제는 붕괴되기 쉽다. 그만큼 의료비는 큰 부담을 준다. 그러므로 가족 구성원의 건강은 가정 경제를 풍요롭게 유지하고 가정의 행복을 유지하는 근원이 된다. 따라서 가정 경제의 의료비 부담은 그만큼 적어질 것이다. 이러한 기틀은 대학에서 교양체육과 스포츠 활동의 적극적이고 자발적인 참여 속에서 형성될 수 있다. 스포츠는 우리의 건강한 삶을 위한 예방의학으로 작용할 것이다.

공동체 문화적인 관점에서 해석한다면 하는 스포츠와 보는 스포츠의 구분은 더 이상 필요하지 않다고 언급되기도 하는데 그렇지 않다. 보는 스포츠는 자신의 마음의 벽을 붕괴시키고 타인과 사회에 동참하는데 결정적인 장애가 될 수 있다. 함께 어울려 땀을 흘리고 그 가운데 연대를 할 수 있어야 한다. 물론 '붉은 악마'와 같이 응원을 통해 공동체를 만들어 내는 것이 좋은 예이다. 그러나 볼거리를 통해서만 연대의식이 형성된다는 데에 문제가 있다.

프로선수와 국가대표 선수들의 경기가 아니라 대중 스포츠와 생활 스포츠의 입장에서 공동체 문화는 형성될 수 있다. 젊음이 왕성한 10~20대 이외의 연령에서는 공동의 응원문화를 만들어 낸다는 것은 사실상 어렵다. 그들 20대의 열정과 욕구를 기성세대들은 따라가지 못한다. 즉 자신의 마음을 열지 못하는 것이다. 이처럼 중년층과 노년층이 스포츠를 통해 새로 연대의식을 형성하기는 어렵다. 그러나 우리 사회의 일면을 들여다보면 조기축구 등과 같은 소모임을 통해 지역을 연계하는 것을 볼 수 있다. 이런 관점에서 다음은 글은 시사하는 바가 크다.

"맹목적인 편의를 숭배하는 소비문화에 이미 길들여진 우리 모두가 공동체 문화에 반하는 삶을 살고 있다는 인식의 대전환이 없고서는 진정한 의미의 공동체 문화의 형성은 불가능하다. 그렇다고 개인과 공동체 사이의 갈등에 대해서 무조건 공동체를 앞세우는 것만이 공동체는 결코 아니다. 그런 갈등을 공동 참여를 전제로 한 열려진 커뮤니케이션의 공간에서 해소할 것이 있을 때에 바로 공동체 문화가 형성되어 있다고 말할 수 있는 것이다"(강준만, 1998: 8).

공동체를 위한 스포츠의 역할을 수동적으로 보는 스포츠에 찾기보다는 과감하게 운동장에서 땀을 흘리면서 참여하는 행하는 스포츠에서 찾아야 할 것이다. 스포츠를 한다는 것은 보는 대상으로서만 스포츠를 간주하는 것이 아니라, 쉽게 스포츠 속으로 들어가 스포츠의 의미(체험)를 얻을 수 있는 것이다. 이런 점에서 스포츠를 해석해야지 보는 대상으로 각 스포츠만을 보고 말하면 그것은 해석상에 오류를 범하는 것이다. 전체를 볼 수 있는 눈은 스포츠에서 몸이다. 직접 체험하는 그 자체를 통해서 바른 해석이 가능하고 스포츠를 했다고 할 수 있다. 지금 당장 운동장에 뛰어나가 땀을 흘리면서 체험하는 것에서 공동체문화는 형성된다. 다음의 글은 스포츠에서 우리가 얻어야 할 것이 무엇인지를 나타내는 글이다.

"즐거움을 추구하는 것이 쉬운 것만 좇는 것이 되지 않고 땀으로 얼룩진 몸과 그 뒤에 진정으로 뼈를 깍는 노력, 그러면서도 재미와 즐거움을 만들어내는 것, 나이키 에어 조던을 신지 않았어도 숏 다리로도 덩크슛에 도전하는 용기, 직업이 아닌 스포츠를 해내는 배짱, 자본과 국가의 코드로 얽혀진 스포츠를 구출하는 지혜, 그리고 스트레스 해소가 스포츠의 임무라고 여기지 않는 것, 이것들이 우리가 스포츠에서 건져야 할 욕망의 미시정치가 될 것이다"(문선영, 1998).

'스포츠를 권하는 사회'를 통하여 이웃, 친구, 가족이 함께 모여 스포츠를 즐기면서 상호간의 불신의 벽을 허물고 공동체 의식을 형성할 때 함께 더불어 사는 공동체를 만들 수 있을 것이다. IMF체제라는 너무나 과도한 현실의 압박에서 일순간 벗어나서 자기를 찾고 이웃과 함께 살아가야 한다는 의식을 찾아야 할 것이다. 이런 바탕에서 온 국민의 얼굴에서 미소를 볼 수 있고 나라 전체가 살맛나는 세상이 될 것이다. 이와 같은 역할은 바로 스포츠, 그것도 생활체육, 동호인들을 중심으로 하는 동호인 중심 체육, 그리고 가족 스포츠를 활성화시킬 때 찾을 수 있다. 모두 함께 새로운 공동체문화를 만들어 가야 할 것이다. 스포츠가 우리

사회에 정이 넘치고 이웃과 삶을 더불어 산다는 의식을 되살리는 전통의 통로가 되어야 한다.

술 권하는 사회 VS. 스포츠를 권하는 사회

한국사회에서 타인과 자신의 심리적 벽을 무너뜨리는 것 중에 대표적인 것이 있다면 그것은 술과 스포츠이다. 술은 한국인에게 없어서는 안 되는 문화적인 요소이며 자신이 가진 한을 풀고 울분을 삼키게 하는, 喜怒哀樂의 삶 자체와 일에서 빠질 수 없는 단골손님이었다. 일상적으로 술은 우리의 문화행위의 한 부분으로 언제나 우리 곁에서 삶의 애환을 달래주며 자기의 역할을 해 왔다.

그러한 술의 순기능을 비판을 하려고 하는 것은 아니다. 술은 언제나 마시는 주체의 통제와 절제를 통해서 그 본연의 임무를 다해왔다. 그런 술을 탓하려고 하는 것이 아니라 마시는 주체인 나와 우리를 성토하려고 하는 것이다. 술로 인하여 벌어지는 일은 무수히 많다. 자신의 도덕성을 무너뜨릴 수 있고, 인격 장애를 가져올 수 있고, 얼굴을 들지 못할 정도의 실수를 야기하여 사회적 고립을 당하게 되는 경우도 있다. 이 같은 일들은 물론 술 마시는 사람 그 자신의 통제와 조절의 실패를 말한다. 이런 위험성이 항상 내재해 있는 술은 지금까지 우리의 사랑하는 공동체문화로 인식되어 왔다.

이제는 밀폐한 공간에서 술을 마시는 행위보다는 넓고 확 트인 공간에서 스포츠를 하면서 자신의 심리적 배타심이나 벽을 무너뜨리고 땀 속에서 타인과의 거리를 좁히고 관계맺음을 통하여 함께 어울려 즐기는 문화를 생각하는 것이 이 시대에 진정 요구하는 새로운 공동체 문화가 아닌가 생각된다. 우리의 일상의 삶을 살펴보면 공동체의 문화보다는 컴퓨터를 중심으로 개인 중심의 문화를 형성하고 있다. 개인중심의 문화는 후기 산업사회 환경의 파생물이다. 이는 곧 개인 대 개인, 개인과 사회, 개인과 자연의 단절을 가져오며, 고립을 시키고 있다. 이런 관점에서 다음의 글은 우리 사회를 잘 묘사하고 있다.

"우리 시대의 문명은 '개별화' 라는 열병을 앓고 있다. 개별화가 발전의 척도가 되고 있다. '잘 산다'는 게 무엇인가? 우선 지극히 개별적인 공간을 보장하는 아파트의 소유가 출발점이며, 가족 구성원 개개인의 개별화를 보장하기 위해 아파트는 클수록 좋다. 그러고 나서 내가 원하는 때에 내가 원하는 곳으로 내가 원하는 방식에 의해 갈 수 있는 자동차가 개인별로 있어야 한다"(강준만, 1998: 5).

자동차의 등장은 자신의 욕구를 충족시켜주고 자신의 고립화, 개인적인 성향을 강화시켜왔다. 반면에 공동체문화는 이제는 구시대적 산물로 인식되고 다문화, 다가치를 주장하는 이들의 목소리가 울려 퍼지는 시대에 우리는 살고 있다. 이러한 사회에서 진정 인간과 사회의 관계맺음의 통로로 인식되어 온 술과 스포츠의 장단점을 고찰하여 과연 우리 삶의 정서에 긍정적인 관계를 제공하는 것이 무엇이 될까 하는 물음에 대한 답변을 찾아내기 위하여 술과 스포츠에 대하여 몇 가지 검토를 해보자.

1. 관계

술은 인간을 빠른 시간 안에 서로간의 담을 허물고 진솔한 대화를 하게 한다. 문제는 서로간의 주량의 차이로 인한 문제가 생긴다는 사실이다. 어느 정도 술을 소비했을 때 그 사람이 마음의 벽을 무너뜨릴 수 있지만 동시에 과음으로 우호적인 인간관계가 아니라 적대 관계가 될 수 있다. 과음으로 인해 주사가 일어날 수 있으며, 그것이 관계맺음이 악 영향을 줄 수 있다. 술은 긴장을 풀고 따뜻한 마음을 나누려고 하는 행위이다. 그런데 술 먹는 행위 자체가 정치적 행위로 이용한다면, 접대용 술 문화는 의무적 행위로 연결되어 술 먹는 의미 자체를 왜곡시키는 결과를 가져온다. 그래서 대접하는 자와 대접받는 자의 분리를 통해 술 먹는 행위 자체는 계산된 논리에 의해서 규정된다. 그리고 2, 3차로 이어지는 술 문화는 학생에게는 다음날 공부에 직장인에게는 업무에 지장을 초래 할 수 있다.

반면에 스포츠는 첫 만남을 의미 있게 하는 매개체로서 인간관계의 근본적인 매개 역할을 수행한다. 스포츠 활동은 열린 마음 즉, 정직, 상호 존중, 상호이해를 전제로 행하여지기 때문에 가식과 허식에 의한 형식적인 만남의 인간관계를 배척하고 자연스럽게 만남의 의미를 중요하게 여기는 계기의 장이 될 수 있다. 예를 들어 등산을 경험해 본 사람은 등산을 함께 하면 모르는 사람이라도 쉽게 친해지는 것을 알 수 있다. 왜냐하면 등산은 일단 동일한 목표를 가지고 시작하고 힘들고 어려운 일을 함께 경험하기 때문이다. 그 속에서 인간의 정과 끈끈한 우정을 느낄 수 있기 때문에 등산이 사람과 사람 사이를 가깝게 만든다. 따라서 스포츠는 친선과 만남 그리고 인간관계의 중요한 통로가 아닐 수 없다. 따뜻한 만남 그리고 인간의 정을 경험할 수 있는 만남과 친선 그리고 공동체의 장이 되는 것이다.

만약 스포츠가 없었더라면, 첫 만남이 친숙함으로 이어지기까지는 긴 시간이 걸렸을 것이다. 왜냐하면 인간의 자존심은 높은 벽을 쌓고 경계하면 타인을 접근을 용이하게 용납하지 않기 때문이다. 스포츠는 살아 있는 생생한 체험을 통해서 알 수 있는 문화라고 말 할 수 있다. 이런 전제하에서 동문 체육대회와 학교 체육대회와 같은 스포츠 행사에 좀 더 많은 참여자를 동원할 수 있는 프로그램을 개발하고 이용한다면 체험을 통한 단결과 화합의 장이 조성될 것이다. 이것이 스포츠가 가지는 매력이며, 열린 마음의 상태에 도달하게 하는 매개체로서의 역할이다.

2. 건강

스포츠 활동은 가정 경제의 의료비 부담을 감소시킬 수 있다. 만약 가족 중에 한 사람이 중병에 걸렸다면 한 가정의 경제는 붕괴되기 쉽다. 그만큼 의료비는 큰 부담을 준다. 그러므로 가족 구성원의 건강은 가정 경제를 풍요롭게 유지하고 가정의 행복의 근원이 된다. 만약 대학생들이 지속적으로 스포츠 참여를 통해 습관화, 체질화된다면, 많은 대학생들은 평생 체육의 바탕을 형성할 수 있고, 나아가 평생 동안 건강한 생활을 할 수 있다. 따라서 가정 경제의 의료비 부담은 그만큼 적어질 것이다. 이러한 기틀은 학교에서 학교체육과 스포츠 활동의 지속적인 운영과 참여자 본인의 적극적이고 자발적인 참여 속에서 형성할 수 있다. 스포츠는 우리의 건강한 삶을 위한 예방의학으로 작용한다. 이에 반하여 술은 과도한 음주행위로 인하여 술로 인한 많은 질병에 걸릴 확률이 높다. 술 먹는 행위는 인간관계 맺음을 위한 것인데 도리어 건강에 해가 되는 경우가 많다. 물론 여기서도 적당한 음주는 몸에 이로우나 우리의 음주문화는 술 먹는 행위보다는 많이 마셔야 한다는 인식 때문에 과음을 하게 된다. 그래서 술병이라는 병에 의하여 생명이 악영향을 입게 된다.

3. 경제

의료비, 술값으로 많은 돈을 투여해야 한다. 그러나 스포츠는 무료로 즐길 수 있는 공간이 있다. 물론 상업스포츠 시설을 이용한다면 비용이 좀 들어가지만 술값보다는 저렴하게 들어갈 것이다. 술 문화는 술값이 문제가 아니라 술에 의하여 파생되는 제반적인 것들에 의한 비용은 상상을 초과할 수 있다는 점이다. 그래서 다음과 같이 단언할 수 있을 것이다. '술 먹고 남는 것은 술병이고, 스포츠를 하고 남는 것은 건강과 체력 그리고 즐거움'이다.

이상에서 저자는 술이 더 이상 우리들의 공동체 문화를 유지하고 인간관계를 돈독하게 하는 챔피언으로서 우리의 대학과 사회에서 숭배 받아서는 안 된다고 생각한다. 우리는 스포츠를 통하여 공동체 의식이 형성된다는 것을 누구나 긍정하는 사실임을 잘 알고 있다. 이것은 스포츠가 대학과 사회에서 공동체 의식의 함양과 인간관계의 증진을 위한 매개체로서 역할을 해 왔다는 것을 보여준다. 연대와 대동을 위한 행사로 체육대회는 빼놓을 수 없었다. 스포츠만큼 사람들과의 연결 고리를 이어주는 것은 찾아보기가 어렵다는 사실에서 저자는 '스포츠를 권하는 사회'를 만들어야 한다고 주장 할 수 있다.

스포츠를 권하는 사회 만들기

술과 스포츠의 장단점을 비교하는 논의를 통하여 우리가 지향하는 새로운 공동체문화로서 '스포츠를 권하는 사회'를 제시하였다. 스포츠의 자발적인 참여 속에서 나보다 남을 먼저 생각하는 이타주의와 도덕성, 협동심을 자연적으로 습득함으로써 사회적으로 문제가 되는 도덕성 타락을 서서히 해결할 수 있을 것이다. 또한 동호인들이 즐기는 스포츠는 페어플레이 정신을 통하여 도덕적 자질 함양의 기회를 마련하여 건강하고 건전한 사회와 원칙이 지켜지는 사회를 만들 수 있는 주춧돌로 작용할 것이다. 그리고 스포츠는 새로운 챔피언으로서 인간관계, 가정경제, 그리고 공동체문화에서의 풍요를 보장할 것이다.

'스포츠를 권하는 사회'는 건강한 사회를 의미한다. 건강은 가장 기본적으로 경제적 이익을 가져온다. 한 인간의 건강의 약화는 돌이킬 수 없는 일이다. 건강은 건강할 때 지키라는 말이 의미하는 것처럼 건강한 사회는 국민의식의 건전함과 더불어 건강한 국민들에 의하여 형성되는 것이다. 건강은 한번 잃으면 그것을 회복하는데 경제적, 정신적 손실을 가져온다. 병약한 국가는 의료비에 투여되는데 많은 돈을 소요한다. 그러나 예방의학 차원에서 '스포츠를 하는 사회'는 의료비용의 절감을 가져올 수 있다. '스포츠 권하는 사회'를 만들기 위해서는 직접 스포츠를 함으로서 효과를 확인하고 다른 사람들에게 권장하여야 한다. 건강한 사회는 건전한 생각을 가진 이들의 중심사회가 되는 것이다. 스포츠는 건강을 책임지는 보약으로 충분한 효과를 가지고 있다. 이에 반하여 술은 건강의 파괴로 병을 발병하게 할 가능성이 높다. 지금까지 우리의 공동체문화는 술 문화가 주도권을 잡아왔다. 이에 대항하여 새로운 공동체 문화로 스포츠가 그 역할을 대신하도록 권장하여야 할 것이다.

3 소비

인간은 왜 스포츠를 하는가?

스포츠에서 무엇을 소비해야 하는가?

스포츠에서 주체적 소비란 무엇인가?

3. 소비

"차이의 소비에서 주체의 소비에로"

현대 사회는 기호의 시대라고 명명할 수 있을 만큼 많은 기호들이 범람한다. 우리는 상품을 소비하는 것이 아니라 기호를 소비하는 것이라고 말할 수도 있다. 빨간 색 스포츠카를 구입(소비)함으로써 우리는 스포츠카와 아름다운 미녀의 이미지를 소유하게 되는 것과 같다. 여기서 자동차의 성능은 문제가 되지 않는다. 그 차가 가지고 있는 디자인과 이미지가 소비의 핵심 요소이다. 이것은 우리가 기호가치에 노출되어 있다는 사실을 입증하는 것이다.

현대 사회를 단적으로 표현한 말이 있다. '나는 소비한다. 고로 나는 존재한다.' 여기서 소비는 바로 기호의 소비를 말한다. 소비는 물신화된 상품이 지닌 유용성의 소비보다는 그 상품의 기호 즉, 이미지를 소비하는 것이다. 이런 기호가치가 현대인의 사고체계를 점유하고 있다. 그 가운데 우리는 존재하고 있는 것이다. 그래서 우리가 살고 있는 지금의 현 세계를 소비의 사회라고 부른다. 다시 말해서 우리는 대량생산과 대량소비로 표현되는 후기자본주의 사회에 살고 있다.

우리는 왜 스포츠에 참여하는가? 일반적으로 우리는 스포츠 참여하는 이유를 즐거움, 승리, 건강을 위해서 라고 말한다. 그러나 저자는 이러한 생각에 전적으로 동의하지 않는다. 스포츠 참여는 스포츠의 이미지 즉, 기호가치 때문에 참여하는 것이라고 생각한다. 예를 들어 NBA 선수들의 덩크슛과 에어조던의 이미지, 녹색 그린에서의 골프, 그리고 설원의 스키 타기의 이미지를 소비하기 위해 우리는 스포츠에 참여한다. 따라서 우리가 스포츠에 참여하는 일차적인 원인은 기호의 소비에 있다. 이런 기호는 TV와 매스미디어, 광고 등에 인하여 파생되어진다. 이로 인하여 소비사회에 살고 있는 우리의 의식 속에는 기호의 소비욕구 체계가 형성된다.

인간이 왜 스포츠에 참여하는가 하는 원론적인 문제를 알아보기 위하여 보드리야르의 소비의 개념과 기호학을 분석의 틀로 사용하였다. 논의 절차는 스포츠, 이미지, 기호, 사회의 용어를 가지고 풀어 간다. 우선, 스포츠와 소비사회의 관련성에 대하여 알아보고 스포츠와 기호, 스포츠와 이미지, 그리고 스포츠와 광고에 대한 논의를 전개할 것이다.

현대사회와 스포츠

우리는 일상의 단조로움 속에서 기계화된 동작을 거듭하고 생각 또한 반복적인 사고의 연속을 이루며 살고 있다. 그러므로 우리는 진지함을 상실하고 일상 속에서 생존을 위한 투쟁을 하고 있다. 각종 위험에 대한 스트레스에서 벗어나기 위해 술과 스포츠로 자신의 시간을 소비한다. 이러한 과정에서 우리는 살아 있다는 의미를 종종 망각하며 시간의 추이에 따른 생존을 위한 삶을 살고 있다.

과연, 우리가 살고 있는 사회는 어떠한 사회인가? 어떤 학자는 현대 사회를 탈공업화 사회, 후기 자본주의사회, 스펙터클의 사회, 테크놀러지의 사회 등으로 부른다. 그러나 이 글에서 논의하는 사회는 소비의 사회를 말한다. 소비의 사회는 저자가 정의한 개념이 아니라, 프랑스의 철학자이며, 사회학자인 장 보드리야르가 현대를 정의한 개념이다. 그는 소비개념을 분석의 틀로 삼아 현대사회를 분석한다.

그의 입장은 일반적인 경제학의 소비개념과는 분명히 다르다. 그에 의하면 상품(사물)의 소비는 사용가치의 소비를 포함하면서도 그것을 훨씬 넘어선다. 사용가치로서의 소비는 이차적인 현상적 의미로 남을 수밖에 없다. 그의 소비는 행복, 안락함, 풍부함, 성공, 위세, 권위, 현대성 등에 대한 소비를 말한다. 그는 이것이 소비의 본질적인 의미라고 말한다.

이러한 기발한 착상은 사물을 기호로 파악하게 한다. 그리고 사회를 의미작용의 체계로 파악한다. 그래서 그는 인간의 욕구를 특정한 사물에 대한 욕구로 해석하지 않고, 차이에 대한 욕구(즉 사회적 의미에 대한 욕망)로 해석한다. 이러한 해석방식을 가지고 사회적 차이화의 논리를 만들어 낸다.

사회적 차이화의 논리란 사람들은 상품(사물)의 구입과 사용을 통해 자신을 돋보이게 하며 동시에 사회적 지위와 위세를 나타낸다는 것이다. 이렇게 본다면 소비란 생산적인 활동이 되는 것이다. 소비는 자율적인 주체의 자유로운 활동이 아니다. 그것은 욕구의 체계를 발생시키고 관리하는 생산 질서와 상품의 상대적인 사회적 위세 및 가치를 결정하는 의미작용의 질서에 지배받고 있다. 이러한 상황에서 소비자는 더 이상 자율적인 주체가 아니다.

인간은 사물에 의해 지배받으며, 그 결과 자율성과 창의성을 박탈당한 사물과 같은 존재이다. 보드리야르는 이러한 사태를 루카치와 프랑크프르트학파를 따라서 물상화의 과정으로 서술한다. 인간은 더 이상 자신들의 진정한 욕구도 알 수 없고 또 다른 방식의 생활도 찾을 수 없으며, 오로지 기호의 발신과 수신만이 존재하는 상태에 있게 된다는 것이다(이상률 역, 1991).

소비의 사회라는 말은 풍요로움에 도달하게 된 사회를 가리키는 것이 아니다. 보드리야르는 다음과 같이 말한다. 언제 어느 시대나 사람들은 사물을 사고, 소유하고, 향유하고, 사용하였다. 그렇지만 소비하지 않았다. 실제로 소비사회를 규정하는 것은 우리가 쓰는 사물의 양도 아니며 욕구의 수도 아니다. 또한 사물을 소모하고 사용하고 파괴하는 것도 아니다. 소비사회를 소비사회로서 특징짓는 것은 사물이 본질적으로 기호가치를 가지고 있다는 사실이다. 기호는 재현하는 기능, 다른 사물에 대해서 가치를 나타내는 기능, 다른 사물이 없을 때 그것을 말해주는 기능, 즉 그것의 부재를 환기시켜 주는 기능을 가지고 있다.

예를 들어 한국적 현실에서 단지 스포츠가 <상류층, 고급, 지배계층>의 기호의 차이가 갖는 지위라는 이유 때문에 우리들은 골프, 스키를 하기 위해 많은 비용을 투자하면서 먼 거리를 이동한다. 이러한 기현상은 골프와 스키가 대중화되어 있지 않은 상태에서 기인한다. 우리는 여기서 일종의 희극적인 불합리성을 느낀다. 골프, 스키는 더 이상 기능을 지니는 것이 아니다. 하나의 힘을 갖는다. 이것은 기호가치이다. 다른 사람들에게 상류층이란 기호를 가졌다는 의미를 표시할 수 있는 힘이다. 중요한 것은 더 이상 스포츠 자체가 아니라 다른 스포츠와의 차이이다. 스포츠는 그 물질적 유용성이 아니라 차이에서 소비된다.

다른 예를 들어보자. 골프채는 객관적이고 유용한 기능을 갖고 있다. 그것은 도구로 쓰인다. 그러나 골프채는 도구라는 기능만을 갖고 있는 것이 아니라 다른 의미 작용도 가지고 있다. 그것은 고급, 위세, 과시 등의 요소로서 역할을 한다. 그리고 이것이 소비사회를 규정하는 것이다. 그 어떠한 사물로도 골프채를 대신할 수 없다. 왜냐하면 이 경우에는 하나의 특정한 욕구나 대상에 관계하는 것이 문제가 아니기 때문이다. 사물은 사회적 논리나 욕망의 논리가 나타나는 기호에 불과하다. 우리는 점점 더 기호를 소비할 수밖에 없게 된다. 왜냐하면 이것이 소비사회의 본질적인 특징이기 때문이다.

우리 사회에서도 사물과 욕구는 서로 대체될 수 있다. 문자 그대로 하나의 욕구를 충족하는 것은 그것을 다른 곳에서 다시 나타나게 하는 것이다. 따라서 무의식적인 사회적 논리는 우리로 하여금 기호로서의 사물을 따라 이동하게 하는데 이것은 무한히 계속된다(이상률 · 양운덕, 1993).

스포츠의 이미지는 보드리야르가 말한 것과 같이 현실에는 존재하지 않는 환상 즉 시뮐라크로이다. 그가 주장한 현대 사회에서는 시뮐라크로, 즉 그 원본은 없고 이미지만 남은 인공물이 현실을 대체하고 현실이 오히려 그 이미지에 의해 지배당한다. 이 말은 스포츠를 이야기하는 데에도 그대로 적용될 수 있다.

즉 사람들이 스포츠를 좋아하는 부류와 그렇지 않은 부류가 있는데 후자의 부류들은 스포츠를 싫어하면서도 골프와 스키와 같은 스포츠를 선호한다. 그렇다고 그들이 그러한 것들을 즐길 정도로 잘 치고 잘 타는 것은 아니다. 다만 스키와 골프가 가지고 있는 차이의 가치를 선호하기 때문이다. 다시 말해서 그들은 현시적인 즐거움만을 얻고 스포츠 자체가 가지고 있는 본질적 가치와 즐거움은 망각하고 있다.

스포츠와 기호

우리의 눈으로 보고, 귀로 듣는 모든 것들은 기호이다. 그러므로 기호를 통하여 세계를 보고, 이해하며, 나아가 음미하고 기호를 가지고 다른 사람들과 의사소통을 한다. 기호에 의해서 우리가 꿈꾸는 새로운 사회와 새로운 꿈을 가져본다. 기호가 없는 인간은 상상할 수 없고, 기호가 없는 세계란 존재하지 않는다. 인간 자체가 기호이고, 인간의 생각이 미치는 모든 것에 기호의 망이 펼쳐진다. 이 속에서 우리는 생존하고, 실존을 향해 삶을 일구어 낸다.

기호학은 상징체와 창조와 의미작용이 어떻게 이루어지는가를 연구하는 학문이다. 다른 한편으로는 연구의 대상이 되는 상징체가 어떤 구조로 만들어져 있으며, 어떤 의미를 품고 있는가를 분석하는 것이 기호학이다. 기호들은 우리의 일상성 속에 깊숙이 자리 잡고 있어서 마치 당연한 것들처럼 보이지만, 그 안에는 여러 가지 신기한 것들이 숨어 있다. 우리가 사용하는 기호의 의미가 바뀌면, 우리의 인간성 자체가 바뀐다. 인간과 세계는 처음부터 끝까지 기호로 이루어져 있기 때문이다(김경용, 1994: 12).

기호는 기표와 기의로 구성된다. 그러면 스포츠와 기호는 무슨 관련이 있는가 하는 의문이 생기는 것은 당연하다. 우리가 올림픽에서 금메달을 목에 걸기 위하여 전력투구하는 것은 금메달이 가지고 있는 기호 때문이다. 금메달이라는 것은 기표<영웅, 스타, 부, 명예>가 될 수 있다. 기의는 우리 일반 사람들의 머리 속에, 또는 가슴속에 들어있는 정신적 의미이기 때문에 이것을 나타내기 위해서는 의미의 운반체가 필요하다. 의미의 운반체를 기표라고 부른다. 기표를 기호의 이미지라고 일반화해서 이해하는 것이 중요하다. 기표로 쓸 수 있는 이미지 중 중요한 것은 두 가지이다. 기호는 음성 이미지이고, 다른 하나는 시각 이미지이다. 이 두 가지 모두 기호의 물질적 형태를 취하고 있다.

<스포츠>라고 소리 내어 읽을 때 들리는 소리는 스포츠에서 열광과 환호하는 것의 음성 이미지이다. 음성이미지는 귀로 들을 수 있다. 시각 이미지는 대체로 두 가지로 이해할 수 있다. 한 가

지는 스포츠 자체로서 우리가 눈으로 볼 수 있고, 다른 한 가지는 <스포츠>라고 쓴 글자로서 역시 눈으로 볼 수 있다. 기표가 기의와 합쳐져서 기호가 된 후에는 그 자신이 하나의 압축된 기표가 되어 지각 있는 인간의 두뇌에 도장을 찍히듯이 인각된다. 기의는 마음속에 일어나는 정신적, 추상적 개념이다. 기의는 어떤 것에 대하여 언급된 말, 즉 기표에 대응하는 말이라고 더 쉽게 이해 할 수도 있다.

소쉬르는 바로 기표와 기의의 총체를 기호라고 정의한 것이다. 따라서 소쉬르의 기호는 세 가지의 다른 요소들로 이루어져 있다. 첫째는 외부세계가 공급하는 기표, 둘째는 마음이라고 하는 내부세계가 공급하는 기의, 셋째는 이 두 가지가 합성되어 표상의 세계에 편입되는 기호다.

그러면 전체적 의미작용은 어떻게 해서 가능한가? 여기에서 결정적인 요소는 내부세계에 축적되어 있는 기의이다. 어떤 기표가 주어질 때, 그것에 연결시킬 적당한 기의가 없으면 의미작용은 일어나지 않는다. 내부세계, 즉 마음은 문화적 체험의 참고라고 볼 수 있다. 거기에는 잡다한 관념, 이미지 등 지각요소의 계열체가 들어 있다. 이것은 모두 기의이기 때문에 인간은 그 자체가 하나의 커다란 기의라는 것을 알게 된다. 그래서 바르트(1985)는 인간을 이미지 저장소라는 말로 표현한다.

기호는 잘못 해석되면 스포츠를 이해하는데 장애 요소로 작용할 수 있다. 흔히 우리는 한국선수들에게 2등은 없다는 말이 일반화된 말처럼 통용되는 것을 볼 수 있다. 우리는 애틀란타 하계 올림픽에서 은메달을 받고 기쁨보다는 불만에 가득 찬 선수의 모습과 시상대에서 일등한 선수와 악수를 거부하는 한국선수의 모습은 기호에 의한 부작용이었다. 이것은 스포츠의 금메달이 가진 기호에 의한 잘못된 단면을 볼 수 있는 예이다. 또한 TV 광고에 의한 이미지에 현혹되어서 사람들은 스포츠 그 자체보다는 스포츠를 하는데 필요한 용구나 스포츠 웨어에 더 관심을 둔다. 이것은 스포츠 스타와 같은 용구를 사용함으로써 스포츠 스타와 동일시하는 이미지에 의한 기호가치를 소비하려고 하기 때문이다. 그러나 문제는 스포츠가 가지고 있는 본질적 가치를 망각하는데 있다.

스포츠와 이미지

흔히 이미지란 시각적 표상을 지칭하는 말로만 오해되고 있다. 물론 시각적 이미지는 매우 중요한 이미지임에 틀림이 없지만, 이미지는 도형적 이미지(그림, 사진, 조상, 도안), 광학적 이미지(영상, 투사), 지각적 이미지(감각자료, 외모), 정신적 이미지(꿈, 기억, 관념, 환상), 언어적 이미지(은유, 서술) 등을 포함한다(Mitchell, 1986).

이미지란 무엇인가? 이미지를 정의하는 것은 어려운 일이다. 이미지를 정의하는 데에는 두 가지 방법이 있다. 즉 기본 실재와 이미지의 특성에 초점을 맞춤으로써 이미지의 정의는 가능하다. 이미지에 대상은 마음 이외의 것이다. 대상과 마음에 새기는 자국(인상)이다. 그리고 대상과 자국 사이에는 유사성이 존재한다. 결국 이미지는 대상체가 마음에 새기는 비슷한 자국(인상)이다.

스포츠와 이미지는 어떠한 관련이 있는가? 우리가 생활하는 생활세계는 스포츠와 이미지에 의하여 점유당하고 있으며 그 속에서 인간 군상들은 스포츠의 이미지에 노출되어 있다. 그래서 인간들은 스포츠의 이미지에서 벗어나지 못한다.

우리는 왜 스포츠에 참여하는가 하는 것은 본질적인 의문이다. 이러한 질문에 해결책을 제시하는 기존의 연구들은 즐거움, 승리,

건강에서 답을 얻으려고 시도해 왔다. 과연 우리가 스포츠를 하는 이유는 즐거움, 놀이, 건강 그 자체에 있는가? 아니다. 현대 사회 속에서 우리가 스포츠를 하는 것은 즐거움, 건강, 그리고 승리를 떠나서 스포츠 참가가 우리에게 주는 기호가치를 소비하기 위한 것이라 생각된다. 이러한 생각을 가지고 다음의 논의를 해보자.

첫째, 스포츠를 하는 이유 중의 하나는 건강이다. 스포츠 참여자 중에 대다수가 건강을 위하여 스포츠를 한다고 말한다. 이것은 스포츠가 가지고 있는 그 자체의 고유한 가치를 망각하고, 스포츠를 매개체로 이용하여 건강을 도모하려는 것이다. 따라서 스포츠는 건강을 위한 하나의 소도구일 뿐이다. 이것은 스포츠에 대한 이해와 음미를 방해하는 요소로 작용한다. 건강을 위하여 인내력으로 스포츠를 하는 것은 스포츠를 재미없게 만드는 것이다. 이러한 모습들은 학교 운동장이나, 도시인접 공원에서 쉽게 찾아 볼 수 있다. 단지 건강 지상주위에 입각한 맹목적인 스포츠 행위는 스포츠를 이해하고 음미하는데 장애 요소로 작용할 뿐이다.

둘째, 승리가 스포츠를 참여하는 중요한 요소 중에 하나이다. 승리는 스포츠의 최종목표이다. 이를 부인할 사람은 없다. 그러나 이 글에서는 이러한 오해의 소지를 없애기 위하여 키팅이 스포츠맨십의 이해를 위해 스포츠와 운동경기를 구분한 것처럼, 스포츠에 참가하는 이유를 분명히 하기 위해서 운동경기와 스포츠를 구분해야 한다. 운동경기에서는 승리를 위하여 끊임없는 연습과정을 거쳐 승리를 위해 전력투구한다. 여기서 승리가 제일 목적이 된다. 반면에 스포츠는 승리보다는 즐거움에 목적을 둔다. 스포츠를 함으로써 즐거움을 향유하려 한다. 즐거움은 스포츠 참가의 목적이 될 수 있다. 즐거움 그 자체는 스포츠를 이해하고 음미하는데 도움을 준다.

셋째, 우리는 스포츠를 기호가치의 소비행위로 보고 이러한 가치를 소비하기 위하여 스포츠에 참여한다. 스포츠, 아니 운동선수를 가장 무식하고 비천한 부류로 인식하고 있는 지식인층, 정치인들, 사업가들이 골프장에서 골프를 치는 이유는 무엇인가? 그들이 가장 혐오하는 스포츠를 하는 것은 무엇을 말하는 것인가? 앞뒤가 맞지 않는 모순이 아닌가.

중요한 사회적 관계 즉 사업, 정치, 외교 등이 주로 골프장에서 행해진다. 그곳에서 운동이라면 질색을 하던 이들이 모여 골프를 치는 것은 골프가 재미있어서 하는 것일까? 아니면 놀이로서 충분한 가치가 있기 때문에 하는 것일까? 그것도 아니면 골프가 가지고 있는 기호가치 때문에 골프에 치는 것일까? 예를 들어보자. 골프채로 집에서 골프를 연습하는 이유는 무엇일까? 그가 몇 천만원을 호가하는 골프장 회원권을 구입하는 것은 운동이 좋아서가 아니다. 단지 골프가 수반하는 지위와 과시 즉 기호가치 때문에 많은 돈을 투자하고 구입하는 것이다. 왜냐하면 골프=상류층이라는 등식이 성립되기 때문이다.

따라서 우리가 운동을 하는 것은 놀이나 즐거움을 떠나 기호를 소비하기 위해서 스포츠를 한다고 말할 수 있다. 여기서 스포츠는 하나의 장식품이고, 자신의 권위와 지위를 과시하려는 소도구로 작용할 위험이 도사리고 있다. 스포츠는 단지 그 자체가 가지고 있는 즐거움을 위하여 행하는 것이 가장 중요하다. 이를 통하여 스포츠를 바르게 이해하고 음미할 수 있는 기회를 획득할 수 있다. 우리는 스포츠를 이해하려고 하지 않고 단지 스포츠를 수단적 목적을 위한 도구로 사용하려고 한다. 분명히 스포츠의 고유한 가치를 망각하는 행위들이다.

스포츠와 광고

광고는 경쟁에서 승리하고 유통시간을 단축하는데 공헌하여 오늘날 자본주의 상품은 광고의 도움 없이는 이윤실현이 불가능한 정도이다. 이러한 특성상 광고는 자사의 제품판매촉진이나 이미지 제고를 위한 광고를 제작하기 위해서 시청자들의 눈길을 끌기 위한 감각적인 소재를 자주 등장시키고 있다. 그 중에서도 스포츠를 소재로 한 광고는 기업의 강하고 깨끗한 이미지를 부각시키는데 적격이다. 또한 시청자들도 이러한 스포츠 소재 광고를 부담 없이 받아들여서 스포츠 소재 광고는 스포츠 중계방송의 인기에 편승해 점차 증가 추세에 있다.

광고는 사람들의 의식을 점령한다. 즉, 모든 사람들의 의류, 헤어스타일 등의 생활스타일을 이끈다. 우리는 매순간마다 TV, 라디오, 포스터 등에서 광고를 접하기 때문에, 광고에 대해 의식하고 배제하지 않는 이상 광고의 영향을 받으며 살 수밖에 없다. 그만큼 광고는 우리의 생활세계에 침투하여 우리의 의식을 형성하는 대표자가 되었다. 수많은 광고는 일단 무엇인가 강력한 메시지를 전달한다. 즉 강한 각인을 통한 세뇌로 구매충동을 유발시켜 소비를 하게 만든다. 즉, 자본가의 팔아먹기를 위한 고도의 두뇌 플레이가 밑바닥에 깔려 있는 것이다. 그래서 광고가 자극적이기만 한 것으로 전락해 버릴 수 있다. 특히 광고가 스포츠 생활세계에 침투한 예를 들어 살펴보자.

골프신동 타이거 우즈는 또 하나의 나이키 신화의 주역이다. 그는 다 죽어가던 나이키 골프 부분을 회생시켰다. 96년 1월 지금 같은 스타가 아니던 우즈를 나이키는 5년 동안 후원하기로 하고, 거금 4천만 달러를 지원하기로 했다. 이 도박은 그대로 적중하여, 우즈가 필드에서 나이키 옷과 신발을 신는 것만으로도 나이키는 지난해 골프 웨어 시장 점유율 1위, 골프 신발 2위로 올라섰다. 매출액은 95년보다 60%상승했다. 올해 5월 결산에서 나이키는 매출액은 91억 9천만 달러, 순이익만 7억 9천 5백 80만 달러로 집게 됐다. 그리고 최근 미국 맥도널드 LPGA에서 우승해 '여자 타이거 우즈'로 떠오른 프로골퍼 박세리의 경우 역시 스포츠 마케팅의 대표적인 성공 사례이다. 그녀를 후원하는 삼성이 이번 대회를 통해 거둔 광고효과만 1억 달러 이상이며, 그밖에 기업경영 전반에 미칠 시너지효과를 계산하면 그 효과는 10억 달러 이상이라는 분석도 나오고 있다(중앙일보, 1998년 5월 20일).

이러한 경제적 이익은 사람들의 스포츠이미지에 대한 기호의 소비로 인한 것이다. 패션, 스포츠, 레저 활동, 상품소비 등도 언어적 실천이다. 왜냐하면 그것들은 자신이 누구인지를 나타내는 기호들이기 때문이다. 테니스를 하는 것과 골프를 하는 것은 나름대로 의미하는 내용을 가지고 있다. 사람들은 그가 하는 스포츠의 종류에 따라 다른 의미를 해독해내는 것이다. 따라서 취미로 하는 스포츠도 그가 누구인가를 표시하는 기호 역할을 한다(유선영, 1995: 63).

장 보드리야르는 사물(상품)의 소비를 사용가치의 소비보다는 행복, 안락함, 사회적 권위, 현대성 등의 소비로 규정한다. 이러한 새로운 소비개념을 통해 현대 대중사회를 예리하게 분석한다. 소비가 관계(단지 사물과의 관계만이 아니라 집단 및 세계와의 관계)의 능동적 양식이라는 것, 즉 우리의 문화체계 전체가 기초를 두고 있는 체계적 활동 및 포괄적 반응의 양식이라는 것을 먼저 인식해야 한다.

변화된 삶의 관점은 스포츠에 대한 관심을 눈에 띄게 높였으며 수동적인 스포츠 참여를 아주 능동적인 스포츠 참여로 바꾸어 놓았다. 재미, 기쁨, 즐거운 시간 운용은 아주 중요한 슬로건이 되고 있다. 그 결과 스포츠 행사와 관련된 열광적인 행위는 어떠한 경우에도 줄어들지 않고 있다. 스포츠에 대한 이러한 열광적 행위는 재미와 오락이라는 두 가지 특성이 뒷받침하고 있다. 동시에 오락과 스포츠가 관련이 있지만 계획된 쇼가 아니라는 것이 무엇보다 중요하다. 스포츠가 개인적인 목적을 성취하는데 높은 유용한 위상을 가지고 있으며 이러한 형태로 현재 우리의 여가시간에서 폭넓은 공간을 차지하면서 매우 높은 감정적인 이입현상으로 만들어지고 있다. 그래서 스포츠는 기업, 특정상품 그리고 서비스를 현시시키는 능동적인 영역이 되고 있는 것이다. 즉 상표에 관심을 기울이도록 하며 경쟁적인 서비스 제공이 이루어지도록 차별화시키는데 적합한 영역이 되고 있다(송해룡, 1997: 57-58).

맺음말

이글은 인간이 왜 놀이는 하는가 혹은 인간은 왜 스포츠에 참여하는가 하는 질문에서 시작하였다. 이미 이전의 선행연구들에서 놀이이론에 대하여 많은 연구들이 있었다. 고전적 이론들로 잉여에너지론, 본능론, 준비론, 재현론, 휴양론 등이 있다. 이 이론들은 놀이의 도구적 가치로 인정하는데서 연유한 것으로 볼 수 있다. 근대적 이론들은 일반화론, 보상론, 정화론, 정신분석론, 발달론, 학습론 등이며 이 이론들은 인과관계의 의미를 포함하는 놀이 이론으로 분류하고 있다. 현재적 이론들은 각성탐구로서의 놀이론과 능력이론이로 분류할 수 있다.

이러한 놀이 이론들은 지금으로부터 적개는 30년 전에 연구된 것들이다. 지금의 놀이 형태와 이전의 놀이 형태는 확연히 차이가 있음에도 지금에는 놀이기원 연구의 진전이 없다. 그런데도 지금, 여기의 놀이에 대한 연구를 토대로 한 새로운 놀이 이론의 연구가 요구된다고 하겠다. 이런 차원에서 저자는 놀이의 새로운 이론으로 "소비이론"과 "중독이론"에 대하여 생각해 왔고 이 지면을 통해서 소비이론이라는 놀이이론에 대하여 정리하였다.

소비이론에 대한 실마리를 찾기 위해 현시대를 조명할 필요가 있다. 현대는 이미지, 기호, 사회라고 하는 용어로 표현할 수 있을 것이다. 그리고 그것들의 연관관계에서 우리는 스포츠를 하고 있다. 특히, 실제 생활 속에서 우리에게 피부로 와 닿는 것을 광고라고 할 수 있다. 그것들의 상호작용에 따른 효과를 경제적 이익 측면에서 활용하고 있는 것이다. 이러한 사회 환경 속에서 앞에서 제기한 문제에 대한 실마리가 도출된다.

우리가 스포츠를 하는 이유는 아마도 건강, 승리, 즐거움에 있다고 생각하는 것이 일반적인 통념이다. 그러나 이러한 생각은 본질적인 물음에 대한 답변이 될 수 없다. 우리가 스포츠에 참가하는 이유는 시대적 상황과 그 시대가 가지고 있는 가치체계에 의해서 파생되는 의식에 영향을 받는다. 그래서 저자는 현대사회를 소비의 사회라고 보는 장 보드리야르의 견해에서 문제해결의 단서를 얻었다. 여기서 소비라는 개념은 사물의 유용가치를 말하는 것이 아니다. 그 이면에 있는 행복, 위세, 권리 등과 같은 이미지의 기호를 소비하는 것이다. 따라서 우리가 골프나 스키를 다른 운동보다 선호하는 것은 동시대 환경과 일치하는 기호가치를 가지고 있기 때문이다.

우리 사회는 대량생산과 소비의 사회로 이미지 생산과 그것에 대한 소비의 반복적인 생활이 주류를 이루고 있다. 물론 스포츠에 참여하는 동기는 여러 가지가 있겠지만 우선 현 시대상황을 고려하여 논의해 볼 때 가장 중요한 동기는 스포츠의 기호에 기인한다고 보아야 할 것이다. 우리가 왜 스포츠에 참여하는가 하는 물음의 해답은 바로 소비 사회의 기호가치에서 이다.

간과해서는 안 되는 것은 우리가 스포츠를 하는 이유가(어떤 목적 즉 기호는 다르지만) 무엇보다도 기호가치의 소비가 아니라, 스포츠 그 자체가 가지고 있는 고귀하고 진귀한 가치를 체득하기 위함이 되어야 한다. 건강, 승리, 기호 등은 스포츠 그 자체의 현상적인 외곽에서 맴도는 부차적인 것에 불과하다. 무엇보다도 스포츠 안으로 들어가 스포츠의 본질적 가치(진선미)를 체득함으로써 체화된 앎을 인식해야만 한다. 그것이 시대는 변해도 스포츠의 본질은 변하지 않고 존재할 수 있는 유일한 지름길이다. 포스트 모더니스트들은 스포츠를 변화 과정 자체라고 말한다. 그러나 그 변화는 스포츠 밖에서 일어나는 현상적인 변용이다.

우리가 기대하는 것은 변화지 않는 스포츠 안에서 스포츠를 스포츠이도록 하는 그 가치를 말하는 것이다. 그 가치가 변화한다면, 스포츠는 더 이상 우리가 바라는 것이 아니라, 기호만 있는 것으로 남을 뿐이다. 또한 스포츠가 하나의 산업의 상품으로 소비되어지는 시대이지만 우리가 짚고 넘어가야 할 것은 우리가 스포츠의 이미지, 광고 속에서 차이의 기호가치를 소비하는 것이 아니라 주체적으로 스포츠 안에 내재되어 있는 본질적 가치를 소비해야 한다는 것이다. 즉, 스포츠 이미지에 현혹되지 말고, 스포츠가 가지고 있는 본질을 이해하고, 음미할 수 있어야 한다.

4 고향

스포츠의 고향은 무엇인가?

스포츠의 고향상실의 원인은 무엇인가?

스포츠의 고향회복의 길은 어디에 있나?

4. 고향

“스포츠의 고향상실에서 고향회복에로”

한국사회는 농업사회 속에서 자급자족하는 농업을 위주로 한 삶을 유지해왔다. 1960년대 이후 근대화 과정에서 농촌의 삶은 피폐해지고 젊은 노동력을 가진 이들은 어쩔 수 없이 생계를 위하여 도시로 대거 몰려들었다. 그 결과 도시는 노동력을 확보할 수 있었지만 이에 수반되는 문제를 갖게 되었다. 인구의 팽창과 교통 혼잡 그리고 공기오염으로 안락한 보금자리의 위협을 직면하게 되었다.

경제, 정치, 문화 모든 것이 대도시를 중심으로 집중되어 있기 때문에 주택, 교통, 교육 등의 문제점을 가질 수밖에 없게 되었다. 도시에 집중된 인구과밀화 현상은 사람들이 생존과 문화, 교육을 위해 농촌을 떠나 상당수 사람들이 대도시에 모여 든 결과라고 할 수 있다. 사람들은 어느 정도의 배고픔을 달래수 있었지만 고향상실증이라는 고향을 향한 깊은 향수에 빠지게 되었다.

스포츠 역시 과학기술에 의하여 진보하였지만 고향상실증을 경험하고 있다. 근대화 이전의 스포츠는 상류계층의 전유물이었다. 그렇기 때문에 소수만이 스포츠를 즐길 수 있었다. 하지만 근대화 과정을 통해서 스포츠는 모두의 것이 되었다. 근대스포츠는 전문화, 제도화, 수량화 과정에서 파토스 요소가 상실되는 고향상실증에 빠지게 되었다. 즉, 경쟁과 기록중심의 스포츠가 진행되는 과정에서 스포츠의 본질이 상실하게 되었다.

이 상실은 전문화된 엘리트스포츠에서 나타난다. 선수들은 자기 성취를 통하여 스포츠에서 자기 자신이 주인이 되어야 한다는 생각을 잊고 있다. 남을 의식하지 않고 자신을 유희와 성취감을 경험할 수 있어야 운동하는 진짜 이유가 된다. 하지만 현실은 그렇지 않다. 다음의 글을 주목해보자:

"인간에게 유용한 목적을 '어떻게 달성할 것인가' 하는 기술지만이 존중되고 인간의 '삶의 가치와 목적이 무엇인가'하는 목적지를 망각한다면 인류는 파멸을 면치 못할 것이다"(김용정, 1998).

현대 엘리트스포츠에서 어떻게 하면 승리할 수 있고, 기록을 경신할 수 있는지에 대한 기술지만을 높이 평가하고 그것을 과도하게 추구하고 있다. 하지만 스포츠를 하는 가치와 목적이 무엇인가에 대한 목적지에 대한 탐구는 점점 상실하고 있다. 그 근거로서 과잉된 승리욕은 폭력과 선수를 도구화 하는 양상에서 발견된다. 엘리트스포츠의 경기력 향상을 위한 스포츠과학은 발전하고 있지만 스포츠인문학 같은 분야는 그 중요성에도 불구하고 여전히 제자리걸음을 유지하고 있을 뿐이다. 이러한 경향성이 바로 스포츠의 고향상실증에 빠지게 하는 사회적 분위기라고 할 수 있다.

인간들이 고향회귀를 꿈꾸는 것처럼 엘리트스포츠의 운동선수 또는 스포츠 역시 강한 고향회귀를 꿈꾼다. 하지만 현실은 그렇지 않다. 스포츠는 고향에서 점점 멀어지고 있다. 고향에서 멀어지는 것은 고향상실증에 빠졌음을 입증한다. 이러한 맥락에서 하이데거의 고향개념은 스포츠에 있어서 고향의 의미를 반성해 보는데 중요한 비판적 의식을 일깨워준다.

저자는 스포츠의 고향회복을 위한 방법으로 하이데거의 고향개념을 이용하였다. 일차적으로 엘리트스포츠, 아마추어스포츠,

학교체육, 생활체육을 포함하는 현대스포츠에서 나타나는 고향상실에 관한 문제를 알아보고 그것을 바탕으로 고향회복의 길을 찾아보았다. 이 글에서 말하는 스포츠는 현대스포츠 전체를 지칭하지만 특히 엘리트스포츠에 그 초점을 맞추었음을 밝혀둔다.

하이데거의 저서 '존재와 시간'에 나타난 고향개념을 이용하여 스포츠의 고향상실과 회복을 밝혀 보았다. 주로 하이데거의 관한 번역본과 2차 문헌을 중심으로 연구하였다. 논의 절차는 하이데거의 고향개념에 대하여 일차적으로 고찰하였고, 그 다음에 하이데거의 고향개념을 엘리트스포츠를 해석하는 분석틀로 사용하였다. 이어서 스포츠의 고향상실의 원인과 회복을 찾았다.

고향의 뜻

고향이라는 말은 독일어로 Heimat이고 우리말로 발음하면 하이마트이다. 농촌이고 도시 그 어디에서도 쉽게 접할 수 있는 것이 하이마트이다. 도시에 사는 사람들은 생활용품을 구입하기 위하여 주차장이 잘 구비되어 있는 하이마트에 자주 간다. 그곳은 현대 물질문화의 최고를 상징적으로 보여주는 상품이 즐비하게 진열되어 있다.

하이마트에 가서 소비욕구를 충족시켜도 충족되는 않는 또 다른 하이마트가 있다. 어떻게 보면 역설적이지만 소비하면 할수록 더욱 부족함을 가지게 된다. 그것은 내면의 하이마트인 고향에 대한 그리움이다. 설날이나 추석의 귀향행렬은 이제 보기 드문 놀라운 현상이 아니다. 교통체증을 알면서도 귀향을 멈추지 않는 것은 인간이 갖는 귀향에 대한 강한 욕구 때문이다. 하이데거는 다음과 같이 고향에 대하여 말하였다.

"던져져 있음과 세계 내 존재 가운데 있는 인간 현존은 그 본래성이 비본래성에 의해 은폐되어 본래성을 잃어버렸고 따라서 실향한 상태이다. 그리고 고향인 본래성의 회복이야 말로 철학자의 과제이고, 또 인간의 근본적인 지향 목표이다"(이기상역, 1998; 이기상 · 구연상, 1998; 전광석, 1999, 피터 하, 2005).

하이데거가 말하는 고향은 존재를 지칭하기 때문에 고향상실은 존재망각을 의미하는 것이다. 세계내의 모든 동물 중에서 인간만이 존재이해가 가능하기 때문에 존재를 알 수 있다. 하지만 기술문명 속에서 인간은 존재망각으로 치닫고 있다고 하이데거는 말한다. 기술문명의 발전으로 고향은 도시화되어 가고 과거의 고향의 모습은 점점 사라지고 있다. 이에 대하여 박찬국은 다음과 같이 말한다.

"하이데거는 현대 기술문명의 위기는 궁극적으로 이러한 고향의 상실에서 비롯되었다고 생각한다. 사람들은 고향을 상실한 데서 비롯되는 공허감과 불안감에서 벗어나기 위해서 끊임없이 기술을 개발하고 물질적인 소비와 향락을 추구한다. 사람들은 이 시대를 인류 역사상 처음으로 물질적인 풍요를 구가하고 있는 시대로 보지만, 하이데거에게는 그렇게 물질적 풍요를 추구한다는 사실 자체가 현대인들이 고향을 상실했다는 징표이며 그러한 물질적 풍요로 대체할 수 없는 본질적인 궁핍을 드러내는 징표이다. 이데올로기의 광적인 추구 역시 마찬가지다. 그것은 고향을 상실한 인간들이 잃어버린 고향을 이데올로기적으로 조직된 세계를 통해서 대신하려고 하는 몸부림에 불과하다(박찬국, 2004)."

고향의 모습은 이제 지상 어디에도 존재하지 않는다고 할 수 있다. 과학기술에 의하여 사람들은 지속적 변화만을 추구하기 때문에 어제와 오늘이 또 다른 모습을 하고 있다. 고향은 마음속으로 자리를 옮겨 자리를 잡고 있을 뿐이다. 타향살이에 지친 인간들이 편하게 육신을 쉬고자 하는 마음을 늘 가지고 있다. 이 때문에 고향을 그리워하면서 언제 가는 타향살이를 접고 고향으로 가려고 한다. 고향은 우리가 귀향하고자 하는 지점이다. 고향은 존재의 안식처이며 자유를 안겨줄 수 있는 곳이다. 이에 대하여 철학자 이서규는 다음과 같이 말한다.

"하이데거는 현대인의 처한 상태를 존재망각, 고향 상실성이라고 진단하고 있는데, 현대인은 쉽게 기술문명에 대한 맹신에 빠져들어 자신들의 실존을 가능하게 하는 터전인 존재를 상실하거나 망각하고 있기 때문이다. 이런 점에서 하이데거는 오늘날 우리가 가장 생각해야 할 것은 우리가 존재에 대해서 생각하려고 하지 않는다는 사실을 자각하는 것이라고 역설한다. 하이데거의 시각에서 보자면 철학의 역할은 다른 것이 아니라 현대인의 기술문명 속에서 점점 상실해가는 실존과 존재의 의미를 음미할 수 있는 지평을 제공하는 것이라고 말할 수 있을 것이다(이서규, 2003)."

스포츠의 고향은 무엇인가. 스포츠기술이 발달하면 할수록 엘리트스포츠의 경기력과 기록이 갱신되지만 결국에는 엘리트스포츠의 근원적인 놀이, 자연, 윤리적 성격 등을 상실하고 만다. 과학기술의 발달 속에서 운동선수들은 도구화, 수단화되기 때문에 운동기계가 될 가능성이 여전히 높다. 도구화된 운동선수는 자기 존재의 의미를 온전히 상실할 수 있다. 이 말은 곧 스포츠의 고향 상실을 의미한다.

하이데거 철학에서 고향은 일종의 존재진리를 의미한다. 우리 모두 타향살이에서 고향으로 돌아가고 싶은 강한 욕구를 내면화하고 있다. 스포츠의 고향은 우리가 지금까지 망각했거나 또는 잊고 있는 것들이 대부분이다. 스포츠의 고향을 형성하는 것은 스포츠의 놀이성, 자연성, 윤리성 등에서 찾을 수 있다. 이런 것들이 스포츠의 고향으로 스포츠 하는 인간을 향하게 한다. 하지만 엘리트스포츠는 기록과 경쟁중심의 도상에 있기 때문에 고향을 의미하는 것들이 스포츠에서 사라지고 있음을 알 수 있다.

스포츠의 고향상실

하이데거가 말하는 고향개념은 현존재의 근원적 상실을 함의하고 있다. 근원적 토대인 고향이 상실된 것은 스포츠 역시 예외가 아니다. 이런 맥락에서 고향상실을 스포츠에서 찾아보았다. 스포츠의 고향상실의 원인은 하이데거가 지적했던 바대로, 기술문명으로 인한 인간실존을 망각하는 것에 있다. 이것은 스포츠의 타락이라고 할 수 있다. 구체적으로 타락의 현실은 스포츠오락화, 선수를 도구화를 재촉하는 기록화, 과도한 경쟁을 유도하는 상업화 등의 모습으로 나타난다.

1. 오락화 : 놀이의 타락

놀이연구에 대한 요한 호이징하의 공헌은 실로 위대하다고 할 수 있다. 그는 인류의 문화는 놀이에 바탕을 두고 있다는 사실에 대하여 학문적인 접근을 처음으로 제시하였다. 인간을 놀이하는 인간이라고 규정하고 방대한 역사적 자료를 가지고 모든 문화 내에서 놀이의 흔적을 찾아내었다.

그의 연구에 이어서 로제 카이와는 놀이문화는 네 가지로 구분하여 인류의 문화를 분석하였다. 우리사회 역시 네 가지 정도의 놀이문화의 형태로 분류된다. 로제 카이와가 분류한 4가지 형식은 경쟁, 운, 모의, 현기증이다. 이 네 가지의 놀이본질을 가지고 우리사회의 놀이문화 더 나아가 엘리트스포츠를 진단하여 보자.

경쟁의 형태로 나타나는 놀이문화는 엘리트스포츠이다. 사회현상에서 이종격투기와 같은 과도한 경쟁을 유도하는 운동들이 사회의 관심을 받고 있다. 피를 보면서 열광하는 격투기에 사람들이 많은 관심을 가지는 이유는 현실의 스트레스를 해결하기 위함과 욕망을 정화시키려고 한 장치의 역할을 하기 때문이다. 경쟁의 과열된 엘리트스포츠는 카타르시스의 역할을 하고 있다는 긍정적 시선도 있지만 이는 경쟁부분이 과열되어 나타나는 놀이의 타락이라고 볼 수 있다. 지나치지 않은 경쟁적 행위는 삶의 스트레스 해소와 욕망을 실현하는 중요한 장치의 역할을 할 수 있지만 과열된 경쟁은 문제를 만든다.

운의 형태로 나타나는 엘리트스포츠는 합법화된 스포츠도박이다. 인생은 한방이라고 하는 말이 일상의 우리 사회를 점유하고 있다. 스포츠복권의 광고가 우리 의식을 지배하고 있기 때문에 사람들이 현실적 삶에서 벗어나는 길을 복권과 스포츠도박에서 찾는다. 부자가 될 확률이 적기 때문에 부자가 되고 싶은 욕망의 실현을 복권과 도박을 통해서 해소한다. 대박은 개인의 능력보다는 운에 의존하는 부분이 많다.

문제는 적당한 복권 구입은 여가행위로서 가능하지만 그 정도가 지나치면 문제가 발생한다. 자기 재산의 상당 부분을 스포츠도박이나 복권에 투자하다 보면 가정경제의 파탄과 국가경제의 악 영향을 미칠 수 있다. 문제가 있다고 합법화된 복권과 스포츠도박을 금지하는 것은 해결책이 되지 못한다. 적당한 복권과 도박만이 우리들이 가지고 있는 운에 대한 욕구를 해소할 수 있다.

모의 형태로 나타나는 놀이문화는 탈 육체성스포츠와 미디어스포츠이다. 인터넷, TV 등의 미디어스포츠는 우리 놀이문화의 대부분을 점유하고 있다. 어린이들과 청소년들의 온라인 게임은 중독의 수준을 넘어 거의 일상화되고 있다. 온라인중독은 청소년들을 폐인을 만들고 깊은 생각과 진지함 고민을 하지 못하게 하는 경향이 있다. 이러한 중독현상이 청소년들은 사회적 범죄와 연결되어 나타나는 크고 작은 사건들에 주목할 수 있다.

현기증 형태로 나타나는 현상은 운동선수들의 약물복용이다. 경기력 향상이나 승리에 대한 강박관념에서 벗어나기 위해서 약물의 힘을 빌린다. 이러한 현상은 기록과 승패를 가르는 엘리트스포츠에서 나타나는 현상이다. 약물복용은 선수들의 건강과 생명위험, 공정성 문제 때문에 금지하고 있지만 여전히 약물복용의 문제는 사라지지 않고 새로운 물질이 개발되고 있을 정도이다. 이는 엘리트스포츠가 선수의 생명을 단축할 수 있음을 말해 준다.

앞에서 엘리트스포츠에 나타나는 놀이문화에 대하여 알아보았다. 지금 놀이문화는 타락의 징후를 보여주고 있다. 놀이문화의 타락은 과도한 집착과 과열 때문에 나타나는 현상으로 해석된다. 우리가 경계해야 할 것은 경쟁, 운, 모의, 현기증 등의 과열과 집착 그리고 편중된 놀이문화이다. 진단을 통하여 발견한 문제는 집착과 과열에 따른 놀이의 타락이다. 인간은 놀이하는 존재이고 모든 인간의 행위를 놀이행위로 볼 수 있다.

하지만 그 놀이정신의 중용적 발현이 요구되는 이유도 여기에 있다. 우리사회의 놀이문화의 건강지수를 일정한 거리를 유지하면서 보면 그리 높지 않음을 알 수 있다. 운동선수는 기록 그 자체로부터 자유롭지 못하다. 그 이유는 놀이의 과열과 집착 때문이다. 놀이의 타락에서 벗어나는 길은 놀이 그 자체를 즐길 수 있는 문화를 실천하는 것이다. 이것이 오늘 우리의 놀이문화를 포함한 스포츠문화의 숙제이다.

2. 기록화 : 맹목적인 기록추구

과학기술의 발전으로 인간 한계를 극복하고 운동경기의 기록을 바꾸어 왔다. 어떻게 보면 운동경기에서 기록갱신은 일종의 인간의 기록갱신이 아니라 운동장비의 기록갱신이라고 할 수 있다. 운동경기에서 인간이 기술에 대하여 의존하는 비율이 증가하는 현상을 발견할 수 있다. 이를 통하여 우리가 알 수 있는 사실은 인간의 생물학적 진화는 이미 끝났다는 것이다.

기록은 측정 도구의 발달에 의하여 지속적으로 향상되어 왔다. 이것은 인간의 생물학적 진화가 아니라 기술과 용구들의 발전 때문이라는 것을 입증해준다. 이미 인간의 기록은 인간들의 경쟁이 아니라 첨단 기술과 그 기술에 의한 용기구들의 경쟁이다. 결국 첨단 장비들에 의하여 운동경기의 기록은 지속적 성장을 가져오게 되었다.

기술문명이 엘리트스포츠를 지배하고 선수를 도구화하고 비인간화 시키고 있다고 해서 기술문명을 부인하고 파괴할 수는 없는 일이다. 이미 우리는 기술문명의 바다에서 항해하고 있기 때문에 기술문명을 떠나서는 생존할 수 없게 되었다. 그렇기 때문에 기술문명을 즐기고 사랑할 수밖에 없다. 당장 우리에게 요구되는 것은 기술문명과 소통하고 화해와 상생의 길을 모색하는 길이다. 이 길이 선수들의 도구화를 해결할 수 있다.

이미 탈 육체성의 스포츠는 기술문명의 시대에 넘쳐나고 있다. 그러나 체육학내의 입장은 육체가 개입되지 않기 때문에 체육이나 스포츠로 볼 수 없다고 분명히 하고 있다. 기술문명의 시대를 항해하고 있는 우리에게 그것 자체를 부정할 수 있는 입장이 아니다. 열린 마음을 통해서 탈 육체성의 스포츠에 대한 관심과 수용 그리고 상생의 길에 대한 모색이 필요하다. 이미 e-스포츠, 유비쿼터스 스포츠, 사이버 스포츠 등의 탈 육체성의 스포츠가 넘쳐나고 있다. 이것을 방관할 수 없는 일이다. 세계대회 역시 대규모로 열리고 있을 정도이다.

엘리트스포츠는 기술발달에 의하여 외향적 발전을 하였다. 첨단과학을 통한 새로운 도구들의 등장은 세계 기록을 빠르게 교체하였다. 신기록은 회를 거듭할수록 향상되고 있지만 기술에 의한 기록은 인간의 기록이기 보다는 첨단 장비의 의한 기록이라고 보는 것이 현실적 인식이다. 과학기술이 발전한 나라일수록 올림픽에서 많은 메달을 획득하는 것은 이제 자명한 사실로 받아들이고 있다.

오늘날 신기록 수립을 위하여 첨단 기술과 기구를 사용하여 경기를 하고 있지만 문제는 경기의 자연성, 놀이성, 윤리성이 상실된다는 것이다. 지나치게 기술에 집착하는 것은 운동선수의 운동에서 발견할 수 있는 놀이성과 유희성 그리고 신체성의 상실을 초래하게 된다. 그래서 기술을 의존하게 됨으로서 역설적으로 스포츠의 본래적 성격에서 점점 멀어진다.

기록에 대한 잘못된 인식구조 때문에 선수들은 비인간화되고 있다. 기술의 발달에 의하여 기록은 딜레마에 빠지게 되었고, 인간은 스포츠를 위한 존재하게 되었다. 적어도 스포츠는 인간을 위해서 존재하는 것인데 지금은 역으로 인간이 스포츠를 위해 존재하게 되었다. 이것은 기록의 단축을 위한 기술의 발달과 첨단 장비 때문에 점차적으로 스포츠의 본질은 역으로 상실하게 되었다.

운동선수에게 운동은 자신의 주체성과 성취감을 확인 할 수 있는 것이어야 한다. 남을 의식하지 않고 자아 혁신을 가져오는 몸의 성취를 경험하는 운동이 그래서 필요하다. 너무나 최고급이나 최신의 장비에 의존하다 보면 장자가 말하는 기심에 빠져서 타향에서 거리를 방황하게 될 수 있다. 이 말은 고향에서 멀어질 수가 있다는 말이다.

3. 상업화 : 신자유주의 스포츠

신자유주의가 지배하는 사회에서 스포츠 역시 예외가 될 수 없다. 돈이 스포츠를 좌지우지 한다. 돈이 광고와 스포츠중계에 침투하여 스포츠를 왜곡한다. 경기의 규칙변화는 경기 자체의 성격이 달라지게 한다. 지금 규칙들은 카메라의 초점에 맞혀 재미와 오락 중심으로 변경되고 있을 뿐만 아니라 빠르게 경기자체가 운영되고 있다.

미디어가 스포츠의 경기운영과 대회기간, 유니폼의 형태, 경기시간 등에 영향을 미치고 있다. 좀더 스포츠는 재미있는 오락화를 지향하게 되었다. 스포츠와 미디어가 서로 공생관계를 형성하면서 스포츠의 오락화가 진행되었다. 이런 관계에서 미디어는 스포츠에게 다양한 볼거리를 요구하게 된다. 기술과 약물의 남용의 관계 또한 이런 연관관계에서 나타나게 된 것이다. 인간 신체의 한계를 경험하게 되는 운동선수들은 기록 단축을 위하여 약물의 유혹에 빠지게 된다.

이미 많은 올림픽과 세계대회의 기록들은 약물을 통하여 기록되었다는 의혹에서 자유롭지 못하다. 그렇기 때문에 지금의 입장에서 선수들에게 신기록은 사실상 어렵게 되었다. 도핑 테스트의 엄격함과 기록 측정 장비의 발달에 의하여 기록갱신이 불가능한 상황이 되었다. 과거에 발견할 수 없었던 도핑물질을 발견할 수 있기 때문에 좀처럼 기술갱신이 어렵게 되었다. 그 결과 약물을 통한 수행능력을 강화시키는 과잉된 신체를 양산하게 되었다. 이처럼 도핑은 기록을 위한 인간 신체의 손상을 결과적으로 가져오게 되었다.

거대 자본에 의하여 야구, 축구, 농구 등의 엘리트스포츠는 활성화 되었다. 선수들은 억대 연봉을 받고 대기업들은 자사 프로팀을 통해서 많은 광고효과를 보고 있다. 많은 관중을 끌어들이기 위하여 해외에서 우수한 선수들을 영입하게 되었다. 경기력 향상이라는 이점을 가지고 있지만 국내선수는 취업에 어려움을 겪게 되었다. 뿐만 아니라 스포츠의 양극화 현상으로 인기스포츠와 비인기스포츠의 구분을 가져왔다. 이 틀에서 운동선수는 일류와 이류를 엄격히 구분되고, 차등한 대우를 받게 되었다.

스포츠의 고향회복

기술문명과 스포츠의 관계는 비관론과 낙관론을 가질 수 있다. 비관론에서 보면 기술문명에 의하여 스포츠는 도구로 전락하여 유용성과 안정성을 확보했지만 놀이성은 상실되었다. 하지만 스포츠 하는 인간이 기술에 의하여 소외되고 비인간화 되는 주된 이유는 스포츠에서 사유가 제거되었기 때문이다. 기술문명 시대의 사유 없는 스포츠는 고향상실증에 빠지고 존재의미를 망각하게 된다. 그렇기 때문에 우리는 두려운 안락함을 경험하게 되는 것이다. 이러한 맥락에서 스포츠의 고향회복을 놀이성과 자연성 그리고 윤리적 특성에서 찾아보았다.

1. 놀이성

우리사회에 팽배한 의식은 빠름에 대한 지향성이라고 할 수 있다. 빠름의 원인은 경쟁정신을 통해서 나타나는 의식작용에 바탕을 둔다. 너나 할 것 없이 모두 빠르게 산다. 전화 한번 하기조차 어렵다. 이 때문에 통화 할 때에도 상대에게 통화 가능한지를 우선적으로 묻게 된다.

모두가 시간이 없다고 한다. 과연 시간이 없는 것인가. 아니면 마음이 없는 것인가. 우리가 물리적 시간에 쫓기다 보니 마음이 없게 된다. 마음의 시간은 경쟁정신과 관계가 깊다. 경쟁정신은 우리 의식의 기층을 지배하기 때문에 마음의 여유가 없게 된다. 그렇다면 왜 우리는 이러한 시간의 지배를 받게 되었을까.

시간의 지배를 받게 된 것은 우리의식이 경쟁정신에 지배를 받기 때문이다. 경쟁정신은 인간의 본성이라고 주장하는 이들이 생각보다 많다. 과연 경쟁정신이 인간의 본성인지를 확인해보자. 원시의 삶을 살고 있는 아마존의 원주민의 생활상에서도 경쟁보다는 협동을 통해서 생존을 유지하는 것을 볼 수 있다.

이러한 예에 대하여 반박하는 사람이 있다. 지금은 원시시대와 다른 문화를 가지고 있다고 반박한다. 지금도 경쟁보다는 협동을 통하여 더 큰 결과를 가져올 수 있는 일들이 우리 주변에 산재해 있다. 인간은 사회적 동물이기 때문에 경쟁보다는 협동이 더 필요하다. 그럼에도 불구하고 경쟁정신이 왜 우리시대 스포츠문화의 지배정신이 되었을까.

경쟁정신은 인간의 본성이기 보다는 산업사회 이후에 인위적인 시장 경제에 의해서 조작된 의식이라고 할 수 있다. 사회 전체가 큰 시장이기 때문에 그 시장에서 무엇인가 팔아야 생존할 수 있게 되었다. 이 때문에 인간은 살아남기 위하여 빠르게 생존정신에 길들여지고 우리 의식은 경쟁정신이 점유하게 되었다.

경쟁정신은 본성이 아니라 후천적으로 주입된 의식일 뿐이다. 경쟁정신은 경제발전을 위주로 한 국가발전과 기업이익을 위한 차원에서 강조되는 사항이다. 얼마나 빠른 시간 안에 얼마나 많은 것을 만들어서 얼마나 많은 돈을 벌어들일 것인가에 관심이 집중된다.

능력, 성과주의에 의해서 연봉과 월급을 주는 것은 경쟁정신을 부추기는 기업의 노림수라고 할 수 있다. 물론 능력에 따라 연봉을 받는 것은 자본주의 속성이기 때문에 이것을 탓하려고 하는 것은 아니다. 이미 우리의 시스템이 자본주의 시장경제의 논리가 지배하기 때문에 효율성과 돈의 논리가 지배하는 것은 어쩔 수 없는 일이다.

하지만 아쉬운 점은 이러한 구조가 경쟁정신을 강조하게 되어 우리 의식을 점유해 버린다는 것이다. 경쟁정신은 생산력 증가라는 장점을 가지고 있지만 개인의 특성과 창의성을 상실하게 하는 단점을 가지고 있다. 그런데도 사회는 경쟁정신만을 강조하면서 창의적 인간을 요구하고 있다. 창의적 인간은 놀이정신에서 형성된다.

사회가 빠름을 지향하는 것은 모두 경쟁정신이 우리의 의식을 지배하기 때문에 나타나는 현상이다. 어떻게 우리는 경쟁정신을 가지고 살게 되었는가. 여러 가지 해석이 가능하지만 그 중에서도 엘리트스포츠에서 그 원인을 찾아보자. 엘리트스포츠는 경쟁정신을 강조한다. 근대화 이후 잘살기 위해서는 남보다 빠르게 살아야 한다는 것을 엘리트스포츠에서 강조하여 왔다. 그 주된 역할을 한 것이 과잉된 경쟁중심의 엘리트스포츠라고 할 수 있다.

엘리트스포츠의 목적은 승리와 기록향상이지만 사실상 경쟁력을 부추기는 역할을 해왔다. 엘리트스포츠는 누가 빠른지, 누가 멀리 뛰는지, 누가 힘이 강한지에 주된 관심을 갖고 있었다. 개인들의 스포츠참가를 통해 얻게 되는 체험은 안중에도 없었다.

대회에서도 기록이 주가 되기 때문에 기록이 저조한 선수들은 경쟁에서 탈락하고 스포츠세계에서 사라지게 된다. 운동선수 자신을 소외시킬 뿐만 아니라 경쟁정신이 타자를 소외시킨다. 스포츠가 인간을 위해 존재하는 것이 아니라 인간이 스포츠를 위해 존재하는 형상으로 왜곡되었다.

경쟁정신은 빠름만을 강조하고 경쟁적 인간을 지향하기 때문에 운동선수의 삶을 황폐화 시킬 수 있다. 왜냐하면 운동선수들이 계속 경기에 출전해야 하기 때문이다. 하지만 놀이정신은 경기에 참가해도 승리에 대한 강박관념에서 자유로울 수 있다. 운동선수들이 놀이정신을 발휘할 수 있다면 창의적인 운동문화를 만들어 갈 수 있을 것이다.

엘리트스포츠에서 놀이정신을 살리기 위해서는 선수들이 과도한 경쟁정신 때문에 나타나는 선수의 도구와의 비인간화 정신을 사전에 차단해야 한다. 특히 승리지상주의에서 벗어날 수 있도록 승리에 대한 부담감에서 자유롭게 만들어 줄 수 있어야 한다. 이외에도 선수들이 즐기는 가운데 수준 높은 경기를 펼칠 수 있도록 하는 여건이 형성되어야 한다.

2. 자연성

"하이데거에 의하면 인간이 가장 행복하게 살 수 있는 본질적 거처가 바로 자연이고 또한 인간이 언제나 되돌아 갈 수 있는 따뜻한 고향이 바로 자연이다"(최양부, 1998). 이러한 입장에서 스포츠의 고향회복을 자연에서 찾아보았다. 현대 스포츠는 과학과 기술문명의 지속적 발전의 영향을 받고 있기 때문에 인위적인 스포츠용구들이 운동경기의 결과를 좌지우지 한다. 그 만큼 인위적인 것 때문에 자연성이 상실되고 있다.

특히 인터넷 문화의 등장으로 탈 육체성 스포츠가 나타나게 되었다. 탈 육체성 스포츠는 육체가 개입되지 않는다. 이와 같은 스포츠가 대거 등장하고 있다. 개인 컴퓨터 보급이 늘어나는 과정에서 자라나는 세대의 온라인 게임은 늘어날 수밖에 없다. 온라인 게임은 우리시대의 젊은이와 아이들의 눈을 사로잡았다. 이로 인하여 신체활동이 없이 아이들은 게임을 즐기게 되었다.

첨단 과학 장비에 의존도가 심해지면 심할수록 스포츠의 참맛을 잃게 된다. 왜냐하면 과학 장비에 의존은 자신의 육체성을 배제하는 것을 의미하기 때문이다. 과학 장비는 안정성을 우선으로 하기 때문에 육체에 의존도가 높은 스포츠는 사라지고 있지만 반대 현상으로 팽창하고 있는 것을 목격할 수 있다. 육체성을 중심으로 하는 스포츠가 팽창하는 이유 또한 여기에 있다. 생생한 체험을 바탕으로 한 육체성 위주의 스포츠의 관심의 증가가 커지고 있다. 이는 고향이라고 할 수 있는 자연성에 대한 관심의 증가라고 할 수 있다.

좀 더 예를 들어보자. 복싱이 많은 사상자를 내고 있지만 지금까지 폐지되지 않고 지속할 수 있었던 이유 또한 인위적인 것이 첨가되지 않은 자연성 때문이다. 원시적 형태 즉 인위적이지 않는 스포츠를 인간들이 갈구하기 있기 때문에 사라지지 않고 있다. 지금은 이종격투기 같은 육체성이 요구되는 경기들이 생겨나고, 체험관광을 지향하는 스포츠관광 또한 육체를 중심으로 한 원시적인 스포츠체험을 희구하기 때문에 나타나는 현상이라고 할 수 있다.

자연성 문제를 엘리트스포츠에 적용한다면 세계대회나 올림픽 같은 대회에서 운동도구에 대한 규제가 있어야 한다. 자연성을 살리기 위해서 용구와 용품에 대한 규제가 마련된다면 공정한 경쟁의 의미를 되살릴 수 있을 것이다. 기록경기에서 인간의 기록경신이 아니라 도구에 의한 경신이 되어서는 안 된다. 현재 엘리트스포츠에서는 장비의 과학화를 통해서 경기력에 영향을 미치고 있기 때문에 이에 대한 규제가 요구된다.

3. 윤리성

모든 스포츠가 상실하고 있는 것 중에 하나가 윤리이다. 이 윤리는 고대올림픽의 자세에서 발견할 수 있다. 고대 스포츠문화의 전형이라고 할 수 있는 올림픽게임은 신성한 신을 받들기 위한 제례경기에서 시작되었다. 고대 올림픽 게임에 참가한 모든 선수들은 윤리를 유지하고 경기에 임하였기 때문에 경건함을 가지고 있었다.

신자유주의의 영향으로 현대스포츠는 경제논리의 지배를 받게 되었다. 돈의 가치가 최고의 잣대가 평가되어 모든 것을 판단하게 되었다. 돈이 되는 스포츠를 위한 스포츠마케팅이 붐을 타면서 사람들이 이 분야에 몰려들고 있다. 엘리트스포츠 역시 오락과 볼거리에 집중에서 나타나고 있다. 이런 현상은 미디어가 스포츠를 지배하는 바람에 나타나게 된 것이다. 선수들의 유니폼, 경기방법 등 모든 것들이 미디어를 중심으로 이뤄지고 있다.

가볍고 빠름만이 넘쳐나는 사회에서 진지함을 통한 윤리라는 것은 과거적 유물만은 아닐 것이다. 너무 빠름을 지향하기 때문에 의미 자체가 상실되고 있다. 가벼운 속에서 윤리의 가치는 빛을 보는 것이다. 빠름은 결과만을 추구하다보면 스포츠를 왜 하는가에 대한 근원적인 이유 없이 기계적으로 스포츠를 하게 된다.

엘리트스포츠에서 윤리성의 상실되면, 빠름 속에 모든 문화가 함몰되어 저급한 문화가 팽창할 가능성이 높다. 그렇기 때문에 빠름과 가벼움을 중심으로 한 엘리트스포츠는 의미와 보람이라는 내적 차원의 가치를 상실하게 될 가능성이 있다. 이 때문에 진지함을 통한 윤리에 대한 관심이 점차로 요구된다. 그것이 엘리트스포츠의 지속적 성장의 길이라고 할 수 있다.

맺음말

하이데거에 의하면 인간이 돌아가고 안주할 고향은 기술과 지배욕을 통해 인위적으로 만들어지지 않는다. 고향이란 이미 있고, 그것은 자기를 은폐하면서도 또 개명하고 있다. 이와 같이 하이데거의 고향개념을 사용하여 스포츠의 고향상실과 회복을 탐구하였다.

스포츠가 고향을 상실하게 된 주원인을 놀이의 타락, 맹목적인 기록추구, 신자유주의 논리에 의하여 나타나는 과도한 경쟁과 상업성에서 찾아보았다. 이에 대한 대안은 스포츠의 고향회복이다. 그 결과는 다음과 같다.

첫째, 놀이성이다. 신자유주의는 경제적 효율성을 지배적 가치로 보기 때문에 경쟁정신이 스포츠를 지배하게 되었다. 과도한 경쟁정신 때문에 스포츠에서 놀이정신이 사라지고 있다. 스포츠의 고향회귀는 놀이정신을 회복하는데 있다.

둘째, 자연성이다. 과학문명과 기술발전으로 인위적인 용기구들이 많이 개발되었다. 장비의 발전은 안전성과 편안함을 주었지만 역으로 자연성을 상실하게 되었다. 자연성을 회복하는 방법은 도구에 의존하기 보다는 육체를 바탕으로 한 스포츠에 참여하는 것에서 찾을 수 있다.

셋째, 윤리성이다. 미디어에 의해서 스포츠의 규칙은 변경되고 있다. 규칙은 스포츠 자체의 성격을 규정짓는다. 하지만 미디어의 의해서 스포츠 규칙 자체가 변경되기 때문에 고향을 상실하게 한다. 미디어에 의한 촉진 룰이나 중계방송을 위한 경기 시간변경 등이 그 예이다. 스포츠의 고향회복은 윤리성을 바탕으로 한 경기에서 찾을 수 있다.

이제 스포츠의 고향회귀를 준비해야 할 때이다. 현대스포츠는 스포츠의 본질에서 벗어나고 있기 때문에 스포츠의 고향이라고 할 수 있는 놀이성, 자연성, 윤리성 등을 추구하는 고향회복을 위한 노력들이 있어야 한다. 스포츠가 우리에게 무엇인가에 대한 숙고를 통하여 스포츠의 고향회귀를 위한 노력이 스포츠 그 자체와 스포츠 하는 인간들에게 요구되고 있다.

5 공부

체육공부란 무엇인가?

체육공부와 체육과학의 차이는?

도의 체득은 어떻게 가능한가?

5. 공부

"기의 습득에서 도의 체득에로"

우리가 살아가는 삶 가운데에서 배움의 기간은 적어도 인생의 삼분의 일에 해당한다. 물론 이 보다 더 긴 교육을 받는 사람이 있는가 하면 아주 짧은 교육을 받은 사람도 있다. 그 교육이 제도화된 교육을 통해서든 아니면 제도권 교육에서 벗어난 교육을 받든 인간의 삶은 끊임없는 배움의 연속과정이기 때문에 배움 그 자체라고 말할 수 있다.

공부는 인간의 생존을 위해서 필요한 실용적인 기술공부가 있는가 하면 자신의 삶의 교양을 쌓기 위한 교양공부가 있다. 그것도 아니면 수학이나 영어와 같이 대학을 진학하기 위하여 문제를 풀고 정답을 맞추기 위한 공부가 있다. 이 글에서 말하는 공부는 이런 공부가 아니라 인간다움의 길에 관한 성찰을 의미하는 사람됨의 참된 공부이다. 지금까지 우리가 알고 있는 공부는 수학이나 영어공부에서 벗어나지 않았다. 그래서 항상 공부라는 말은 우리들의 의식 속에 영어 혹은 수학공부라는 말로 차지하고 있기 때문에 공부는 지적학습이란 의미가 강하게 작용하고 있다.

이런 공부에 대한 오해에서 좀더 벗어나서 참된 공부는 자신의 몸(정신과 육체가 분리되지 않는 총체적인 상태)의 성장과 성숙을 수행, 즉 사람됨의 공부에 대하여 말하려는 것이다. 사람됨이란 체육공부 뿐만 아니라 모든 공부가 지향해야 할 이상이며, 가야 할 최고의 목적지이다. 이런 차원에서 체육공부 역시 가야할 길은 사람됨의 공부이다. 공부는 다른 말로 수양, 수련, 도야, 수행 등이라고 불린다.

공부(工夫)라는 원뜻은 "덕(德)을 득(得)함을 지향하는 훈련"을 의미한다. 우리말의 공부(工夫)의 중국발음이 kung-fu 이며 이것을 우리말로 개화하여 표기한 것이 곧 "쿵푸(후)"다. 인간의 몸의 달인적 경지에 대하여 광범위하게 두루 쓰이는 표현으로서 우리가 지금 "쿵푸(후)"라는 부르는 무술이 한 형태는 쿵푸(후)라는 일반명사의 개념에 포섭되는 광범위한 개념중에 하위개념이다. 이 쿵푸(후)는 오랜 시간의 축적을 통하여 고수의 몸이 얻은 덕(德)인 것이다(김용옥, 1994 : 48-49).

우리는 공부를 학습으로 오해하는 경우가 있다. 그것은 공부(工夫)와 학습(學習)의 차이를 이해하지 못하기 때문이다. 공부는 일종의 지혜를 추구한다면 학습은 지식을 추구하는 의미의 가지기 때문에 목적의 차이를 발견할 수 있다. 학습은 원리를 찾는 차원에서 배우고 익히는 것을 의미한다. 여기서 익힌다는 것은 잘 듣고, 잘 읽고, 잘 말하고 잘 쓰기 등을 의미한다. 이 모든 것은 외우기에 의존한다. 이에 비하여 공부는 설명하기가 쉽지 않지만 정성을 다함 혹은 혼(魂)을 쏟아 부어서 무엇을 해나감을 의미한다(임무수, 1994, 2002: 1). 이런 차원에서 운동학습은 기능의 원리를 찾는 배움이라고 할 수 있다. 그렇기 때문에 이 글에서 말하는 체육공부와는 구별해서 사용함이 필요하다.

학교체육이 학생선수 중심의 엘리트체육에 중점을 둔 반쪽 공부에 머무르고 있다. 뿐만 아니라 경기력향상과 이를 통해 학교의 명예를 알리는 것에 치중하고 있기 때문에 나머지 일반학생들을 위한 체육과 학생선수들의 인성교육은 현실에서 멀어지고 있다. 이 글은 현장에서 학교체육의 정상화를 유도하는데 있다. 특히 학원스포츠는 학교 교육의 테두리 안에 있으면서도 학교가 지향하는 지・덕・체를 고루 갖춘 이른바 전인교육의 성취와는 관련 없이 오히려 학교 교육의 취지와는 동떨어진 기이한 형태로 자라나고 있는 것이 오늘의 실정이다(강신복, 2003: 104).

학교체육의 정상화를 위해서, 강신복(2003)은 학교체육의 문제는 특히 학생선수의 경우가 심각한 문제로 나타나는데 자녀의 전인적 성장에 관심이 없기 때문이며, 비교육적인 학원스포츠의 문제, 능력만능주의에 대한 올바른 이해가 부족하기 때문에 비정상적인 학교체육이 행해지고 있다고 지적하였다. 특히 천안초등학교 합숙소 화제와 같은 문제들이 발생한 것은 그 동안의 학교체육의 위험이 표면화 되었을 뿐이지 이와 같은 유형의 사고는 지금도 학교체육에 잠재하고 있다고 볼 수 있다.

체육공부는 이론가 실천, 장자의 용어로 사용한다면 기의 습득과 도의 체득의 합일이 이루어지고 있지 않는 현실에서 운동학습, 즉 운동기능만을 교육하고, 과잉경쟁을 부추치고, 결과만능주의, 승리지상주의로 치닫고 있는 현재의 체육공부에 문제점이 있음을 발견할 수 있다. 뿐만 아니라 체육에서 교육은 사라지고 학생선수들의 경기력 향상만을 강조되고 있다. 적어도 학교체육에서 개성과 독창성, 도전정신과 비판적이고 합리적인 사유능력, 자유와 평등과 평화의 체험을 지닌 높은 도덕적 품성을 갖춘 체육인 또는 교양인을 육성하기 위해서는 기능교육을 넘어서는 사람됨의 교육이 요구되어진다.

이 연구의 목적은 첫째, 체육공부의 목적은 무엇인가? 이에 대한 문제를 해결은 장자의 공부론에서 시작된다. 장자에 의하면 공부는 실천으로 자유자재에서 찾고 있다. 성심(成心)이란 선입견을 버리고 소요, 좌망, 무대의 경지에 도달하는 것에 공부의 목적을 두고 있다. 둘째, 체육인이라고 자부하는 우리는 체육에서 무엇을 공부한다는 것인가? 기의 습득(실기)이냐 아니면 도의 체득(이론), 그것도 아니면 기의 습득과 도의 체득의 합일인가. 셋째, 체육공부의 방법은 무엇인가? 기와 도의 합일을 통한 사람됨에 도달하기 위한 방법으로 반성적 차원의 글쓰기, 혹은 인문학적 글쓰기에서 찾을 수 있다. 이 연구에서는 세 가지 문제에 대한 과제를 해결하는데 있다.

이 글의 연구방법은 아무래도 우리가 살고 있는 이 땅의 사상의 중심을 형성하는 동양고전(노장철학)의 문헌에 나타난 공부론을 바탕으로 체육공부를 재해석하는 해석학적 방법을 사용하였다. 방법론적 절차는 공부의 일반이론에 대하여 검토하고, 체육공부란 무엇을 의미하는지를 장자가 말하는 기의 습득과 도의 체득과의 관계에 대하여 알아보았다. 그 다음으로 체육공부의 방법으로서 반성적 차원의 글쓰기에 대하여 구체적인 예를 들어 설명하고, 마무리는 전체의 요약과 향후의 과제를 제시하였다.

공부론

우리의 일상용어 속에서 몸은 어떤 존재자의 본체라는 의미를 지니고 있다. 몸체, 몸통 등이 여기에 해당한다고 볼 수 있다. 컴퓨터 본체는 바로 컴퓨터 몸체와 동일한 의미이다. 몸체가 본체와 동일한 의미라면 그것은 존재자의 중심이라는 의미와 거의 동일하다. 몸체가 중심이라는 의미로서 사용된다면 그것은 마음과 동일하다란 의미를 지니게 된다. 즉 몸=마음=맘이라는 등식이 성립될 수 있다(김성태, 1995: 37).

우리가 일상적으로 사용하는 체육공부는 몸의 공부이기도 하다. 이런 차원에서 몸=마음의 등식이 성립하기 때문에 몸 공부와 마음공부를 말하는 것이다. 이와 같이 체육공부 역시 마음의 공부에서 벗어나지 않는다. 체육공부의 구성은 이론과 실천의 영역으로 나눌 수 있는데, 그 이론과 실천이 분리되지 않고 함께 할 수 있는 종착점이 '사람됨'이다. 사람됨은 다른 말로 인간형성을 의미하는데 이는 동양철학의 궁극적 도달 목적인 성인(聖人)에 해당하기도 한다.

체육공부는 자신의 움직임의 과정 그 자체에서의 도(道)의 깨달음을 일상의 삶에서 실천으로 이행하는 것이다. 즉, 몸으로 배우는 것은 항상 실천의 문제로 귀결된다고 할 수 있다. 이러할 때 앎과 삶이 소통하는 사람됨의 공부로서 체육공부는 제자리를 찾는 일이 될 수 있다. 그렇다면 이러한 의미에서 공부론 일반에 대한 학자들의 견해를 살펴볼 필요가 있다.

김용옥은 그의 저서《태권도 철학의 구성원리》에서 공부란 개념적 조작에 의한 지식의 체계만을 의미하는 것이 아니라 몸의 길의 덕을 얻는 모든 학문을 의미하는 것이라고 하였다(1989: 137). 몸은 기의 유기적 단위이며, 몸은 생명이다. 따라서 몸은 움직인다. 움직임이 없으면 그것은 죽음을 의미하는 것이기 때문이다. 몸의 움직임에는 반드시 '길'이 있다. 그 길을 우리는 '도'라고 말한다. 그리고 이 도가 반복되어 몸에 쌓인 것(畜)을 덕이란 한다. 달리 말해서 도는 생겨난 대로 자연스러운 것이고(道生之), 德은 道를 몸에 축적하여 얻는 것이다. 德은 곧 得(얻음)이다(老子, 38章).

한편 동아시아 학문론은 우선 윤리적 주체와 지식을 분리하지 않는다. 주체는 지식 속에 내면화되며, 지식은 주체의 한 역동적 과정이다. 그래서 안과 밖, 몸과 마음이 통일적으로 이해된다. 더 나아가 천지만물과 우주는 인간의 '몸-마음'과 서로 연결되어 있다는 전제 위에 서 있다. 그러므로 동아시아 학문론에서 지식은 죽은 지식일 수 없으며, 윤리적 주체의 心身과는 물론 이러니와 천지만물의 역동적 움직임과 살아있는 연관을 맺지 않으면 안 된다. 이점에서 體得 곧 몸으로 깨닫는 것이 중시된다. 몸으로 깨닫는 것은 동시에 마음으로 깨닫는 것이다. 마음으로 깨닫는 것은, 그저 지식을 대상화하여 바라보는 것이 아니라 지식과 윤리적 주체를 통합함을 의미한다. 이것이 이른바 공부의 활법이다… 뿐만 아니라 工夫란 특별한 것이거나 억지로 해야하는 것이 아니며, 살아있는 동안에 끊임없이 해나가면서 그것을 통해 자신의 인격을 향상시키고, 세상을 밝히며, 인간과 우주의 도를 깨달아 가는 과정이다(박희병, 1997: 6-7).

현재 체육에서 이론과 실천의 분리는 체육의 위기의 한 단면을 잘 볼 수 있다. 이런 의미에서 김영민의 말은 시사하는 바 크다고 할 수 있다. 삶과 앎의 소통, 이론과 실천의 이음매 없는 순환이 나름의 무늬를 만들어 자연스럽게 허위의식이 사라지고 이른바 '평상심의 도'라는 지경에 이를 것이다…만남도, 사귐도, 시간도 없었고, 관념과 논리에 위계로 환원된 건조하고 성마른 경합의 공간만이 있었을 뿐이다…인식주의에 빠져있는 우리는 늘 그러하듯이 논리의 일관성, 관념의 정합성, 이해의 확실성에만 연연한다면 당연히 오해란 답답하고 성가시며 심지어 불쾌한 경험일 것이다(김영민, 1998).

또한 이진수의 체육공부는 체육에서 몸 닦기에 해당한다. 몸을 닦는 행위는 수신이요, 마음을 닦는 것은 치심이다. 과거와 현재의 용어는 다르지만 오랜 옛날 우리의 조상들은 몸과 마음이 하나라고 언제나 생각하였기 때문에 몸 닦기는 그대로 마음을 닦는 것이었다. 수신이 바로 치심이었던 것이다(이진수, 1999 : 21).

이러한 의미에서 체육공부는 마음 닦기라는 말로 연결된다. 이러한 지적은 지금까지 체육에서는 몸 닦기에 대한 오해를 지적하는 것으로 몸 닦기=신체단련이라는 인식에 근거하여 신체단련에 치중했음을 알 수 있다. 이 말은 기술의 습득에만 몰두하였다는 것인데 技의 습득은 道의 체득이라는 마음의 수행이 뒤따르는 않으면 온전한 기술이 되지 않는다는 것을 간과한 것이다. 그러므로 체육에서의 몸 닦기는 바로 체육공부가 무엇인가를 답하는 것이다.

최의창은 운동을 가르치는 방법을 技法과 心法으로 구분하여 사용하고 있다. 그의 기법과 심법에 대하여 알아보자: 운동은 기능, 전술, 규칙으로 구성되어 있기도 하고, 진선미로 이루어져 있기도 하다. 전자의 경우 우리는 기능과 전술을 잘 활용하도록 지도하며, 후자의 경우 우리는 운동을 형이상학적 가치, 윤리적 의미, 미학적 아름다움을 느끼고 발견할 수 있도록 한다. 운동은 하나이되 그것을 바라보는 시각은 두 가지이며, 어떤 시각을 갖는가에 따라 우리는 운동을 전혀 다른 실체로 이해하고 대면하게 된다. 게임으로서의 운동에서 배워야 할 중요한 것은 기능과 전술이나, 삶의 형식으로서의 운동에서는 그 운동종목에 담겨져 있는 그 운동만의 "전통, 정신, 안목"에 자신을 맡기고 그것을 온몸으로 체험하는 것이다. 우리가 운동을 가르칠 때 우리가 전달하는 내용은 기능, 전술, 규칙일 수도 있고, 전통, 정신, 안목일 수도 있다(최의창, 2002 : 258). 이처럼 기법과 심법은 장자의 공부론에 아이디어를 얻어서 운동 혹은 체육에서 구분하여 사용한 것이다. 최의창의 구분처럼 지금까지 우리는 기능중심의 학습에만 체육공부의 모든 것인지 알고 있었다. 물론 실기와 이론으로 구분하여 가르치고 있지만 어떻게 보면 실기와 이론은 모두가 기능중심의 학습에 지나지 않았다. 왜 우리는 그동안 최의창이 말하는 심법에 대하여 관심을 가지지 못했는가. 그것은 결과, 기록, 경쟁, 승리의 틀 안에서 학습이 이뤄져왔기 때문이다.

이상에서 알 수 있는 것은 공부의 궁극적 지향점은 사람됨에서 찾을 수 있다. 그냥 생존을 위한 공부가 아니라 공부일반 속에서 배우게 되는 마음공부 즉 덕(德)의 공부가 필요하다는 말이다. 이런 의미에서 학생운동선수에게 필요한 것 중에 하나가 인성교육이다. 승리, 기록, 결과, 경쟁에 대한 강박 관념으로 사로잡혀 있는 이들에게 덕의 공부인 체육공부가 절실하다. 즉 사람됨이 형성되지 않는 학생선수는 운동기계에 지나지 않는다. 승리보다는 사람됨이 더 중요하다는 사실을 학생선수에게 인식시킬 필요가 있다. 그렇다며 체육공부란 무엇인가?

체육의 공부론 : 技의 습득과 道의 체득

체육을 행하는 사람의 목적에 따라 운동행위 혹은 신체활동은 기술의 습득이 될 수도 있고 혹은 도의 체득이 될 수도 있다. 여기서 기술의 습득은 신체기법을 몸에 익힌다는 말이다. 예를 들어 수영을 한다는 것은 수영의 여러 영법을 몸에 익혀 자신의 기술로 체현함을 의미한다. 이처럼 끊임없이 시행착오의 체험을 통해 자기화 하는 작업이 체육에서 실기를 배우는 일이다.

이에 관하여 존 듀이의 경험의 개념에서 차용하여 해석한다면 시행착오식의 기술의 습득은 경험의 성장과 확장에서 도움이 되지 않는 무의미한 활동이라고 할 수 있다. 반면에 자기화 하는 지성의 작용을 통한 기술의 습득은 경험의 성장과 연결된다. 이때 배운다는 것은 기술을 습득한 것에 지나지 않지만, 보다 더 낳은 체육공부를 위한 토대가 된다고 할 수 있다.

장자의 의하면 무엇보다도 기술에 대한 습득을 일종의 수행과정으로 받아들임으로써 기술을 삶의 행위로부터 따로 분리시키지 않았다는 점을 들 수 있다. 기술을 익히거나 기술을 쓰기 위해서는 내면의 성숙이라든가 마음을 재계하는 수행이 필수적이라는 것이 장자의 확고부동한 입장이다. 장자에게 기술이란 삶과 떼어놓을 수 없는 행위로서 인간 내면의 성숙을 도모하는 일종의 수행이다.

또한 기술 연마를 통해 도를 겸해야 한다는 장자의 말은 수행을 통해 도를 얻는 것과 기술의 연마가 조금도 다름 없음을 제시하고 있다. 기술을 익히거나 쓸 경우 옳고 그름, 칭찬이나 비난, 다른 사람과의 경쟁심, 자기 자신의 몸과 마음 등을 잊어야 제대로 기술을 발휘할 수 있다.

이처럼 기술 쓰는 법은 마음으로 터득하는 것이지 단지 손놀림이나 몸 동작으로 익히는 것은 결코 아니다. 기술의 터득과 발휘는 몸이나 손의 간단한 움직임이 아니라 자기존재 전체를 불어넣는 마음의 문제이다. 그래서 「천도편」의 명공도 수레바퀴를 알맞게 깎는 것은 자기 자신이 직접 손으로 터득하고 마음으로 감응해야지 입으로 전할 수 있는 것은 아니라고 말한바 있다. 기술을 부리는 나의 천성과 재료에 부여된 천연의 품성이 합일되어야 한다는 것이다. 이런 맥락에서 체육의 목적은 어디에서 찾아야 하는가. 기술의 습득에 있는가 아니면 도의 체득에 있는가.

우선 체육공부의 대상에 대하여 알아보아야 한다. 체육공부는 <몸>을 대상으로 하는 <몸>공부에 해당하는데 여기서 몸을 어떻게 보느냐 하는 문제가 제기된다. 몸은 정신과 육체를 구별할 수 없는 실체이다. 둘로 나눌 수 있는 대상이 아니라 하나의 실체라고 할 수 있다. 따라서 <몸>공부에서 말하는 공부는 몸을 통한 기술의 습득이냐 아니면 몸 자체의 공부인 도의 체득이냐의 문제로 나누어 질 수 있다. 결론을 말하면 저자는 체육공부는 기술의 습득과 도의 체득의 합일이라고 본다.

이처럼 기와 도의 합일을 지향하는 체육공부는 사람됨의 공부에서 벗어나지 않는다. 체육의 구성은 이론과 실천의 영역으로 나눌 수 있다. 그 이론과 실천이 분리되지 않고 함께 할 수 있는 것이 '사람됨'이다. 사람됨은 다른 말로 인간형성이 된다. 인간형성은 동양철학의 궁극적 도달 목적인 성인(聖人)을 말한다. 자신의 움직임의 과정 그 자체에서의 도의 깨달음(體得)은 일상의 삶에 실천으로 이행된다. 즉 몸으로 배우는 것은 항상 실천의 문제로 남는다. 이러할 때 앎과 삶이 소통하는 사람됨의 공부로서 체육공부는 제자리를 찾는 일이다.

좀 더 이해를 돕기 위해서 체육공부를 기술의 습득과 도의 체득으로 구분한다면, 기술의 습득은 운동기술을 배우는 것 자체를 의미한다. 예를 들어 수영을 배운다고 한다면 수영의 영법들을 배우는 것 그것이 기술을 습득하는 것이다. 기술의 습득 자체가 수영을 잘하고 못하는 평가의 기본이 되지만 우리는 그 이상에 대해서는 망각하고 있는데 그것은 체육공부라는 것이 기술의 습득만을 의미하지 않음을 말하는 것이다. 그 무엇은 바로 도를 의미하며 체육의 의미라고 할 수 있다. 여기서 도는 덕을 의미한다. 달리 말하면 도의 체득은 다름 아닌 덕의 체득이다.

도와 덕의 관계에 대하여 살펴보면, 천지가 순환하고 만물이 생성 변화해 가는 '길 자체'가 도라면 덕은 그러한 길을 한 개체가 얻은 것, 곧 체득함이다. 도와 덕의 이러한 관계에 대해서 우리는 먼저 《도덕경》 51장을 왕필주와 함께 살펴 볼 필요가 있다. "도는 생성하는 것이다. 덕은 쌓는 것이다. 사물은 형성된 것이다. 세는 이루는 것이다."란 구절에 대해 왕필은 다음과 같이 풀이했다: "사물이 생성된 이후 길러지고 길러진 이후 형성되고 형성된 이후 이루어진다. 무엇으로 인해서 생성되는가? 도(道)이다. 무엇으로 인해서 길러지는가? 덕(德)이다. 무엇으로 인해서 형성되는가? 사물(事物)이다. 무엇이 그렇게 이루어지게 만드는가? 세

(勢)이다"(老子翼, 王弼註 3卷 "物生而後畜, 畜而後形, 形而後成, 何由而生 道也, 何得而畜, 德也. 何由而形, 物也. 荀使而成, 勢).

59장에 '덕을 거듭 쌓는다'(重積德)는 말이 나온다. 그러므로 덕은 결국 한 사물이 생성해 가는 길이 반복하여 자신에게 쌓인다는 의미가 된다. 왕필의 명확한 풀이로 볼 때도 한 사물이 이루어지기 위해서 그 길의 거듭 그 사물자신에게 점점 쌓여가야 한다. 이것이 현덕인데 현덕에 관해 장자는 "태초에 무가 있었다. 있음도 없고 이름도 없었다. 그런데 하나가 생겨났는데 하나는 있지만 아직 형성되지는 않았다. 만물이 이 하나를 얻어 생성하는 것, 이것을 덕이라 한다. 또한 이것을 현덕이라 하고 큰 순응과 같다고 한다."고 설명하였다.(天地, "泰初有無 有無無名 一之所起 有一而末形 物得而生 謂之德…是謂賢德 同乎大順).

덕을 체득한다는 것은 사람됨, 인간다움의 길을 간다는 것이다. 사람다움, 운동선수다움, 아버지다움이 바로 도의 체득이라고 설명할 수 있다. 이러한 의미에서 체육공부의 도는 어디서 찾을 수 있을까. 그 도의 목적은 사람됨, 인간완성, 인간형성의 길을 말한다.

또한 도를 체득한다는 말은 다른 말로 한다면 덕을 함양하는 것을 의미한다. 덕성의 함양은 덕을 체득한다는 의미를 내포하고 있다. 체육을 통해서 체득될 수 있는 덕의 내용은 인의예지의 습득이다. 이러한 맥락에서 도의 체득이 무엇을 의미하는가에 대해서는 다음의 글에서 찾을 수 있을 것이다: "노장의 개념으로 말한다면 도는 곧 덕의 문제이다. 덕으로 돌아간다는 노자의 궁극적인 수양의 목표도 그 형평의 질서를 자신 속에 구현하는 것이라고 할 수 있고, 같은 맥락에서 자아의 완성도 자아로 하여금 늘 그런 형평의 상태에 있게끔 하는 것을 의미한다고 정리해도 무방하다. 왜냐하면 그처럼 덕(德)을 끌어안고 화(和)를 길러 세상에 대해 순응하는 사람이 바로 최고의 인격체인 진인이기 때문이다(박원재, 1996: 97~105).”

이처럼 체육공부를 하는 우리는 운동장이 혹은 예술가, 장자가 말하는 진인(眞人)이 될 수 있다는 말이다. 이들의 차이에 대하여 알아보자. 극장에서 영화간판을 그리는 사람은 영화주인공을 실사하는 손재주로 간판을 그린다. 우리는 그를 예술가 혹은 화가라고 하지 않고 간판장이라고 한다. 왜 우리는 그런 사람을 화가 혹은 예술가로 평하지 않는가. 왜냐하면 그의 그림에는 어떤 사상이나, 관념의 표현도 들어있지 않기 때문이다. 단지 그가 그린 그림은 손 그 자체를 사용한 전문적 기술로 그린 그림일 뿐이지 그 이상과 그 이하도 아니다. 반면에 화가의 그림은 개성과 독창성의 정신세계를 손을 통하여(도구) 표현한 것이다. 이에 관하여 오진탁은 다음과 같이 말하였다:

“기술 쓰는 법은 마음으로 터득하는 것이지 단지 손놀림이나 몸동작만으로 익히는 것이 결코 아니며, 기술의 터득과 발휘는 몸이나 손의 간단한 움직임이 아니라 자기 존재 전체를 붙어놓는 마음의 문제라고 한다. 그래서 장자의 「天道」편의 명공도 수레바퀴를 알맞게 깎는 것은 자기 자신이 직접 손으로 터득하고 마음으로 감응해야지 입으로 전할 수 있는 것이 아니라고 말한 바 있다. 이와 같이 기술의 터득은 당사자의 마음과 관련된 것이므로 마음으로 익혀야 한다(오진탁, 1987: 335).”

이와 같은 의미에서 운동선수 또한 기술의 습득만을 공부한다면 그도 역시 간판장이 같은 운동장이, 혹은 운동기계일 뿐이다. 왜냐하면 그에게는 마음의 문제가 별로 중요하지 않게 생각되기 때문이다. 체육 하는 사람들이 염두에 두어야 할 사실은 만약 체육공부가 단지 기술의 습득에만 머문다면, 체육인은 운동기계가 될 수밖에 없다는 것이다. 따라서 운동수행의 중요성을 인식하고 도의 체득, 즉 사람됨의 공부에 관심을 가져야 한다. 이러한 과정을 통해서 운동선수, 체육인은 인간다운 훌륭한 인간(聖人)이 될 수 있다. 이러한 맥락에서 브라질의 펠레와 아리헨티나의 마라도나의 비교를 통해서 쉽게 기의 습득과 도의 체득의 차이를 발견할 수 있다: "2000년 12월에 FIFA는 20세기 최고의 축구선수로 펠레와 마라도나가 공동수상자로 선정했다. 1970년 이탈리아 월드컵 결승전에서 펠레가 기도하는 자세로 터뜨린 헤딩 동점골과 1986년 월드컵 준준결승전 잉글랜드와의 경기 때 마라도나의 이른바 '신의 손'에 의한 득점은 이 둘 사이의 차이를 상징적으로 보여준다. 금지약물과 마약복용으로 지금도 화제를 뿌리고 다니는 마라도나는 인간적으로 실패한 삶을 살고 있다고 봐야할 것 같다. 반면에 펠레는 사업가로, 행정가로 이미 성공했고 대통령 출마설까지 나돌고 있다(조선일보, 2001년 1월 4일자)."

이상에서 살펴 본 체육을 행하는 두 가지 의미가 있는데 그것은 기의 습득과 도의 체득이다. 만약 체육공부의 목적을 기의 습득에서 찾는다면, 몸의 기계적인 훈련과정을 통해서 얻게 된 기술의 완벽성과 신체의 탁월성의 완성에 불과하다. 이러한 예는 축구선수 마라도나의 예에서 알 수 있었다. 기의 습득과 도의 체득이 함께 해야 하는 이유가 바로 거기에 있다. 따라서 체육공부는 기의 습득과 도의 체득의 합일이라고 할 수 있는데 여기서 말하는 합일은 사람됨을 의미한다.

체육공부의 방법 : 반성적 차원의 글쓰기

사람됨은 기의 습득과 도의 체득의 합일에서 가능하다. 이 말은 이론과 실천의 조화와 일치에서 사람됨에 다가갈 수 있다는 의미이다. 그렇다면 지금까지 살펴본 것과 같이 체육공부의 길은 사람됨이라면 이 길에 가까이 갈 수 있는 방법은 무엇인가. 그 방법은 반성적 차원의 글쓰기 혹은 인문학적 글쓰기에 해당한다. 인문학적 글쓰기는 자신의 내면적 체험세계를 잘 들러낼 수 있기 때문에 체육공부에 적합한 방법이다.

체육학이 다른 학문과 구분할 수 있는 방법은 운동자의 체험세계를 연구대상으로 하는 방법이다. 이 점에서 김정명(1995: 9-11)은 삼자적 관점의 실증주의 연구방법보다는 운동자 자신의 관점에서 현장속에서 이루어지는 질적연구 내지는 체험연구가 활성화 될 필요가 있다고 한다. 그 근거에 대하여 그는 다음과 같이 제시하고 있다: "체육학은 실기가 중요시되고 그것을 통하여 타주지학문과 차별화 되는 이유는 바로 우리에게 운동자의 관점상 연구가 요구되기 때문이다. 그 구체적인 방법으로는 현상학적 체험연구법, 상징적 상호작용론에 입각한 접근법, 참여관찰, 사례연구, 심층면담, 민속학적 접근법 등 연구자의 의미 있는 체험을 바탕으로 연구될 수 있는 질적 연구 방법들이 있고 그 타당성은 학문 공동체에서 이미 인정받고 있다(김정명, 1995: 11)."

이러한 질적연구 혹은 현상학적 연구방법들에서 요구되는 것은 자신의 현장이나 체험을 논리적으로 서술할 수 있는 글쓰기 능력이다. 이러한 글쓰기는 운동경험을 가진 이들에게는 쉽지 않은 일이다. 그 이유는 글쓰기에 대한 교육의 부족과 운동자들의 게으름이 그 원인일 것이다. 이 문제는 차후의 과제도 남겨놓고 이 논문에서 해결해야 할 기의 습득과 도의 체득을 가능하게 하는 것이 다름 아니라 글쓰기이다.

사람됨의 공부를 위한 구체적인 방법을 찾는다면 아마도 기의 습득과 도의 체득을 함께 추구할 수 있는 방법들 중에 그 하나가 글쓰기이다. 글쓰기란 자신의 행위를 돌아볼 수 있는 반성적 차원의 형태를 지닌 행위이다. 이러한 맥락에서 박기동(1999)은 몸의 교육인 체육, 그 중에서 체육인문학에서 글쓰기에 대하여 다음과 같이 제시하고 있다: “우리가 체험현장연구를 비켜갈 수 없다면 여기에 필요한 최소한의 글쓰기로부터 나온다고 생각된다. 그러므로 우리 체육인문학에서 이러한 실천적인 글쓰기의 시급한 적용이 필요하다고 나는 여기서 주장한다. 궁극적으로 몸의 길은 공부론으로 귀결되며, 따라서 몸의 교육학이 성립할 수 있는 것이다. 몸의 교육학이라는 운동장을 가로지르는 지름길은 글쓰기라고 할 수 있겠다.”

이러한 글쓰기는 자신의 몸의 움직임의 길을 확장하는 것은 물론 사람됨의 길을 인식하는 차원으로 전이 될 수 있다. 그렇다면 어떻게 글을 써야 한다는 문제인데 이점에 대해서는 다음의 글에서 찾을 수 있다: “체육에서의 참된 글쓰기는 스포츠체험을 통하여 진리를 체득한 운동하는 주체의 반성적 행위이며 사람됨의 지향활동이다. 이것은 이론과 실천의 통합적 행위이며, 살아있는 우리(나)가 현실을 직시하고 그 속에서 대두되는 스포츠의 문제점을 발견하고 그것에 대하여 비판하고 대안을 제시하는 행위이다(이학준, 1999).”

글쓰기에 대하여 좀더 알아보기 위해서 사르트로의 예를 살펴볼 수 있다. 그는 글쓰기에 대하여 글쓰기는 다시 쓰는 작업(다시 생각하고, 다시 고찰하고, 다시 인식하는 과정)이라는 복합적인 과정을 거쳐야 한다고 보았다. 특히 그는 글을 쓰고, 다시 쓰는 것이 어떻게 깊이 있는 글쓰기를 지향하게 되는지에 대해 다음과 같이 말하고 있다: “계속해서 고쳐 나가고, 의미를 중층적으로 쌓아 나아감으로써 본질적인 의미의 모호성은 유지한 채 어떤 진실을 드러나게 하는 것이다. 이와 같이 글쓰기는 일사천리로 단번에 이루어지는 것이 아니다. 글을 쓰고(개정하고, 편집하는 과정까지 포함해서), 다시 쓰는 과정은 오히려 하나의 예술품을 만들어 내는 예술적인 행위를 연상시킨다(신경림 · 안규남 역, 1994: 175).”

이상과 같이 진정한 체육공부를 위한 방법으로 글쓰기에 대하여 알아보았다. 여기서 말하는 글쓰기란 인문학적 글쓰기로서 개인의 운동경험에 대한 체험기술의 방법으로 글쓰는 자신의 일인칭화법으로 읽기, 수상록, 운동일지 등 개인중심의 글을 의미한다. 자유롭게 자신이 경험한 바를 활자화하는 작업이다. 이를 통해서 자신의 덕을 쌓는 반성적 행위를 수반할 수 있을 것이다. 그래서 사람됨을 위한 방법으로 글쓰기를 제시하고 싶은 것이다. 다음의 글에서 글쓰기의 목적을 알 수 있다: “글쓰기 혹은 자서전쓰기를 통해 자신의 삶을 밀도화 시키자는 것이다. 글쓰기는 삶을 수세에서 공세로 수동성에서 능동성에로 전환시키는 탁월한 방법이다. 사회와 역사 안에서 자신의 삶과 존재를 돌보는 사람됨의 공부를 실천하자는 것이다(이왕주, 1998).”

맺음말

이 글에서 해결하고자 하였던 과제는 체육공부란 무엇인가였다. 이에 대하여 알 수 있었던 사실은 체육공부는 기의 습득 혹은 도의 체득, 어느 한쪽만을 의미하지 않고 모두를 의미한다는 것이었다. 이와 같은 사실은 지금까지 우리가 해왔던 체육공부를 살펴보면 잘 알 수 있다. 우리는 단지 체육공부는 기의 습득이라고 이해하고 이를 공부하여 왔을 뿐이다. 이 같은 공부는 한마디로 말한다면 반쪽공부에 지나지 않는다. 적어도 제대로 된 진정한 체육공부는 기의 습득과 도의 체득, 이 모두에서 찾아야 한다.

우리가 체육에서 찾아야 하는 것은 경쟁을 통해 승리하고, 국위선양하고 자신의 명예를 얻는 차원에서 벗어나서 모두가 함께 더불어 즐겨야 한다는 생각을 가지고 체육을 통한 사람됨을 추구하는데서 체육공부의 목적을 찾을 수 있어야 한다. 그 방향이 체육공부의 핵심이며 중심체이다. 이러한 목적을 이루기 위한 구체적인 작업 중에 하나로 저자는 반성적 차원에서의 글쓰기를 제안하였다.

글쓰기는 일반적으로 자신의 행위를 돌아볼 수 있는 반성적 차원의 행위를 요구하기 때문에 체육공부에서 요구되는 글쓰기 형태는 일기 형식에 해당되는 것이 아마도 적당하다. 왜냐하면 일기 형식의 글쓰기는 자신의 움직임에 대한 체험을 진솔하게 표현할 뿐만 아니라 자신의 행위를 돌아볼 수 있는 성찰의 형태를 지닌 행위로서의 글쓰기 종류이기 때문이다. 이러한 글쓰기는 움직임의 길뿐만 아니라 사람됨의 길을 인식하고 실천하는 차원으로 전이 될 수 있다.

결국 체육공부는 기의 습득 혹은 도의 체득 어느 하나를 가르치는 것이 아니라 양자를 함께 공부하는 것이다. 여기서 기의 습득은 몸의 성장을 지향하고 도의 체득은 인간의 내면의 성숙과 개인의 인격함양을 지향하는 몸의 성숙에 해당한다. 여기서 도의 체득은 덕의 체득이라고 바꿔어 말할 수 있는데 덕은 사람됨을 의미한다.

체육공부는 사람됨 혹은 인간다움의 길에 대한 공부, 움직임의 길의 공부이며 깨달음의 공부이기도 하다. 이와 같은 체육공부는 현재의 체육이 '보다 빠르게, 보다 높게, 보다 강하게'라는 이념에서 자기자리를 상실하고 있는 현재에서 제자리를 찾을 수 있는 방법 중에 하나이다.

이와 같은 체육공부는 체육적 앎과 삶에서 技의 習得과 道의 體得을 실천하는데서 찾을 수 있다. 다음은 체육공부의 방향을 이해할 수 있는 글이다: "배움은 사람됨의 공부에서 시작해야 한다. 우리는 배운 만큼 달라지고 아는 만큼 변화할 수 있어야 한다. 앎 따로 삶 따로인 존재의 역사를 청산하지 않으면 안 된다(이왕주, 1998).”

6 인격

몸 닦달과 몸 닦기는 무엇인가?

인격완성을 위한 체육공부의 방법은?

체육공부의 대상으로서 몸과 마음의 관계는?

6. 인격

"몸 닦달에서 몸 닦기에로"

공부는 순수 우리용어로 사용하면 닦기와 닦달이다. 닦기는 몸과 마음의 공부이고 닦달은 사람을 몰아 세워서 무엇인가를 내놓으라고 강요하는 공부이다. 공부는 마음을 닦는 수양이기 때문에 닦달보다는 닦기가 더 적확한 용어라고 할 수 있다. 현재의 체육공부는 학생들 혹은 선수들을 닦달하여 1등이나 최고의 성적이라는 결과를 내놓으라고 강요한다. 공부가 몰아세움의 결과에 의해서 평가되기 때문에 양과 수라는 잣대를 가지고 학생 혹은 선수를 지속적으로 닦달하게 만든다.

닦달은 자신의 돌아볼 수 있는 성찰의 시간조차도 사치라고 인식하게 만든다. 오직 눈앞에 벌어지는 치열한 경쟁에서 살아남는 것이 최고라는 생각이 지배적이다. 살아남기 위해서는 자신의 몸을 닦달해서 자신이 가지고 있는 모든 것들을 쏟아 붓도록 만든다. 여기에는 수양이라는 공부가 들어설 자리가 없을 뿐만 아니라 자신을 생각할 수 있는 여유조차 찾을 수 없다. 의식 자체가 일종의 강박관념이라고 할 수 있는 닦달이 나타나게 되는 경우이다. 이 같은 현상의 원인은 다음의 글에서 확인할 수 있다.

"하이데거는 기술사회를 하나의 질곡과 유사한 것으로 보았다. 하이데거는 현대사회의 모든 개인이 사회의 기능인자로서 자신의 에너지를 최대로 뽑아내라는 사회적 명령의 지배 아래 있다고 본다. 현대인은 새벽부터 일어나 저녁 늦게까지 열심히 서로 보조를 맞추어 일사불란하게 일한다. 인간들은 자신의 정신적, 육체적 노동 에너지를 총동원하여 자연이 갖고 있는 에너지를 최대한 뽑아내도록 강요당한다. 하이데거는 이 점에서 인간을 비롯한 모든 존재자가 자신들의 에너지를 남김없이 뽑아내라는 명령에 구속되어 있다고 보았다. 인간을 비롯한 모든 존재자에게 자신들의 에너지를 내놓도록 몰아세운다는 말이다"(박찬국, 2004).

체육공부 역시 학생들이 가진 모든 에너지를 내놓도록 몰아세워 닦달하는 형국이라고 볼 수 있다. 이런 차원에서 체육공부란 무엇인가에 대한 근원적 물음을 가질 수 있을 것이다. 이 문제는 저자에게 있어서 체육공부를 시작한 이후 여전히 궁금함으로 남아 있다. 체육공부에 대하여 의문을 가졌던 과거나 지금이나 큰 차이가 없어 보인다. 이전에 저자는 장자의 철학을 통해서 체육공부란 기의 습득과 도의 체득이라고 정의 한 적이 있었다. 이 같은 결론을 얻은 이유는 체육공부는 기술만을 배우고 기술만을 활용하는 공부가 아니라고 생각했기 때문이다. 이 생각은 지금도 변함이 없다. 왜냐하면 체육공부는 기능과 더불어 사람됨을 요구되는 공부이기 때문이다. 사람됨이 없는 공부는 운동하는 기계를 만드는 것에 불과하다. 적어도 체육이 교육의 연장선에서 이해되기 위해서는 인격형성이라고 할 수 있는 사람됨의 목적에서 벗어날 수가 없다.

그렇다면 인격형성과 체육공부의 관계에 대하여 묻지 않을 수 없다(김현덕, 1980; 김미자, 1983; 김현덕, 1985; 최대혁, 1988; 김동규, 1996; 김옥태, 2000; 김미숙, 2003; 임혜옥 · 김영선, 2005; 이천희, 2006). 이 둘의 관계는 어떤 관계를 맺고 있는가. 이전의 연구들에서도 공통적인 사실은 체육공부의 핵심은 사람됨이라는 것이다. 사람됨은 도의 체득이라고 할 수 있다. 여기서 도는 덕을 의미하기 때문에 사람됨과 연결된다. 이는 인격형성과 같은 선상에서 이해될 수 있다. 사람됨의 공부로서 체육공부가 성립된다고 할 수 있다.

작금의 현실이 신자유주의 자본주의 책략에 의한 닦달하는 대중문화가 형성되고 있다. 여기에 우리가 놀아나지 않기 위해서는 자강과 저항의 수단인 인격형성으로서 체육공부가 절실하게 필요하다. 이런 전제에서 이 글의 목적은 인격형성으로서 체육공부의 대상과 방법을 동양적 사유에서 찾아보는 데 있다. 연구범위는 인격형성으로서 체육공부의 대상과 방법으로 한정하였다. 이 문제를 탐구하기 위해서는 체육공부의 대상으로서 몸과 마음에 대하여 알아보고, 체육공부의 방법은 동양의 몸 공부방법인 몸의 수양, 함양, 도야에 대하여 알아보았다.

인격형성으로서 체육공부의 대상 : 몸과 마음

몸에 대한 관심은 일상의 대화에서부터 정치적 담론에까지 확장되었을 뿐만 아니라 정치학, 여성학, 사회학, 철학 등에서 다양하게 연구되고 있다. 체육학에서도 몸의 본질과 인식을 위하여 다양한 관점에서 몸에 주목하고 있다(권욱동, 2004; 김동규 외, 2004; 송형석, 2003; 이학준, 2003). 이들은 몸에 대하여 비판과 논리적 연구를 수행해 왔고 몸과 마음은 하나라는 관점을 유지하고 있다.

몸과 마음은 구분될 수 없는 하나이기 때문에 몸은 곧 마음이다. 몸은 하나인데 둘의 성격을 가지고 있을 뿐이다. 몸은 보여지는 몸과 보여 지지 않는 몸으로 구분할 수 있다. 뒤의 몸은 마음이라고 할 수 있다. 이처럼 몸은 하나이되 두 가지 양면성을 가지고 있다. 단지 그것이 현실화하는 과정에서 나타나는 모습이상이한 차이를 보일 뿐이다. 몸과 마음은 하나이기 때문에 둘로 구분할 수 있는 것이 아니라는 인식이 철학에서 지배적인 생각이다. 몸과 마음이 하나라는 인식은 누구나 수용하는 보편적인 문제가 되었다. 둘을 인위적으로 구분하는 것은 일종의 연구를 쉽게 하기 위함이다.

'체육공부는 몸 공부이다' 는 문장이 성립하기 위해서는 공부의 대상으로서 몸이 인식의 대상뿐만 아니라 주체라는 것을 입증해야 한다. 몸이라는 말 속에는 이미 어원적으로 마음이라는 개념을 내포하고 있다. 즉 마음이 들어 앉아 있기 때문에 몸 공부는 마음공부라고 할 수 있다. 몸과 마음으로 분리하는 입장은 지금으로부터 2500년 전의 고대 플라톤이나 근대의 데카르트까지 몸 따로 마음 따로 인식하는 입장이었다. 데카르트의 이원론은 죽음의 철학이라는 비판을 받고 있는 이유도 이원론의 사유에서 시작된다. 그 이유를 모든 것을 이분법적 시각으로 이분하여 인식한 것에서 찾을 수 있다. 이 때문에 인간들은 자연을 도구로 인식하였을 뿐 아니라 착취하는 것을 정당화 하였다.

2500년만 해도 몸은 천시에 대상 즉, 신체는 영혼을 가두는 감옥에 불과했다. 죽음을 통해서 신체라는 감옥에서 해방을 맞이하고 천상으로 돌아갈 수 있다는 생각이 지배적이었다. 이 때문에 당시 노예 계급에 속한 사람들은 인간의 말을 알아듣는 동물로 취급할 정도로 몸과 관련된 일에 종사하는 것을 가장 낮은 계급으로 간주하였다. 몸을 사용하는 노예들이 생존문제를 해결했기 때문에 그리스문화는 융성할 수 있었지만 그 가치를 인정받지 못했다. 그 이면에는 여전히 몸을 사용하는 사람들을 천시하였다는 것을 알 수 있게 한다.

하지만 우리가 살고 있는 이 땅에서는 처음부터 몸과 마음을 구분하지 않았다. 천인합일, 심신일여 등과 같은 동양의 용어 자체에서만 봐도 몸과 마음, 자연과 인간을 하나라는 인식이 지배적이었음을 확인할 수 있다. 지금과 같은 구분은 서양 학문의 수입으로 인하여 구별하게 된 것일 뿐이다. 그렇다면 인격형성으로서 체육공부의 방법은 무엇인가.

인격형성으로서 체육공부의 방법 : 몸의 수양, 함양, 도야

우리는 나의 몸과 마음에 인간으로서의 격식을 갖추어나가는 것을 흔히 수양, 함양, 도야 등으로 말한다. 우리가 인격을 수양, 함양, 도야한다고 말할 때, 수양은 닦는 측면을, 함양은 기르는 측면을, 도야는 만드는 측면을 강조하는 말이다. 결국 우리가 인격을 갖추어가는 것은 몸과 마음을 닦고, 기르고, 만들어 나가는 것을 뜻한다(최봉영, 2006). 이 모든 표현은 인격형성과 같은 말임을 알 수 있다. 표현의 차이를 존재하지만 뜻은 같다는 것을 알 수 있다.

1. 몸의 수양 : 몸 닦기

우리사회가 몸을 몰아세워 닦달하게 된 원인은 어디에서 찾을 수 있을까. 첫째, 신자유주의적 책략 및 선전선동에 의한 스포츠를 통해 대중의 탈정치화와 스포츠의 상업화를 들 수 있다(임재구, 2001; 김동규 · 구강본; 2003; 윤여탁, 2004). 이런 현상은 선수들을 닦달해서 성과를 내기 위한 전략이 숨어 있음을 확인 할 수 있으며 이로 인해서 안달하게 된다. 그 결과 나타나는 현상은 기록, 결과, 승리, 경쟁의 중심의 논리형태로 나타나게 되고 일상의 운동문화를 지배하게 된다. 모든 지도자들은 선수를 몰아세워 닦달한다. 그 이면에는 선수들의 학부모, 학교, 동문회 등이 후원하는 경제력이 보이는 않는 힘으로 작용한다. 그러면 선수들은 정신이 없이 기계적이고 획일화된다고 할 수 있다. 이러한 현상은 하이데거의 현대과학기술에 대한 지적에서 잘 발견된다.

어떤 하나의 지대(地帶)는 석탄과 광물을 내놓도록 닦달 당한다. 지구는 이제 채탄장으로서, 대지는 한갓 광물의 저장고로서 나타난다. 농부들이 이전에 경작하던 밭은 그렇지 않았다. 그 때의 경작은 키우고 돌보는 것이었다. 농부의 일이란 토지를 닦달하는 것이 아니라, 씨앗을 자신의 생장력에 맡기고 그것들이 잘 자라도록 보호하는 것이었다. 그러나 오늘날의 토지경작은 자연에게 강요하는, 이전과는 다른 종류의 경작방법 속으로 흡수되어 버렸다. 그것은 자연을 닦달하고 자연에게 강요한다. 경작은 이제 기계화된 식품공업일 뿐이다. 공기는 이제 질소를 내놓도록 강요당하고, 대지는 광석을, 광석은 예컨대 우라늄을, 우라늄은-파괴를 위해서든 평화적 이용을 위해서든-원자력을 내놓도록 강요당한다(박찬국, 2004).

이처럼 닦달이 인간의 삶을 황폐하게 만들 수 있음을 엿볼 수 있다. 닦달은 주변을 보지 못하고 앞만 보고 가게 만들어 사람들이 삶의 여유와 평화를 좀처럼 찾지 못하게 한다. 사람의 의식을 획일화시켜 단선적 논리만을 인정하는 폐쇄적인 의식 형태를 가질 수 있게 한다.

둘째, 식민지문화, 군사문화로 인한 서열의식에서 찾을 수 있다. 우리 사회에 내재해 있는 군사문화는 사라지지 않고 아직도 진행 중에 있다. 연공서열에 의한 서열의식은 군대조직과 같은 의식 때문에 낮은 서열에 있는 사람을 차별하고 억압하는 현상은 일어난다. 함부로 사람을 대하고 억압하고 통제하는 것이 일상적 일이 된다. 거기에서 벗어나는 일은 쉽지 않다. 체육공부도 서열의식을 내면화 하고 사람들을 대우한다. 체육공부의 여러 곳에서 억압과 통제 방식의 수업과 질서교육을 강요하는 모습에서 찾을 수 있다.

그 결과 나타나는 현상은 비민주적인 절차와 과정이 생겨난다. 군사문화는 다양성과 차이를 인정하지 않고 획일적이고 통제적인 면만을 강조한다. 군사문화는 체육계 학과에서 여전히 사라지지 않고 있을 정도이다. 그것이 내면화 되어 행동의 통제를 일삼을 수 있다. 일부에서는 그 같은 행위를 체육학과의 전통이라고 인식하고 계승해야 할 가치라고 평가하는 사람들도 있다. 이러한 서열의식을 최봉영은 한국인의 존비어체계에서 찾고 있다.

한국인이 지배와 복종 관계를 인격의 우열관계로 받아들이게 되는 가장 직접적인 원인은 한국어의 존비어체계에 있다. 한국어의 존비어체계는 권력에 따른 서열관계를 인격적 우열관계로 전환시켜주는 장치로서 구실한다. 이처럼 존비어체계로 말미암아 권력의 크기에 따라 인격의 크기가 자동적으로 정해지는 까닭에 한국인은 사람대접을 받기 위해서 오로지 더욱 큰 권력을 가져야 한다고 생각하여 물불을 가리지 않는 까닭에 과잉권력욕을 형성하게 된다(최봉영, 2006).

우리사회에서 몰아세워 닦달하는 문화가 형성된 원인은 신자유주의 자본주의 책략과 한국어의 존비어 체계에 있음을 확인하였다. 두 가지의 주된 원인을 극복하기 위해서는 자강과 저항수단으로서 인격형성이 필요하다. 인격형성의 다양한 방법을 통해서 가능하다고 할 수 있다. 특히 학교교육을 통해서 인격형성을 달성할 수 있는 최고의 장이라고 할 수 있다. 그 중에서 체육을 통한 인격형성을 들 수 있다. 인격형성으로서 체육의 방법은 몸 공부에서 시작된다. 몸 공부는 몸 닦기이다.

몸을 닦는다는 것은 불교적인 색채가 강하다. 불교에서는 마음이 주체가 되기 때문이다. 관심이 그 대표적인 것이다. 관심은 마음으로 다음을 본다는 뜻이다. 마음은 몸의 주가 되는 것으로 하나이지 둘이 아니다. 본래 둘이 아닌 하나인데 하나인 마음이 다른 마음을 본다는 것은 논리적으로도 맞지 않고, 마음을 두로 나누는 폐단이 생기게 된다. 그래서 유학자들은 몸을 닦는다는 수신을 즐겨 사용해도 수심이란 용어는 사용하지 않았다. 수신 속에 이미 수심이 포함되었기 때문이다. 대신 치심이란 말을 즐겨 사용한다. 치심은 내가 나의 마음을 주체적으로 다스린다는 의미이다(이진수, 2001)

몸을 닦는 다는 것은 수양을 한다는 것이다. 자신의 인격을 세우기 위해서 부단히 닦는 것이다. 자동차를 닦는 것은 깨끗함을 유지하고 위함이다. 자신의 몸의 때를 닦기 위하여 목욕탕을 가는 이유도 여기에 있다. 보이는 때만을 닦고 보이지 않는 마음의 때를 닦지 않기 때문에 인격적 성숙은 기대하기 어렵다. 마음의 때를 닦아야 마음의 깨끗함을 유지할 수 있다. 마음의 때는 사욕에 해당한다. 권위, 부, 명예 등을 추구하는 과정에서 생겨날 수 있는 마음의 때는 자꾸 마음을 흐리게 하여 자신을 볼 수 없게 한다. 인격과는 거리가 멀어진다. 이러한 입장에서 일본의 체육철학자 아베 시노부는 다음과 같이 말한다.

현대의 단계에서는 체육에서 시합의 자리를 지나치게 많이 마련하지 않도록 배려하는 것이 필요할 것이다. 경쟁이나 시합의 재미가 체육의 학습의욕을 향상시키는 유력한 동기를 부여한다는 것은 확실하지만, 이것도 도를 넘으면 일부 유능한 학생들에게는 특권의식을 갖게 만들고, 능력이 낮은 사람들에게는 열등감이나 체육에 대한 혐오감 등을 심어주기 때문에 기회균등하게 신체운동을 실시한다는 체육본래의 취지에 반하는 일이 될 것이다. 또 운동형식으로는 팀 게임 보다는 개인적, 대인적 종목에 중점을 두어야 할 것이다. 개인적, 대인적 종목에서는 자신과 엄숙하게 대결하는 기회가 보다 많으며, 여기에 체육의 장에서 실존적 주체성을 수립할 가능성도 담겨 있는 것이다(박홍식 역, 2001).

일본의 체육철학자 아베 시노부는 인격형성을 위한 체육공부의 방법으로 체육의 장에서 실존적 주체성을 함양하는 것에서 찾고 있다. 마라톤이나 철인3종 경기 등 지구력 스포츠에서 자신의 정신력을 극대화 하는 것을 배울 수 있다. 이와 더불어 극기스포츠를 통하여 자신의 정신력을 극대화 시킬 수 있음을 엿볼 수 있다. 인격형성은 자아를 찾아 자아를 성숙시키는 일이라고 한다면, 이를 위해서는 체력과 사고력, 정신력의 증대가 요구된다. 이는 체육공부를 통해서 가능하다는 생각을 할 수 있다. 강한 체력연마를 통해서 자신의 나약한 마음을 가다듬고 사고력과 정신력을 극대화 할 수 있는 것이다. 그 결과 실존적 주체성을 확립된다. 주체성의 결여는 선택의 길에서 주저함을 갖게 하고 매사에 부화뇌동하는 성격을 형성하게 한다. 자신의 존엄성을 지키고 자기다운 삶을 영위하기 위해서는 인격형성으로서 주체성을 키우는 길이 필요하다.

2. 몸의 함양 : 몸 기르기

몸은 하늘과 땅 사이에 가장 존귀한 것이다. 몸이 악의 근원이라는 플라톤적 사고와는 전혀 다르다. 악한 것을 기를 사람은 아무도 없을 것이다. 우리가 몸을 기른다고 하는 것은 훌륭한 사람으로 기른다는 것과 같은 말이다. 왜냐하면 몸과 마음은 하나이기 때문이다. '몸을 기르는 것은 바로 마음을 기르는 것이다'라는 명제가 성립되는 이유가 여기에 있다(이진수, 2001).

몸을 기른다는 것은 마음을 기른다는 것이다. 기른다는 것은 무엇(몸과 마음)을 가꾸어 다듬다(인격형성)는 것으로 이해할 수 있다. 마음을 기르는 것은 일종의 인간관계에서 요구되는 사회성을 함양시키는 것으로 볼 수 있다. 사람들이 말하는 인격은 인간성을 지칭하고 그 인간성은 사회성을 의미하는 경우가 많다. 다시 말해서 몸 기르기는 다름 아니라 사회성을 함양하는 과정이라고 말 할 수 있다. 사회성은 원만한 관계맺음이라고 할 수 있다. 사람과 사람의 관계형성은 사회활동에서 중요한 만큼 현대생활에서 사람들에게 요구되는 요소라고 할 수 있다.

몸을 기르는 한 방법으로 인간관계를 들 수 있다. 그 인간관계는 이해적 관계, 정치적 관계, 경제적 관계 등으로 구분할 수 있다. 이를 양분하면 수직적 관계와 수평적 관계로 분류된다. 대부분이 지위와 인격과의 연관에서 수직적 관계가 주류를 형성한다. 사회에서 행해지는 인격적 무시는 바로 수직적 관계맺음에서 시작된다. 하지만 개인의 인격형성에서 요구되는 인간관계는 수평적 관계라고 할 수 있다. 그런데 수평적 인간관계의 중요성이 인정되고 있지만 현장에서는 친밀감을 유지한다는 차원에서 수직적 인간관계가 주류를 형성한다. 그 이유는 나이, 학번, 경력 등이 인간관계의 선을 긋는 중요한 잣대로 작용하기 때문이다. 이하에서 이상적인 인간관계의 구체적인 예를 교사와 학생, 선수와 코치 혹은 선수와 선수간의 관계에서 찾아보았다.

체육공부에서 교사와 학생간의 관계 맺음을 통해서 배움의 시작과 끝이 이루어지기 때문에 어떤 관계를 형성하고 있는지가 중요하다. 대부분의 경우 체육교사와 학생의 관계는 하늘과 땅만큼이나 아주 먼 거리감을 늘 유지한다. 그 이유는 거리감이 일종의 체육교사의 권위를 들어내고 학교수업을 원활하게 하기 위함이 전제되어 있기 때문이다. 그렇기 때문에 체육교사는 자신의 권위를 이용하여 학생을 수단화 할 가능성이 높다. 이러한 문제는 학생과 교사간의 관계의 철학에 대한 잘못된 이해 때문에 발생한다. 이외에도 친구들과의 관계 혹은 선후배간의 잘못된 관계를 형성하는 문제점도 지적할 수 있다. 교사와 학생의 이상적인 관계는 서로간의 배려와 관심 그리고 존중, 사랑이 중심이 된 관계라고 할 수 있다.

학생과 체육교사간의 문제는 철학자 마틴 부버가 말하는 <나-너>의 관계가 아니라 <나-그것>의 관계가 지배적이기 때문에 문제가 생기는 것이다. 이 때문에 욕설과 폭력과 같은 인권상실의 문제들이 나타나는 것이다. 이 문제의 다른 원인은 체육교사의 교권이 보장되지 않는 상태에서 비롯된다. 학생에 대한 몰이해나 지나친 가르침의 과정에서 선수들에 대한 체벌로 나타나고 그것이 심화되어 폭력이 된다. 체육교사와 학생의 <나와 너>의 관계라는 수평적 관계 속에서 학생들이 비인간화되는 것을 막을 수 있고 상호 존중하는 가운데 교사에 대한 존경심과 학생에 대한 사랑이 커져가는 것이다.

체육이 사회적 태도의 육성이라는 것을 목표로 삼은 것은 체육에는 신체활동으로 이루어지는 여러 가지 행동의 장을 통한 인간형성의 기회가 많기 때문이다. 즉 신체활동은 단순히 개인의 신체적 발달에 유용할 뿐만 아니라, 예를 들어 팀 게임처럼 집단적으로 이루어지는 활동은 필연적으로 사회적 장을 구성하기 때문이다. 그리고 운동의 장에서 개인적으로나 사회적으로 신체활동에 의해 해결하여야 하는 문제는 사회정세에 따라 달라지기는 했지만, 오늘날에는 특히 공정하게 협력하면서 공동체 향상을 위해 노력해 가는 태도를 기르는 것이다(박홍식 역, 2001).

3. 몸의 도야 : 몸만들기

헬스장에서 남자들은 몸만들기에 분주하다. 여기서 몸을 만든다는 것은 들어나는 몸에 집중하고 있음을 알 수 있다. 많은 사람들이 몸에 관심을 갖는 것은 들어나는 몸만을 생각하기 때문이다. 하지만 몸을 만든다는 것은 신체적으로 아름답고 근육형의 몸을 만든다는 것만을 의미하지 않는다.

세상은 보여 지는 몸에 지나친 관심을 쏟아 붓는다. 일종의 몸에 대한 쏠림 현상이라고 할 수 있다. 그 여파로 몸에 관련된 산업이 성업 중이다. 과거에 보지 못한 특이한 현상임에는 틀림없다. 몸을 만드는 것은 보여 지는 몸만을 만드는 것이 아니라 보이지 않는 몸이라고 할 수 있는 마음을 만든다는 것이다. 그 완전함은 체육공부에서 지향하는 일종의 지덕체의 완성을 통한 전인을 지칭한다. 일종의 체육공부의 완성은 체육의 기능, 태도, 지식의 총체적인 공부를 통해서 인격완성에 도달하는 것이라고 할 수 있다.

몸만들기는 결국 인격형성을 의미한다고 할 때 체육을 통한 인격형성은 지덕체의 전인적 교육에서 찾을 수 있다. 좀 더 체에 대하여 주목하면 체육에 대한 지식, 태도, 기능을 모두 종합하는 신체 활동적 지식에 대한 공부가 인격형성으로서 체육공부의 방법이라고 할 수 있을 것이다. 이를 위해서 내면적 성찰을 통한 정신의 성숙에 대한 공부가 요구된다.

신체활동이 주가 되는 체육공부에서 내면의 성숙에 대한 공부를 어떻게 수용해야 하는가 하는 의문을 가지게 된다. 따라서 인격형성으로서 체육공부의 구체적 방법은 운동일지를 쓰는 것을 생각할 수 있다. 신체 활동은 주를 형성하기 때문에 정적인 시간을 가질 수 있는 성찰의 시간이 더욱 요구되는 이유이다. 그 시간은 운동일지라는 공간을 통해서 개인이 경험하게 되는 개인의 운동체험에 대한 일종의 돌아보는 시간을 갖는 것을 말한다. 무엇이 문제인지에 대하여 꼼꼼히 생각해 볼 수 있는 시간을 가질 수 있기 때문에 자신의 내면의 성숙을 키우는 시간이 된다.

맺음말

인격형성으로서 체육공부의 대상과 방법에 대하여 알아보았다. 체육공부의 대상은 몸과 마음에 관한 동양적 사유에서 찾을 수 있었다. 동양적 사유에서 심신일여, 물아일치 등의 용어는 당시의 사람들이 몸과 마음이 하나라는 인식을 하고 있었다는 사실을 엿볼 수 있다.

동양적 사유에서 몸과 마음은 하나라는 말이 성립된다. 몸 공부는 다름 아니라 마음공부이다. 몸 공부를 주로 하는 체육공부는 몸을 닦달하는 것이 아니라 몸을 닦는 것이어야 한다는 것을 위에서 제시한바 있다. 제대로 된 공부는 몸을 닦달하는 공부이기 보다는 몸을 닦는 공부라고 할 수 있다. 작금의 모습들은 이런 공부는 뒤로 한 채 무늬만 공부인 출세지향, 승리지향의 공부만을 위해 모두가 닦달하고 있다.

신자유주의적 자본주의 책략과 선전선동에 의한 경제적 유용성만을 평가 잣대로 몰아세워 학생을 닦달하고 있다. 자신의 돌아볼 수 있는 수양 혹은 성찰의 시간을 갖지 못하고 있다. 작금의 체육공부는 몸을 닦기보다는 몸을 닦달하는 공부가 대부분이다. 대학을 가기위하여, 성적을 내기 위하여, 세상은 온통 출세주의 혹은 승리지상주의가 넘쳐나고 있다. 노메달은 물론 일등 아니면 용서가 되지 않는다. 금메달 때문에 모두가 선수를 닦달한다. 그 결과 선수는 사유의 과정 없이 코치의 지도에 기계적으로 반응하고 행동할 뿐이다. 이는 수양과 성찰의 시간이 없이 앞만 보고 달려왔기 때문에 나타나는 결과이다. 왜 운동을 하는지에 대한 목적지의 망각은 인격형성과 거리를 점점 멀게 만든다.

선수를 몰아세워 닦달함으로 선수를 생각 없이 행동하는 일종의 운동하는 기계로 만들고 만다. 선수에 대한 닦달은 일종의 강요와 억압 그리고 통제 형식으로 나타난다. 이는 정신없이 운동하고 휴식하고 잠자는 일상의 반복만을 행하게 한다. 자신이 왜 운동하고, 어떻게 운동할 것인가에 대한 생각할 시간을 좀처럼 주지 않는다. 일방적인 닦달함은 메달을 딸 수 있지만 한 선수의 인격은 바닥을 들어 낼 수 있다.

닦달함에 선수도 지치고 교사도 지치게 만든다. 사람을 살리는 공부가 아니라 사람을 잡는 공부이다. 한 사람이 가진 모든 에너지를 빼내는 공부에 너도 나도 앞장선다. 누가 이렇게 만들었는가, 그 주범은 신자유주의적 자본주의 책략이라고 할 수 있다. 거기에 우리는 놀아나고 있다고 할 수 있다. 그 책략에서 우리가 할 수 있는 일은 저항과 자강의 수단으로 인격형성으로서 체육공부에 힘을 쏟는 일이다. 그 방법은 동양의 몸 공부방법인 몸의 수양, 함양, 도야에서 찾을 수 있을 것이다.

7 건강

건강지상주의는 왜 문제인가?

건강은 삶의 수단인가, 목적인가?

건강의 개념은?

7. 건강

"삶의 수단에서 목적에로"

건강은 우리 시대의 화두이며 인간이 꿈꾸는 최고의 목표이다. 또한 우리들은 건강을 행복한 삶을 위한 일차적인 것으로 주목한다. 대부분의 사람들이 현세의 삶에서 바라는 이상적인 소망은 자신의 건강은 말할 것도 없이 대부분이 가족의 건강을 손꼽는다. 그 만큼 한국인에게 건강은 무엇보다도 중요하다고 인식되고 있다.

그 이유는 한국의 역사적 배경과 같이 한다. 위생과 건강에 대한 부족한 지식과 경제적 비용 때문에 병으로 가족을 잃은 시대적인 과거의 아픔이 우리의 내면에 쌓여있기 때문이다. 이러한 역사적 배경에 더하여 아직도 많은 사람들은 여전히 건강에 대한 이해부족을 경험하고 있다. 이런 건강에 대한 오해 때문에 건강하다는 이미지가 왜곡되어 통용되고 있는 실정이다.

그 왜곡된 문제가 건강지상주의이다. 이미 선행연구들에서 건강지상주의 문제점을 지적하였다(유헌식, 2003: 김영선 · 함정혜, 2004: 김은영, 2004, 2005; 송형석, 2000, 2004: Wachter, 1985). 너무 먹어서 문제가 되는 시대에 우리는 살고 있다. 먹을거리의 과다로 인한 비만과 그로 인한 질병을 현대병이라고 할 수 있을 정도로 건강을 해치고 있다. 몸에 좋다면 무엇이든지 먹는 잘못된 식습관에 때문에 생활 습관병 이라는 성인병이 나타났다. 운동만

하면 건강할 수 있다는 잘못된 지식은 역으로 과도한 운동으로 인한 몸의 건강을 해칠 수 있다. 과하면 몸에 도움이 되기보다는 화를 가져온다는 사실에 대한 이해가 필요하다.

흔히 우리는 근육형의 남자의 몸을 보고 건강한 신체를 소유한 이상적인 모델로 간주하여 왔다. 그러나 그것은 건강개념이 신체적인 한 부분에 초점이 맞추어 졌을 뿐이지 전체를 대변하는 것은 아니다. 건강은 복합적인 개념의 중층적 의미를 가지고 있다. 현대 통용되고 있는 세계 보건기구의 따른 건강 개념은 신체적, 정신적, 사회적, 도덕적, 영적 등의 범위를 포함하고 있다. 그러나 지금까지의 건강개념은 신체적 건강이 대표하여 왔다. 이는 많은 사람들로 하여금 건강에 대한 오해를 낳게 하였다.

특히 우리나라 사람들은 인생의 목적을 오직 건강과 무병장수에 두고 있다. 건강을 위해서라면 보양식이나 건강식품을 소비하는데 들어가는 돈 조차도 아까워하지 않는다. 심지어 건강을 위하여 동남아시아로 보신관광을 떠나는 정도이다. 그 결과 동남아시아에서 한국인의 이미지는 실추되었다. 곰의 쓸게, 뱀 등 몸에 좋다고 하면 가리지 않고 먹는다. 이와 같이 건강을 쫓는 현상에서 우리나라 사람들의 건강에 대한 이해수준을 확인할 수 있다.

이 글의 목적은 두 가지이다. 하나는 건강한 신체에 대한 개념의 정립이다. 잘못 인식되어 오는 건강개념에 대한 오해를 지적하고 올바른 이해를 시도하는데 있다. 다른 하나는 송형석(2000)의 '건강의 목적에 관한 철학적 소고'에 나타난 연구결과의 한계를 지적하고 다른 해석을 제시하는데 있다. 이 글은 건강개념에 대한 올바른 이해를 통해 건강한 삶을 추구할 수 있는 좌표를 찾는 일이다. 잘못된 오해가 부작용을 초래할 경우가 생길 수 있기 때문에 정확한 이해를 통하여 건강한 삶을 추구하는 것이 현실적으로 현명한 일이다. 건강에 대한 잘못된 생각이 지금과 같은 건강지상주의라는 이상한 현상으로 나타나고 있다.

건강지상주의

참 살이라는 웰빙 열풍이 우리사회의 중요한 화두가 되었다. 어떻게 하면 건강하게 오래살 수 있을까 하는 생각이 우리의 주된 관심 사항이 되었다. 그래서 건강한 삶을 위해서 운동을 하는 것이 당연한 일로 생각한다. 이런 사회분위기 때문에 운동을 하는 사람들을 주변에서 쉽게 발견할 수 있다.

이는 운동하면 건강해질 수 있다는 운동과 건강의 인과관계가 성립된다는 것을 의미한다. 이러한 생각들이 이제는 자연스럽게 우리 의식을 지배하게 되었다. 돈이 문제가 아니라 몸에 좋은 유기농 식품, 심천수, 요가, 기, 태극권 등 몸 살림 운동이 펼쳐지고 있다. 과연 운동만 하면 건강해질 수 있을까. 운동만하면 무조건 건강이 보장되는 것은 물론 아니다. 그럼에도 불구하고 건강하기 위해서 행해지는 건강스포츠는 역으로 건강을 해칠 수도 있다는데 주목하게 된다.

운동만 하면 건강해질 수 있다는 일종의 강박관념이 우리 의식을 점유하고 있다. 몸이 조금만 좋지 않아도 운동을 해야 된다는 생각을 갖게 되는 것이 지금의 현실이다. 이는 일종의 건강에 대한 강박관념에 의해서 나타나는 현상이다. 운동만하면 건강하고 오래 살 수 있다는 맹신에 가까운 생각이 우리의 일상적 세계를 점유하고 우리의 의식과 행동을 규제한다. 과연 운동을 하면 건강할 수 있을까.

'스포츠는 몸에 나쁘다'는 책의 저자 카토쿠니히코(1995) 박사의 말을 인용하면, "스포츠를 하면 활성산소라는 산소독이 생겨나고 이것이 노화를 촉진하기 때문에 건강에 해로울 수 있다고 한다.” 활성산소와 운동에 대한 과도한 스트레스가 문제가 될 수 있다. 이와 더불어 마라톤을 하다가 심장마비로 죽은 이들에 대한 뉴스가 언론에 보도되는 것을 보아도 운동만이 만병통치약은 아닌 것 같다. 그럼에도 불구하고 우리는 운동을 해야지 건강해진다고 굳게 믿고 있다. 이 현상에 대하여 다시 생각해 볼 필요가 있다.

건강만을 위해서 운동을 하는 것을 건강스포츠라고 한다. 건강스포츠는 역으로 건강하지 못하게 할 수 있다는 것이다. 아무 재미도 찾지 못하고 건강하게 오래 살겠다고 무조건 건강을 목표로 운동만을 하는 것은 일종의 과도한 스트레스가 쌓여서 건강에 해가 될 수 있다(송형석, 2003).

스포츠 그 자체를 그냥 즐기는 가운데 건강은 보너스로 주어지는 것이지 운동만을 한다고 얻어지는 것이 아니다. 건강하기 위하여 운동을 하는 것은 건강에 도움이 되기보다는 해가 될 가능성이 높다. 그냥 즐기는 운동은 스트레스가 쌓일 일이 없으며 즐거우면서 건강해질 수 있다.

그런데 건강을 목표로 운동을 하다보면 과도한 경쟁심이 생겨나고 그것이 자신의 건강에 나쁜 영향을 줄 수 있다. 몸에 맞는 운동이라는 처방이 그래서 필요하다. 몸에 독이 되는 운동이 있고 약이 되는 운동이 있다. 무조건 운동만 하면 건강한 것이 아니다. 이는 운동의 소비 대상으로 구매 가능한 것으로 착각하고 있기 때문에 나타나는 현상이다.

운동이 부족해서 발생하는 운동부족병으로 비만, 당뇨, 고혈압 등이 있다. 이것은 일종의 성인병으로 잘못된 생활습관 때문에 발생하는 생활 습관병이라고도 한다. 성인병은 물론 움직이지 않아서, 활동하지 않아서 생긴다고 할 수 있지만 무리한 운동만으로 건강할 수 있다는 단순한 생각은 잘못된 생각일 수 있다.

뿐만 아니라 운동을 해야 한다는 강박관념 자체가 건강을 해칠 수 있기 때문에 이를 경계해야 한다. 건강은 즐거운 스포츠 활동 자체에서 보너스로 주어지는 것이기 때문에 일차적으로 운동을 즐기는 것에 익숙해져야 한다. 즐기기 보다는 오직 건강만을 위하여 운동을 한다면 몸에 득이 되기보다는 역으로 스트레스를 받아 해가 될 수 있다. 그렇기 때문에 운동을 통해서 건강을 얻기 위해서는 스포츠 속의 놀이 정신을 찾아야 한다.

운동에서 놀이 정신이 아닌 경쟁정신만을 강조하기 때문에 건강에 해가 되는 일이 발생한다. 운동을 통해서 무엇인가 얻기 위한 운동은 운동 자체가 수단이 아닌 목적이 되어야 한다. 운동을 수단으로 생각하기 때문에 일종의 일이 된다. 이 때문에 몸에 스트레스란 부담을 주게 된다. 그러므로 운동 그 자체에 목적을 가지고 하다보면 건강하게 될 수 있다.

건강을 위해서 너무 먹어서 병이 되는 경우도 있다. 건강하기 위하여 무조건적으로 몸에 좋은 음식과 건강스포츠에만 맹신하는 것은 역으로 건강을 해롭게 할 수 있다. 너무 먹어서 몸을 살리는 것이 아니라 오히려 몸을 죽이는 경우가 생기고 너무 운동해서 몸에 해가 되는 일이 생긴다.

과거에는 못 먹어서 영양실조로 생명을 잃은 경우가 있었지만 지금처럼 과잉된 음식으로 인하여 생명을 단축하는 일이 생겨나고 있다. 이러한 현상은 건강에 대한 일종의 지나친 맹신에 의해서 생겨난다. 건강에 대한 강박관념은 역으로 우리는 건강하지 못하게 한다. 이러한 관념에서 벗어나 일상의 일에서 즐거움을 찾고 즐거운 활동을 하다보면 자연스럽게 건강해진다.

건강하기 위하여 운동에만 몰두하다 보면 역으로 건강을 잃게 될 수도 있다. 건강을 위한 보양보다는 일상의 거친 밥상을 즐겨 먹으며 운동을 즐긴다면 건강하게 살 수 있다. 우리가 경계해야 할 건강의 적은 건강에 대한 일종의 강박관념이다. 이 같은 강박관념은 과연 누가 주도하였는가. 건강관련 기업들을 의심해봐야 한다. 결국에 건강으로 돈을 벌어들이는 것은 건강관련 기업들이다. 이제 운동을 해야 한다는 것과 잘 먹어야 한다는 강박관념에서 자유로울 때 건강은 이미 시작되는 것이다.

이런 차원에서 건강개념에 대한 정확한 이해가 필요하다. 지금 건강개념에 대한 오해 때문에 건강지상주의가 넘쳐 나고 있다. 건강한 삶을 위해서 건강개념에 대한 오해에서 이해에로의 전환이 필요하다.

건강개념의 오해와 이해

누구나 무병장수하기를 꿈꾸지만 현실은 바람대로 되지 않는 경우가 많다. 천재지변 앞에 인간의 생명은 촛불과 같이 쉽게 사라질 수 있는 무기력함을 발견한다. 영혼불멸을 갈망하지만 인간은 언제 가는 죽어야 한다는 진실 안에 자꾸만 작아진다. 건강하게 오래살기를 바라지만 건강이 무엇인지 명확히 아는 사람 또한 많지 않다.

많은 사람들에게 한번 건강이 무엇이며 건강한 사람은 어떤 사람인가에 대하여 물어본 일이 있다. 대부분의 사람들이 보디빌더의 우람한 역삼각형의 넓은 가슴과 임금 왕자가 새겨지는 복근을 가진 남자라고 말한다. 물론 이런 유의 사람도 건강한 사람이지만 엄격히 구분하다면 신체적으로 건강한 사람, 체력이 뛰어난 사람일 뿐이다.

근육형의 남자가 건강한 사람의 대명사일수 있는가 하는 의문을 갖게 한다. 건강 관련 잡지의 표지모델들은 근육형의 남자가 대부분을 차지한다. 하지만 나는 건강한 사람으로 보디빌더보다

신부나 농부의 모습을 생각하게 된다. 그 이유는 신체적 건강뿐만 아니라 정신적, 사회적, 영적 건강을 생각하기 때문이다. 이러한 맥락에서 심리학자 김교헌(1999)의 연구에서도 건강개념을 생물-심리-사회-양적 수준의 다차원적 건강개념과 전인적 관점의 건강개념을 제안하였다.

WHO(세계보건기구)의 따르면 건강은 신체적, 정신적, 사회적, 영적으로 문제가 없는 상태라고 정의하고 있다. 우리가 이제까지 생각하고 있는 건강과는 차이가 있음을 확인할 수 있다. 우리는 신체적 건강 즉 체력만이 강하면 건강하다는 오해를 하고 있음을 알 수 있다. 신체가 건강하면 건강하다고 생각하는 경향이 많은 것 같은데 정확한 건강개념에 대한 오해라고 할 수 있다.

그 결과 건강한 사람하면 보디빌더를 우선적으로 말하게 된다. 오히려 건강한 사람은 농부나 신부가 더 가깝다고 할 수 있다. 왜냐하면 이런 분들은 위에서 말한 건강개념의 부합하는 건강 상태를 가지고 있기 때문이다. 건강개념에 대한 오해에서 이해에로 접근하여 건강개념에 대하여 알아보자.

첫째, 신체적 건강이다. 신체적 건강은 체력을 의미한다. 신체적 상태가 어떤 일을 수행하는 데 무리가 없는 상태를 나타낸다. 운동선수들의 체력은 무소불위의 능력을 가진다. 체력은 근력, 지구력, 유연성, 민첩성 등의 운동능력을 말한다. 그래서 신체적 건강하면 대부분 운동선수를 생각하게 되는 것 같다. 병원균에 대한 저항력을 나타내는 방위체력을 말할 수 있다.

둘째, 정신적 건강이다. 인내력, 강인한 정신, 심리적 안정 등으로 표현할 수 있다. 정신적으로 건강하지 못하여 나타나는 우울증, 정신 분열증 등은 사회적 문제가 될 수 있다. 이는 정신건강이 양호하지 않은 경우에 나타나는 일종의 정신적 질병이다. 특히 우울증은 자살과 깊은 연관성을 갖기 때문에 사회적 문제가 된다. 뿐만 아니라 정신이 건강하지 못한 경우는 의욕상실과 좌절로 나타나기도 한다. 신체적으로 건강하지만 정신적으로 건강하지 못할 수도 있고 정신적으로 건강하지만 신체적으로 건강하지 못한 경우도 있다.

셋째, 사회적 건강이다. 인간은 사회적 동물이기 때문에 사람과의 관계가 중요하다. 조직 사회의 건강은 조직구성원들과의 원만한 인간관계를 유지할 때 사회적 건강을 형성된다. 회사에서의 어려움은 업무의 과다로 인한 어려움이 아니라 사람들 간의 인간관계에서 발생하는 어려움이 더 크게 작용하기 때문에 생겨난다.

넷째, 영적인 건강이다. 이전에는 영적 건강은 건강개념에서 빠져있었다. 하지만 지금 영적 세계를 인정하여 영적 건강을 중요시 하게 되었다. 영적인 평화를 위하여 종교시설을 이용하여 주기적으로 종교 행사에 참여하는 것을 목격할 수 있다. 그 종교가 어떤 종류의 종교이든지 자신의 영적 건강을 위한 종교 행위는 영혼의 맑음과 평화를 가질 수 있는 장점을 가지고 있다.

다시금 우리 자신을 돌아보면 우리는 자신의 건강을 위하여 무엇을 하고 있는지 스스로 물어 보게 된다. 아마 건강하면 신체적 건강만을 생각하고 있지나 않은가 생각하게 된다. 신체적 건강만 생각하고 있으니까 먹는 것과 운동만을 하면 건강할 수 있다는 생각을 가진다. 그렇기 때문에 다른 건강에 대한 생각은 좀처럼 하지 않게 된다.

건강에 대한 이 같은 오해는 신체적 건강에 집착하게 된다. 건강은 다차원적 개념에 의해서 형성되는 것이기 때문에 이와 같은 오해에서 이해를 시작해야 한다. 건강의 진정한 개념은 체력, 안정, 관계, 평화를 추구하는 과정에서 형성된다. 이러한 건강은 수단이 아니라 행복한 삶 그 자체를 의미한다.

따라서 우리사회에 지배하는 있는 건강에 대한 오해는 신체중심의 사고와 신체적 건강 중심의 사고에서 나타나는 것을 엿볼 수 있다. 몸짱, 얼짱, 웰빙 등의 용어는 외면적으로 나타나는 것에 국한된 용어이다. 또한 신체적 건강을 추구하는 측면에서 나타나고 있는 현상의 결과라고 할 수 있다. 이러한 건강에 대한 맹신에서 벗어나 건강에 대한 바른 이해가 필요하다.

건강개념은 신체적, 정신적, 사회적, 영적으로 건강한 상태이다. 이러한 건강개념이 자신의 건강한 삶과 건강을 추구하는 삶의 자세에 대한 오해에서 벗어나 이해로 가는 일이라 할 수 있다. 바른 이해를 전제로 한 꾸준한 노력이 우리들의 건강한 삶을 유지하고 증진시켜 준다. 다시 한번 우리시대의 건강에 대하여 생각해보자.

건강에 대한 생각

우리시대의 건강을 생각해보자. 우리는 궁극적으로 왜 건강하려 하는가? 이 물음은 인간에게 건강은 무엇을 의미하는지를 묻는 것과 같다. 이 지상에 존재하는 피조물 중에 인간이라는 동물은 지상의 삶을 지속하기 위하여 건강에 대한 관심을 가지게 되었다. 건강은 장수, 행복과 함께 오랜 인간의 바람이며 인간의 궁극적 목적이었다.

그 누구에게 인생에서 제일 원하는 것을 묻는다면, 대부분의 사람들이 건강이라고 역설하여 왔다는 사실을 그 누구도 부인하지 못한다. 건강에 관한 관심은 체육, 스포츠와도 무관하지 않다. 그렇기 때문에 체육의 목적이 무엇인가? 인간은 왜 스포츠를 하는가? 하는 일련의 물음에 일차적으로 답해질 수 있는 것이 건강이다. 이는 체육, 스포츠 역시 건강증진을 목적으로 하고 있다는 사실을 입증하는 것이다.

건강하다는 말은 무엇을 의미하는가. 건강한 삶은 무병장수를 의미한다. 병이 없는 신체적으로 건강한 상태를 의미한다. 우리는 대개 건강한 삶을 꿈꾸며 살고 있다. 체육의 목적 역시 이에 무관하지 않고 건강을 목표로 설정하고 있으나 체육에서 말하는 건강은 신체적 건강에 한하여 얘기되어왔다. 건강은 다차원적으로 복합적이고 다양한 의미를 가지고 있는데 그 모든 것은 신체적 건강을 통해 흡수 할 수 있다는 논리가 그 속에 숨어 있다. 건강한 삶은 완전한 삶을 의미한다는 사실을 곡해하고 있는 것이다.

우리가 건강해지고 싶어 하는 이유에 대한 송형석의 연구에 주목할 필요가 있다. 그는 '건강의 목적에 대한 철학적 소고'라는 논문에서 '건강을 가치롭게 여기는 까닭은 건강해야 하고 싶은 일을 실제로 할 수 있기 때문이다(송형석, 2000)'라고 한다. 그는 건강은 수단으로 인간의 자아실현이라는 목적을 실현하기 위한 도구에 불과하다고 주장한다. 자주적인 삶을 살기 위해서는 건강을 조건으로 요구한다. 이러한 의미에서 그는 다음과 같이 말한다.

"건강은 결코 삶의 목표가 될 수 없다. 그것은 우리의 삶을 의미 있게 만들어주는 목표를 이루기 위해 필수적으로 요구되는 조건일 뿐이다. 인생은 끊임없는 도전과 응전의 연속이다. 자주적으로 자신의 삶에 목표를 설정하고 과제를 부과하면서, 스스로 자신에게 도전하고 타인으로부터 도전 받도록 하면서, 또는 단순히 자신에게 부여된 의무를 묵묵히 수행하면서 살아간다. 인간답게 살아간다는 것은 바로 이런 것이다. 이는 인간답게 살아가지 위한 전체조건과 충분조건에 해당한다."

이 말은 일리가 있다 건강하지 못하면 하고 싶은 일을 제대로 할 수가 없다. 질병과 싸워야 하는 시간이 대부분이 되기 때문이다. 제대로 하고 싶은 일을 할 수 없어서 자아실현은 불가능한 일이다. 건강한 신체의 상태에서 자신이 원하는 일을 수행할 수 있다. 하지만 송형석의 건강개념에 대한 해석은 부분적으로 이해하지만 건강개념에 대한 해석의 한계를 가지고 있다는 것을 알 수 있다.

우리가 이해하고 있는 신체의 개념은 건강한 신체의 개념이 아니라 신체의 건강이다. 신체의 건강은 건강한 신체 개념과의 명확히 구분 지울 수 있다. 오해의 근거는 두 개가 명확하게 구분되지 않았기 때문이다. 신체의 건강개념은 신체적 건강에 한정된 정의일 뿐이다. 이에 반하여 건강한 신체는 신체적 측면을 포함하는 전일적, 다차원적, 종합적인 건강개념이다.

건강개념에 대한 오해 때문에 건강은 체육의 목적이 아니라 목표에 머무르고 있었다. 건강은 신체적 건강에 한하여 인식하고 있었다는 것을 알 수 있다. 건강개념에 대한 종합적인 개념에 대한 이해를 하고 있었다. 하지만 그것을 체육과 연결하지 못하고 있음을 알 수 있다. 건강은 그 자체로 목적을 가진다. 건강은 어떤 궁극적인 목적과 좋은 삶을 살기 위한 도구적인 개념이 아니다. 건강은 그 자체로 목적을 가진다.

건강은 신체적 건강에 국한 된 것이 아니라 신체적, 정신적, 사회적, 영적 건강을 의미한다. 하지만 지금 우리사회를 보면 건강개념에 대한 오해 때문에 신체적 건강위주로 투자하고 육성되고 있다. 헬스클럽, 다이어트, 체형관리소 등이 바로 신체적 건강만이 건강이라고 오해에서 나타나는 사회적인 현상이다.

맺음말

지금까지 건강개념은 단지 우리의 자아실현을 위한 수단에 불과하다는 생각이 지배적이었다. 하지만 건강은 수단이 아니라 목적이라고 할 수 있다. 송형석이 건강을 수단으로 인식한 것은 건강을 신체적 건강에 한정하여 이해하였기 때문이다. 건강은 신체적, 정신적, 사회적, 영적의 다차원적, 전인적 건강한 상태를 의미한다.

건강은 신체의 건강에 한하여 체육에서는 다루어왔다. 그러나 건강 개념은 전인적 개념으로 우리 인간의 궁극적 목적이다. 건강한 인간은 완전한 인간을 말하며 이상적 인간상의 원형이라고 볼 수 있다. 이는 곧 불완전한 인간이 건강추구를 통하여 완전한 인간(건강한 인간)에 도달함을 의미한다. 완전태의 건강개념은 인간완성을 의미하기 때문에 건강은 수단이 아닌 목적으로 보아야 한다.

지금까지 우리는 건강한 신체개념에 대하여 많은 오해를 하고 있었다. 오해를 풀기 않으면 여러 면에 있어서 왜곡을 가져올 수 있다. 이는 건강개념에 대한 여러 경험을 통하여 알 수 있다. 그렇기 때문에 이 문제를 해결하기 위한 실마리 찾는 일이 일차적으로 우리에게 요구된다. 이러한 차원에서 이 글은 건강개념에 대한 오해를 불식시키고 이해를 돕기 위한 차원에서 이뤄졌다.

우리사회의 건강지상주의의 과열된 원인은 건강에 대한 오해에서 비롯되었다는 것을 알 수 있었다. 또한 운동만 하면 건강해질 수 있다는 막연한 믿음이 건강에 관한 강박관념을 가져올 수 있다는 사실을 알 수 있었다. 그 때문에 스트레스가 발생하여 건강을 해치는 모습들을 볼 수 있다. 운동만 하면 건강해지는 것이 아니라는 것과 운동과 건강의 인관관계를 항상 맞는 것이 아니라는 것을 알 수 있다.

건강지상주의 또는 건강제일주의 현상은 우리사회의 건강관련 기업들이 사회적으로 조장한 의식이라고 할 수 있다. 미디어 영향으로 건강에 대한 지나친 관심과 더불어 건강산업의 번창을 가져왔다. 건강에 관한 강박관념은 누구에 의해서 조장된 것인가에 대한 이해를 통하여 자신의 건강을 유행의 흐름에 편승하는 것보다는 자주적인 건강관리가 더 중요하다.

우리의 건강에 대한 자세는 과도한 건강지상주의에 대한 미디어 광고에 길들여지지 말고 자신의 주도적인 입장에서 운동 그 자체를 즐기는 것이 필요하다. 자주적인 운동 소비를 통하여 자신을 상실하는 운동이 아니라 자신을 찾는 운동을 하는 것이 요청된다. 이제 우리는 너무 먹어서 죽거나, 너무 운동해서 건강을 해치는 우를 범하지 말아야 한다.

8 신체

몸의 지위는 어떻게 높일 수 있나?

몸의 지위는 어떻게 변해왔는가?

왜 몸의 회복인가?

8. 신체

"몸의 상실에서 몸의 회복에로"

몸이란 우리의 일상용어로 정신과 육체가 하나로 이루어졌음을 내포하고 있음을 알 수 있다. 몸을 사회적 결과물과 동시에 생물적이라고 보는 입장이 우리사회에서 지배적이다. 몸은 일종의 살아있는 유기체이기 때문에 생명적 삶과 감각적 삶, 그리고 정신적 삶을 주관한다. 동물들의 육체는 생물학적 대상인 육체에 불과하지만 인간의 몸은 윤리적 행위주체와 심미주체 그리고 인식주체로서 작용한다.

이 점에서 다른 동물들의 몸과는 구별된다. 몸은 사회학, 생물학, 의학 등 여러 학문분야에서 연구의 초점이 되고 있다. 그러나 현실적으로 몸에 대한 관심은 다이어트와 건강, 장수에 대한 관심에만 집중되고 있다. 이 때문에 건강산업과 다이어트산업의 성장만을 가져왔다.

우리 주변에서 흔하게 볼 수 있는 체형관리소, 비만 클리닉, 헬스장 등은 바로 몸에 대한 사회적 관심도를 보여주는 단적이 예가 된다. 그 만큼 오늘날 사람들의 몸에 대한 주된 관심은 눈으로 확인되는 몸에 대한 분명한 결과를 얻을 수 있는 외모, 현상적인 면에 관심을 집중되고 있음을 알 수 있다. 뿐만 아니라 인터넷을 통한 사이버 세계의 출현으로 몸의 개념이 변질되고 있다. 모든 인격적 관계가 정보적 관계로 환원되면서 기존의 몸 개념이 소멸

하고 있다.

시대적인 반영을 볼 수 있듯이 몸의 관심은 나날이 증가하고 있을 뿐만 아니라 넘쳐나고 있다. 이러한 시대적 분위기에서 몸의 관심의 증가에 대한 분석과 비판 그리고 방향의 제시가 우선적으로 필요하다. 이를 위한 순서는 몸의 과거, 현재, 미래의 시대적 개관을 통하여 몸의 대한 인식의 변화과정을 알아보겠다. 이러한 의미에서 이 글의 목적은 몸의 지위를 확보하기 위한 방법을 신체활동 혹은 스포츠에서 찾는 데 있다.

이를 위하여 몸을 과거의 몸, 현재의 몸, 그리고 미래의 몸으로 구분하였다. 과거의 몸은 몸의 상실의 시대였지만 현재의 몸은 몸의 회복을 가져왔다고 할 수 있다. 그러나 그것이 몸의 진정한 회복이 될 수 없다는 점을 지적하고 몸의 지위를 확보하는 길로서 스포츠를 통한 그 가능성을 확인하려고 하였다. 또한 다른 측면에서 진정한 스포츠의 길이 몸의 지위를 회복하는 일이라는 것을 알아보았다.

몸의 역사

몸이란 우리말로 마음, 맘에서 파생되어 몸이 된 것이다. 그렇기 때문에 정신과 육체가 하나로 이루어진 총체적 실체로써 사회학적 산물임과 동시에 생물학적 실체이다. 몸의 한 부분을 가리키는 것을 몸 동아리 또는 살덩이, 육체, 물리적 실체라고 한다.

몸에 대한 20세기 연구들을 살펴보면, 인간의 사회적 상호작용에서 몸이 갖는 상징적 의미와 중요성을 지적하면서 몸을 통한 자아연출과 '연기하는 자아'의 개념을 제시한 고프만, 정치권력이 어떻게 시대와 사회에 따라 몸에 다르게 행사되어 왔는가를 설명한 푸코, 개인과 집단의 계급성향이 상징적으로 각인된 육체자본으로 몸을 인식하면서 사회적 불평등과 몸의 관계를 분석한 부르디외, 가부장적 억압체계에서 몸이 갖는 의미를 지적하면서 정치적 저항과 해방의 도구로서 여성의 몸을 분석한 페미니스트들, 몸의 사회화, 합리화 및 개별화가 이루어지는 역사적 과정, 즉 몸의 문명화 과정을 분석한 엘리아스, 버거와 기든스의 죽음에 대한 분석 등이 있다(임인숙 역, 1999: 9).

몸에 대하여 다양하게 연구되어졌지만 문제는 인간의 몸을 단지 동물들의 고기 덩어리, 살로 인식하는데 문제가 있다. 이것은 몸과 정신과 하나로 이루어진 인격화된 하나의 실체이기보다는 보여 지는 몸의 측면만을 연구되어진 한계를 보여준다. 이제 보여 지지 않는 정신을 포괄하는 몸에 대한 관심이 필요할 때이다. 몸을 이해한다는 것은 어려운 일이다. 그렇기 때문에 몸의 변천사에 대한 이해가 필요하다. 그것이 몸에 대한 올바른 이해를 돕는 일이며, 몸의 지위를 고양시키는 일이 될 것이다. 이를 위하여 몸에 대한 과거, 현재 그리고 미래를 조망하여 보자.

1. 과거의 몸 : 몸의 상실

몸은 겉으로 나타나며 보여 지고 또한 접촉할 수 있는 대상인 반면에 정신은 보여 지지 않으며 겉으로 확인할 수 없기에 몸과 정신은 대립된다. 일반적으로 정신을 가진 살아 있는 몸과 정신이 없는 시체는 쉽게 구분될 수 있다. 그러나 몸과 정신을 모두 가진 살아 움직이는 실체에 대하여 이 양자의 구분은 쉬운 것만은 아니다. 그렇다면 몸에 대한 역사를 더듬어 보자.

몸에 대한 담론은 소크라테스 이전 그리스철학자들의 사유까지 거슬러 올라간다. 그리스 시대의 플라톤은 인간의 본질을 정신과 신체로 분리된 실체로 보았으며, 정신을 우위에 두고 신체는 정신을 보조하는 별개의 실체로 생각하였다. 또한 그는 몸을 영혼의 감옥으로 생각한 나머지 신체 혹은 신체적 기능은 초감각적 현실계에 도달하는 데 방해가 되며 이성적 작업을 위해서는 벗어나야 할 대상으로 간주하였다. 정신적 영역 내에 거주하는 이데아가 불완전한 감각계의 대상을 통해서 현상화 될 수 있는 방법이 없었다. 그는 육체와 정신을 이원화하였고 정신적 영역의 실현을 이데아에서 찾았다. 이처럼 플라톤에게 있어서 영혼은 완전한 상태의 세계이며, 반면에 신체는 물질적인 것이며 불완전한 그림자에 지나지 않는 것으로 보았기 때문에 심신이원론적 입장을 보여주고 있다.

철학과 육체를 죄악시하고 영적인(정신적)존재를 중요시했던 중세 기독교적 전통에서는 정신을 육체에서 분리하여 정신은 우월하고 육체는 천박하다는 신체관이 형성되었다. 그것은 정신과 몸의 주종관계를 의미한다. 이런 맥락에서 이 당시의 신체활동을 요구하는 운동, 혹은 스포츠의 위상은 이전 시대와 비교하여 볼 때 현저하게 떨어지게 되었다.

근대 서양철학에서 데카르트는 인간을 물리적 대상으로서의 연장적 실체인 육체(물체)와 심리적 주체인 정신의 이원론으로 양분하면서 일반적인 인식론의 문제와 인간의 본질을 육체보다도 정신에서 찾았다. 그에 의하면 우주에는 두 가지 활동 수준이 있다고 하였다. 하나는 기계적 법칙들의 질서에 따르는 물질의 세계고, 다른 하나는 인간의 사유에서만 찾을 수 있는 정신적 세계이다.

데카르트에 의하면 인간의 신체는 다른 동물들과 공동적인 물질적인 실체일 뿐이다. 신체는 생리적 기제들을 통해서 외보세계에 반응하므로 신체기능은 기계적인 원리로 설명 가능하다. 그러나 사유능력만은 그러한 기계적 원리들밖에 있기 때문에 신체는 자동기계이지만 이와는 달리 인간정신은 영적이며 비물질적인 실체이다. 이러한 정신과 신체간의 관계는 정신과 물질적인 상호 작용으로 설명할 수 있다.

이와 같은 데카르트의 신체관은 체육, 스포츠에 많은 영향을 준다. '기계와 같은 몸'의 이미지가 단순한 의학에만 적용되는 것은 아니다. 가장 빈번하게 몸이 어떻게 인식되고 다루어지는 영역중의 하나는 스포츠분야이다. 기계라는 어휘가 스포츠 언어를 지배하고 있다고 지적하면서, 급진적인 스포츠 비평가들은 몸을 '목적을 위한 기술적 수단', 즉 생산과 결과물을 위한 하나의 사물화 된 요소, 그리고 최대량의 노동과 에너지를 생산하는 기계로서 이해하게 된 것은 스포츠 활동을 통해서라고 주장했다 (Brohm, 1978).

스포츠에서 몸은, 다름 기계들처럼, 성능이 강화될 수 있고 고장 나거나 수선될 수 있는 복잡한 기계로 간주된다. 이런 맥락에서 스포츠과학은 완벽한 장비를 만들고 경쟁력을 갖추기 위해서 가장 중요한 육체 부위를 특화하고 분리해서 변형시키는 기술을 연마하는 작업을 하고 있다. 따라서 스포츠계의 성공은 운동선수의 육체라는 '원자재'에 가장 잘 적용될 수 있는 과학적 지식을 가진 나라들이 지배하고 있다는 것은 오래 전부터 알려져 있는 사실이다(임인숙 역, 1999: 64). 이처럼 플라톤에서 데카르트까지의 몸에 대한 인식은 인식주체보다는 인식대상으로 정신보다 하위의 실체로 파악하였다.

2. 현재의 몸: 몸의 회복과 변화

우선 몸의 회복에 대하여 알아보자. 고대 플라톤에서부터 근세의 데카르트에 이르기까지 몸에 대한 담론의 정신에 비하여 대부분은 몸의 천시, 몸의 지위 상실의 전형을 유지하여왔다. 이처럼 정신 중심의 이원론적 세계관은 지난 수백 년간 서양 문명을 떠

받들어온 기둥이었기 때문에 그 속에서 사유하고 생활할 수밖에 없었다.

이성의 들러리 노릇을 해왔던 몸이 그 위상을 찾기 시작한 것은 19세기초 프랑스 철학자인 멘 드 비랑(Maine de Biran: 1766~1824)에서부터였다. 그 후 20세기 후반의 니체, 후설, 메를로-퐁티, 푸코 등에 의한 현상학과 실존주의, 구조주의 철학자들에 의해서 몸은 인식대상이 아니라 인식하는 주체로서 제자리를 찾기 시작하였고, 그들은 몸에 대한 심오한 통찰을 남겼다.

니체는 그의 저서 《차라투스트라는 이렇게 말했다(1885)》에서 육체의 존재 가치와 육체의 사회적 현상을 고려하지 않은 자아와 이성 중심적인 이성론에 강한 비판을 가했다. 니체는 이제까지의 철학은 몸을 주석하는 데 불과했으며 몸을 오해했다. 니체는 "나의 육체는 나의 전부다. 나는 나의 육체 이외에는 아무것도 아니다. 영혼이란 몸의 어떤 면을 말해주는 것에 불과하다."하는 파격적인 선언을 통해 육체 속에 이미 정신의 지혜보다 더 많은 이성이 깃들어 있다고 주장하였다(양해림, 2000: 107~107).

후설에 의하면, 신체는 순수자아의 의지대로 직접 자발적으로 움직이는 의지기관이다. 신체는 감각의 담지자로서 심리와 더불어 구체적 통일체를 형성한다. 외적 태도에서 보면 신체는 나머지 물질세계와 주관적 영역사이를 가르는 특유한 현출 방식의 물질적 사물이며 그 주위로 나머지 공간세계가 둘러싸는 중심이 실재적 외계와 인과적 연관 속에 있다. 뿐만 아니라 후설은 신체를 생물적으로 파악하기보다는 인격이 인식하고 실천하는 데에 함께 참여하는 것으로서 파악하였다. 그래서 신체의 본질은 모든 지각과 수단, 지각기관이다. 신체는 모든 지각에 필연적으로 함께 참여한다고 보았다.

메를로-퐁티의 현상학에서 개인 자신의 몸, 즉 현상학적 몸과 대상으로서의 몸, 즉 객체적 몸을 구분했다. 근본적으로 자신의 몸에 대한 경험은 대상에 대한 경험이 아니다. 자신의 몸에 대한 지식은 다른 대상에 대한 지식이나 지각과는 전형적으로 다르다. 사실상 대부분의 경험에서 우리의 몸은 우리자신에게 너무 투명하여, 우리는 몸을 특별하게 의식하지 않게 된다. 예를 들어 우리는 소리를 들을 때 우리 몸의 고막을 의식하지 않는다. 우리가 세상을 경험할 때 현상적 몸에 대한 우리의 지식은 암묵적이다(Teichman, 1988). 이처럼 순수한 사고자체가 애초에 존재할 수 없다. 사고란 결국 습관, 문화, 개인적 경험, 특정한 맥락 그리고 객관적인 생리적 신체의 특징에 의해서 조건화된다고 보았다.

이와 같이 메를로-퐁티에게 있어서 몸은 인식주체는 순수의식도 물리적 존재로서 육체도 아닌 육화된 의식으로서 몸이며, 이 몸속에서 정신과 육체, 영혼과 자아, 인간과 자연은 형이상학적 구별이 불가능한 단 하나의 세계 혹은 존재일반으로 된다. 인간의 존재양태가 신체이기 때문에 그에게 있어서 신체는 곧 인간이 된다. 이러한 신체는 존재론적 관점에서 세계-내-존재, 인식론적 관점에서 인식주체로서의 신체에 해당한다.

푸코는 그의 저작《감시와 처벌》에서 신체는 영혼의 감옥이라는 말 대신에 영혼이 신체의 감옥이라고 주장하였다. 그에 의하면 인간의 자유는 우리의 신체적 생활에 있으며, 이는 사회적 규율에 의하여 식민화 되지 않은 우리의 신체적 활동에 있다는 것이다. 그러나 우리의 신체적 자유는 사회의 발달로 지칭되는 근대화의 과정에서 권력과 지식의 거미줄 같은 감시와 처벌, 훈련 등으로 인하여 규제되고 억압되어 왔음을 지적하였다. 또한 그의 다른 저작《성의 역사》에서 신체의 정치학이라는 표현을 사용하여 심리학, 의학, 인구통계학 등과 같은 인간과학이 권력과 동맹을 체결함으로써 부단히 교육과 훈련으로 인간의 자유로운 신체를 권력에 순응하는 온순한 인간으로 만들어 왔음을 주장하였다(오생근 역, 1994).

이처럼 20세기 이후의 몸에 대한 인식들이 인식대상에서 인식주체로 점차적으로 변화되었고 상실되었던 몸은 몸의 회복으로 제자리를 잡아가게 되었다. 게다가 니체, 후설, 메를로-퐁티, 푸코 등의 철학자들에 의하여 몸은 정신과의 관계에서 중심의 자리로 위치하게 되었다. 이러한 변화 속에서 몸에 대한 문제가 발생하게 된다. 그것은 바로 몸에 대한 지나친 숭배와 광기라고 할 수 있다. 지금의 몸에 대한 지나친 관심과 투자로 대변되는 몸의 변화는 역설적으로 몸에 대한 또 다른 몸의 상실과 천시를 가져오게 되었다.

몸의 변화가 시작되었다. 미디어가 제시하는 멋진 몸은 인위적으로 베고 오려내는 방식으로 조작되어진 몸이다. 한 예로 멋진 몸의 소유자인 모델들의 몸은 카메라 앵글에 잘 보이기 위하여 인위적으로 조작된 몸에 불과하다. 실제로 그들의 몸은 불균형적인 면이 많이 노출된다. 영상 속의 몸과 실제 생활에서의 몸의 차이점을 찾아 볼 수 있게 한다.

그러나 모델과 같은 몸을 영상을 통해서 접하게 되는 일반인들은 누구나 노력을 하면, 아니 성형수술과 다이어트를 하면 모델과 같은 몸을 가질 수 있다는 환상을 갖게 만들며 더 문제가 되는 것은 허상을 좇아 성형외과와 다이어트 산업에 몸을 던지는 것이다. 모델과 같은 몸은 거의 불가능하다는 생각은 조금도 가지지 않는다는 데에 문제가 있다. 이처럼 몸에 대한 인위적인 조작은 사실상 몸의 상실, 몸의 학대, 몸의 빈곤을 가져오게 하였다.

"근면한 노동을 위한 도구로서의 근대적인 몸, 고귀한 정신을 담는 그릇으로서의 고전적인 몸은 이제 없다. 지방 흡입술과 주입술, 뼈를 깎는 미용 성형 수술 같은 현대의학기술이 가세, 몸은 이제 하나의 '프로젝트'가 되었다. 몸이야말로 지각이 살아있는 현장이며, 철학의 출발점도 의식이 아니라 몸이라는 주장이 등장했지만, 정신과 몸의 이분법이 사라진 상황에서 몸은 더욱 거센 권력 다툼의 현장이 되고 있다. 현대 미술가 바바라 크루거가 "너의 몸은 전쟁터이다" 라고 선언했듯이, 몸을 둘러싼 소유와 통제의 싸움은 성적 욕망과 매력 같은 것을 생산해내는 자본주의 사회의 여러 장치들-미모 산업과 대중문화, 미디어-덕에 더욱 치열해지고 있다"(조선일보, 2001년 6월 7일자).

몸에 대한 투자는 다이어트 산업과 성형수술의 호황을 가져오는 기형적인 모습으로 한국사회에 나타나게 되었다. 이와 같이 과거에 찾아볼 수 없었던 몸에 대한 관심의 증가와 투자의 확대는 몸의 지위를 확보하는 것이 아니라 역설적으로 몸을 상실하게 하는 몸의 천시에 불과하다. 특히 이러한 몸에 대한 투자는 몸의 주체성의 향유를 방해하는 하나의 거대한 장벽으로 존재하게 되었다.

이제 한국에서 몸은 하나의 규격화된 상품으로 태어나게 된 것이다. 대형 마트에 진열된 물건처럼 우리들의 몸은 허상의 왜곡된 이미지의 신체상을 쫓게 되었다. 그래서 복사품 처럼 비슷한 화장과 옷, 그리고 몸을 가진 사람들을 길거리에서 쉽게 만날 수 있게 되었다. 그러나 이러한 현상은 우리에게서 몸의 주체성의 향유라는 큰 재산을 훔쳐가게 되었다.

"오늘날 아름다운 여성의 기준은 전례가 없을 만큼 천편일률적이다. 모델과 영화배우들의 모습은 첨단의 미디어를 통해 전 세계에 퍼지기 때문에, 이제는 아름다운 외모에 관한 기준도 세계적으로 동일해졌다. 공업품 표준규격이라도 되는 듯 여성들의 육체에도 한치의 틀림이 없는 엄격한 기준이 세워졌다. 이것은 마치 개성이 들어설 여지가 없고 교체가 가능하도록 틀에 박힌 똑 같은 육체만을 가지라고 명령하는 것 같다.…남의 시선을 개의치 않고 자기 몸을 갖는 것, 그러한 고유성이 이제는 정상규범에서 벗어나는 행태로 인식되기에 이르렀다. 세계에 통용되는 아름다운 몸의 기준은 서구적인 것이다. 부유하고 백인이며, 서방인 이라는 3가지 조건이 붙어있다"(조원규 역, 2001: 103).

보여 지는 몸에 대한 지나친 관심과 투자는 아름다움 몸에 대한 열망 때문이라고 볼 수 있다. 아름다운 외모 즉 몸은 이제 하나의 자본이다. 자본을 축적하기 위하여 몸에 대한 투자는 당연하다. 문제는 아름다움의 기준이 획일화, 규격화되고 있다는 것이다. 동양이나 서양이나 이제는 아름다움이라 만들어 질 수 있으며 교체 가능한 것으로 인식되고 있다.

아름다운 외모에 집착하는 것은 보여 지는 몸에 대한 타인의 시선과 어떻게 보여 지기를 바라는 자신의 욕망이 투영되어 나타나기 때문이다. 또 다른 이유는 자기 자신에 대한 일종의 나르시스에 몰입하기 때문이라고 볼 수 있다. 그래서 자신의 외모에 대한 착각에 빠진 혹은 환상에 젖혀있는 젊은이들을 쉽게 볼 수 있다.

3. 미래의 몸 : 몸의 지위

몸의 지위를 확보하기 위해서는 몸의 인식론적 지위(즉, 인식주체로서의 몸), 존재론적 지위(즉, 주체성 향유로서의 몸), 그리고 몸의 가치론적 지위(즉, 윤리적 관점에서 본 도덕주체로서의 몸)와 몸의 미학적 지위(즉, 심미주체로서의 몸)에 대한 성찰이 필요하다.

첫째, 몸의 인식론적 지위는 인식주체로서의 몸에서 찾는다. 몸은 서양문명에서 항상 회피와 은폐의 대상이었다. 20세기 이후의 몸은 인식론적으로 볼 때, 인식 대상이 아니라 인식주체가 된다는 점에서 20세기 이전의 몸에 대한 담론과 구별된다. 고대 플라톤에서부터 근세의 데카르트에 이르기까지 몸에 대한 담론의 대부분은 몸의 천시, 몸의 지위 상실의 전형을 보여주었다. 그러나 20세기 후반의 후설, 메를로-퐁티, 마르셀, 하이데거, 사르트로, 푸코 등에 의한 현상학과 실존주의, 구조주의 철학자들에 의해서 몸은 인식대상이 아니라 인식하는 주체로서 제자리를 찾기 시작하였다. 몸의 지위를 회복하는 길은 몸이 인식대상이 아니라 인식주체로서의 몸의 지위를 확보하는 길이다. 이러한 일은 스포츠를 통해서 인식주체로서의 몸의 지위를 확보할 수 있을 뿐만 아니라 스포츠 속에서 인식주체로서의 몸의 자유와 해방을 구현할 수 있다.

둘째, 몸의 존재론적 지위는 주체성 향유로서의 몸에 있다. 몸의 주체성을 향유하기 위해서는 다른 무엇보다도 운동을 행해야 한다. 여기서 몸의 주체성 향유의 길은 인간이 희구하는 일종의 행복감을 찾는 길이기도 한다. 이는 다시 말해서 몸의 주체성을 찾는 일은 다름 아니라 스포츠를 통해 행복한 삶을 영위하는 일이다. 스포츠를 하는 것은 잊고 살고 있는 몸의 상실에서 잠시 동안 몸으로 사는 것을 인식하는 시간이다. 우리가 잊고 혹은 망각하며 살고 있는 몸에 대한 주체성의 확보의 시간은 자신의 존재 확인의 길이다. 이러한 존재 인식의 시간은 스포츠 하는 시간 속에서 찾을 수 있다.

셋째, 몸의 가치론적 지위는 도덕주체와 심미주체로서의 몸이다. 몸의 지위를 회복하는 일은 스포츠에서의 도덕주체로서의 몸과 심미주체로서의 몸을 확보하는 일이다. 그렇지 않고 도덕적이지 않고 심미적 감수성을 가지지 못한 스포츠 행위는 기계적인 행위에 지나지 않는다. 그러한 몸은 이미 인간으로서의 인격에서 탈주한 동물들의 육체에 비견될 수 있을 뿐이다. 비도덕적 행위는 바로 스포츠를 타락하게 만들 수 있고 유치한 몸싸움으로 전락할 수 있게 한다. 그렇기 때문에 인간 혹은 스포츠 하는 인간의 몸의 지위를 얻을 수 있는 길은 몸의 도덕성과 심미성을 회복하는 일이며 찾는 일이다.

맺음말

몸의 지위에 대하여 알아보았다. 사람들이 몸에 대한 관심과 투자는 바로 고대 그리스의 플라톤에서 근대의 데카르트에 이르기까지 그 동안 천대받아 왔던 몸의 자기 자리를 찾는 일이라고 볼 수 있다. 하지만 몸의 대한 이 같은 현상은 확인할 수 있는 몸에 한정하여 투자하고 인위적으로 조작하는 데 집중되고 있다는 것이다. 역설적으로 이 같은 투자와 집중은 회복한 몸의 지위를 사실상 상실하게 하는 일에 지나지 않는다. 또 다른 측면에서 보면 몸의 상실과 학대에 다름 아니라고 할 수 있다.

몸의 상실은 몸의 학대를 의미한다. 상실에서 회복하고 나아가 지위를 확보하는 길은 몸이 객관적 대상으로서의 몸이 아니라 인식주체, 주체성의 향유 그리고 도덕주체와 심미주체로서의 몸을 확보하는 것이다. 이러한 몸의 지위 확보는 스포츠를 통해서 가능할 뿐만 아니라 진정한 스포츠의 길이며 기존의 운동하는 몸에 대한 기계적이고 이분법적인, 그리고 수동적인 대상으로서의 몸에서 해방되는 길이다.

인간의 몸은 단순한 고기 덩어리, 동물적인 몸, 육체로 치부되는 그러한 몸과는 물질적, 질료적 차원에서는 동일하지만 차이점은 인식주체, 주체성 향유, 도덕주체, 심미주체로서의 몸에서 찾을 수 있다. 이것은 막스 셸러가 그의 저서 《우주에서 인간의 지위》에서 인간은 인격을 갖춘 윤리적 실체이기 때문에 이 지상에 존재하는 여타의 다른 동물보다도 고귀하고 귀중하다고 한 말과 상통한다.

이제 플라톤이나 데카르트의 생각하던 몸, 즉 천하고 영혼의 감옥이며 볼 것 없는 그런 몸이 아니라 인간의 인격이 포함되어 있는 실체로서의 그런 몸의 지위를 확보해야 할 것이다. 하지만 문제는 몸의 대한 지나친 관심의 증폭은 또 다른 위험을 가져올 수 있다는 것이다. 이런 의미에서 다음의 글은 몸에 대한 우리의 관심을 어떻게 조명해야 하는 가를 말해주고 있다.

"관념의 놀이로부터 몸-살을 해방시켜야 할 것이다. 몸 예찬에 혼을 빼앗긴 정신적-유희-노름을 이젠 그만두자. 몸론, 살론을 몸과 영혼의 가능한 만남과 녹아듦에서 자기자리를 찾는 것이 그래서 무엇보다도 중요하다 하겠다…가리고 은폐되어 왔던 몸이며 살을 거칠게 드러낸, 드러내려는 주장이 문제를 해결한다기보다는 오히려 우리의 몸(살)에 대한 새로운 관심을 미궁에 빠뜨릴 확률이 높기 때문이다. 지나친 이데올로기로 무장된 몸론, 살론은 이런 의미에서 재고되어 마땅하다. 영혼, 정신중심주의나 몸, 살 중심주의나 그게 그것일 것이므로 말이다"(박치완, 2001: 146~147).

몸의 상실과 천시도 문제이지만 몸에 대한 지나친 몸 예찬론도 문제이다. 이에 대한 위험성을 우리가 직시하고 이것을 몸의 지위를 고양시키는 길이라고 왜곡하지는 말아야 한다. 이와 더불어 몸의 지위를 회복하는 길은 몸을 생물적으로 파악하기보다는 인격과 실천하는 실체로 파악하는데서 시작된다. 이런 의미에서 진정한 스포츠의 길은 몸의 지위를 찾는 길이다. 이는 인간의 지위를 높이는 길이며 인간을 위한 스포츠의 길이기도 하다.

9 영화

진짜와 가짜스포츠영화의 차이는?

스포츠영화에서 무엇을 읽어낼 수 있는가?

스포츠영화에서 무엇을 깨달을 수 있는가?

9. 영화

"재미에서 깨달음에로"

우리 주변에서 넘쳐나는 스포츠에 관한 용어들은 너무나 익숙하여 이제는 일상용어가 되었다. 스포츠카, 스포츠웨어, 스포츠마사지, 스포츠댄스, 스포츠신문 등 스포츠와 관련되지 않는 것들이 없을 정도다. 일상대화에서도 날씨 보다는 스포츠가 대화의 주제를 이루고 있다. 국가차원에서 경마, 경정, 경륜 등의 합법화된 도박을 통해서 수입을 올리고 있다. 스포츠는 일상속의 문화로서 우리에게 아주 가까이 다가와 있다. 그 만큼 우리는 스포츠를 떠나서 살수 없을 정도가 되었다는 것을 반증하고 있다.

프로야구, 프로축구, 프로농구의 인기는 여전이 높기만 하다. 2006년 세계야구대회(WBC)는 전국을 환희의 도가니로 만들었다. 최근의 2006년 독일월드컵은 2002년에 이어서 한반도를 붉은 물결로 채워지게 하였다. 도대체 스포츠가 뭘까? 많은 학자들이 이 문제에 대하여 진지하게 정의를 내리고 있지만 여전히 공통된 정의를 찾지 못하고 있다. 우리에게 스포츠란 무엇인가. 이 의문에 대한 해답을 스포츠 그 자체에서 찾기 보다는 스포츠를 재현하고 있는 스포츠영화를 통하여 알아볼 수 있다.

최초의 스포츠영화는 레니 리펜슈탈 감독이 만든 베를린올림픽 다큐멘터리 '올림피아(1938)'이다. 이 영화는 세계 최고 선수들의 동작을 발레처럼 담아냈다. 또한 1964년 동경올림픽을 담아낸

컬러 다큐멘터리 '동경 올림피아드(1965)'는 인간한계에 도전하는 선수들의 투혼을 시적으로 그리고 있다. 스포츠가 거짓 없는 승부, 정직한 대결, 신체적 한계를 돌파하는 기록의 경기라면 이들은 스포츠의 리얼리티를 담아내는 최고의 매체가 단연코 영화임을 웅변하고 있다(주성철, 2006: 14).

이 글의 목적은 스포츠영화에 나타난 스포츠가 무엇을 의미하는지를 탐구하는 것이다. 영화는 일상의 삶을 재현하는 특성을 가지고 있다. 이 때문에 스포츠영화에서 나타나는 스포츠의 의미에 주목하게 된다. 이는 스포츠가 사회의 축소판내지는 거울이라는 이론을 전재하고 있음을 알 수 있다. 영화는 현실과 동떨어진 것이 아니기에 영화 속의 스포츠의 의미를 읽어낼 수 있다면 우리 사회에 과잉된 스포츠의 문제에 대한 대안도, 우리에게 스포츠가 무엇을 의미하는지도 밝혀 낼 수가 있다. 이를 위하여 사용한 연구방법은 스포츠영화에 관련이 있는 영화평론가와 체육학자가 추천한 스포츠영화를 중심으로 한 내용분석의 방법을 사용하였다.

스포츠영화의 매력 : 재미

영화관에 가면 해야 할 행복한 고민이 있다. 어떤 영화를 볼까 하는 고민 아닌 고민이다. 요즘은 멀티상영관 때문에 선택의 기회는 과거 보다 훨씬 많아졌다. 순서는 대개 영화를 만든 감독, 주연배우, 장르 중심으로 선택되기 마련이다. 하지만 보고 후회하지 않을 영화를 고른다면 단연 스포츠영화가 최고이다. 왜냐하면 스포츠영화는 후회할 일이 없기 때문이다.

'주먹이 운다(2005)', '밀리언 달러 베이비(2005)', '댄서의 순정(2005)', '태풍태양(2005)', '코치 카터(2005)' 등 많은 종류의 스포츠영화가 제작되었다. 스포츠영화에서 스포츠가 단골 주제로 채택되는 진짜 이유는 뭘까, 왜 영화가 끊임없이 스포츠에 열광하게 되는가. 스포츠영화가 다른 영화에서 발견할 수 없는 특별한 무엇이 있다고 가정한다면, 그것이 과연 무엇일까. 이를 다섯 개로 나누어 알아보았다.

첫째, 인간한계의 도전정신이 있다. 인간은 한계를 알면서도 무모하게 한계에 도전한다. 도전이 없는 삶은 무미건조하고 감동이 있을 수 없다. 삶이 너무 안전하기 때문에 위험을 감수하며 도전한다. 재미는 자신의 한계에 도전하고 그것을 극복했을 때 찾을 수 있다. 영화는 상상력의 한계에 도전하고 스포츠는 인간신체의 한계를 도전한다는 유사점이 있다. 스포츠영화에서 인간한계의 도전정신이라고 할 수 있는 스포츠의 힘을 발견할 수 있다. 이 힘은 '리멤버 타이탄(2001)', '보리울의 여름(2003)', '그들만의 리그(1992)', '슈팅 라이크 베컴(2002)' 등의 영화에서 찾을 수 있다.

1971년 미국의 흑인과 백인의 인종갈등을 미식축구라는 스포츠를 통해서 해결하고 있는 '리멤버 타이탄', 이 영화는 지역갈등을 넘어 전 국민의 하나로 만든 2002년 한일월드컵을 생각나게 한다. 서로 간에 소통하고 오해를 풀고 이해와 화해를 넘어서 상생을 이끄는 모습을 찾을 수 있다.

시골마을과 읍내 사이의 지역 갈등과 불교와 천주교의 종교 갈등, 신부와 수녀님의 갈등의 양상을 축구를 통해서 화합으로 보여준 '보리울의 여름', 미국에서 프로여자야구의 실화를 바탕으로 재구성하여 당시의 여성에 대한 차별의 벽을 야구를 통하여 극복하는 '그들만의 리그' 등이 있다. 이 영화들에서 서로 간의 차이를 인정하고 불신의 벽을 허물어 공존할 수 있는 힘을 보여준다.

'슈팅 라이크 베컴(2002)'에 대하여 영화평론가 백건영의 말을 들어보자. "이 영화는 한 소녀의 성장영화인 동시에 문화와 국가의 세대를 넘어서는 화해의 영화이다. 무엇보다 축구라는 소재를 통해서 자신이 하고 싶은 일을 선택하게 만드는 정치적 올바름에 대해 이야기하며, 도전과 용기에 대한 계몽적인 영화이기도 하다. 현대는 보는 스포츠에서 즐기는 스포츠로 패러다임의 변화를 보이고 있다. 세월이 변했다고 해서 스포츠정신까지 변하는 것은 아니다. 여전히 스포츠정신의 원형은 고스란히 남아있다. 페어플레이정신과 도전정신이 그것이다. 그것이 가난을 이기기 위한 것이든, 억압된 현실의 탈출구로 사용되던 부단 없이 노력하는 인간의 모습이야 말로 진정 아름답지 않던가. 비록 쓰러진다 해도 좌절하지 않고 다시 일어나 앞을 향해 뛸 수 있게 하는 도전정신이야 말로 이 시대를 사는 젊은이들에게 필요한 것이다. 이 시대는 꿈을 잃어버렸기 때문이다"(백건영, 2005: 152).

둘째, 인간승리의 무한한 감동이 있다. 영화가 스포츠를 만날 때 무한한 감동을 만들어낸다. 무엇인가를 잘 모르지만 가슴 한 곳을 넘쳐나는 감동을 만날 수 있다. 이러한 공통점은 영화 루디(1994), 말아톤(2005), 윔블던(2005), 챔피언(2002), 태풍태양(2005), 슈퍼스타 감사용(2004)등에서 볼 수 있다. '루디'에서 주인공은 남들이 불가능하다는 편견과 선입견을 넘어 자신을 꿈을 실현한다. '말아톤'에서는 장애를 가진 주인공 초원이 마라톤을 통해서 자폐를 극복하는 과정을 42,195킬로미터의 달리기와 더불어 보여준다. '슈퍼스타 감사용'에서는 패전처리용 투수 감사용이 1승을 위하여 자기 자신과의 치열한 싸움을 한다.

'챔피언'에서는 비운의 삶을 살아야 했고 링 위에서 죽어간 고 김득구의 치열한 복싱선수의 삶을 재현하며 챔피언의 의미를 보여주었다. 챔피언은 단순히 숫자로만 판단되는 챔피언만이 아니라 보여 지지 않는 의미와 실재로서 승리를 얻을 수 있는 선수도 챔피언이라고 할 수 있다. 자신이 할 수 있는 최선의 모습을 보여준 영화 '챔피언'의 주인공이 진정한 챔피언이라고 할 수 있다. 이 모든 영화 역시 감동과 소외를 극복하는 휴먼드라마라는 특성을 지니고 있다.

셋째, 예측불허의 긴장감이 있다. 스포츠영화는 분명 예측 가능한 세상사와는 다른 점이 있다. 스포츠 역시 불확실성을 가지고 있다. 그렇기 때문에 사람들은 스포츠에 매력을 느낀다. 9회말 역전 홈런, 축구의 역전골 등은 예측 가능한 결과에 대한 반전을 보여주는 것이다. 2002년 한일월드컵에서 우리가 그토록 환호한 것은 스포츠의 불확실성 때문이다. 스포츠영화도 반전과 예측불허의 결과를 보여준다는 점에서 매력이 있다.

예를 들어 'YMCA 야구단(2002)'에서 마지막 성남구락부와의 경기에서 자신의 안전보다는 조선의 독립과 민족을 위해서 개인을 희생하는 선수들의 모습을 볼 수 있다. 조선을 구할 4번 타자가 말을 타고 등장하는 반전을 경험하게 한다. 9회의 마지막 공격에서 승리할 가능성을 찾지 못하고 절망에 빠진다. 하지만 선구자가 나타나서 야구의 예측불허의 긴장감을 더한다.

영화가 스포츠에 관심을 보이는 진짜 이유는 사람들에게 고된 삶의 위안과 살맛을 느끼게 하기 때문이다. 스포츠영화는 특정인을 제한하는 것이 아니라 모든 사람을 대상으로 만들어진다는 점에서 영화산업의 입장에서도 손해를 보지 않는 장사가 된다. 특히 스포츠는 부정적인 측면보다는 긍정적이고 활동적인 이미지를 가지고 있기 때문에 스포츠를 거부할 사람은 거의 없다. 규칙은 잘 알지 못하지만 쉽게 빠져들 수 있는 것 또한 스포츠이다. 이런 장점 때문에 스포츠는 영화의 단골 소재로 자주 이용된다. 우리 주변에 스포츠스타의 감동어린 이야기는 넘쳐나고 있으며 사람들이 경제적으로 살기 어려운 시기에 삶의 희망을 찾고 있기 때문에 잘 맞아떨어진다.

넷째, 따뜻한 인간냄새가 난다. 세상살이가 어려워지면 어려울수록 그리워지는 것이 이웃의 따듯한 사람냄새의 정이다. 개인주의가 팽배함에 따라 이웃과의 관계는 점점 소원해지는 것을 볼 수 있다. 가족 간에도 함께 식사를 하지 못하는 경우가 많다. 단지 바쁘다는 이유로 주위를 살피지 못하는 일이 있다. 따뜻한 인간냄새가 나는 영화는 '코치 카터(2005)', '허리케인 카터(1999)', '주먹이 운다(2005)', '알리(2001)' 등이 있다.

'코치 카터'는 이 땅의 학생운동선수를 생각하게 한다. 전국의 학생선수를 지도하는 코치들이 필수로 봐야 할 영화이다. 무늬만 학생이고 공부와 담을 쌓고 학창시절을 보내야 하는 학생선수들이 넘쳐나는 것이 현실이다. 운동선수의 배울 권리의 보장이 필요함을 느끼게 한다. 코치는 운동만 가르치는 조련사가 아니라 교육자라는 것을 배우게 된다.

운동뿐만 아니라 인격함양을 교육시키는 선생님이라는 것을 우리 사회의 코치들은 배워야 할 것 같다. 운동만 하는 운동선수를 양성하기 보다는 공부하는 운동선수를 양성하는 코치, 단지 자신의 출세를 위하여 학생을 이용하지 않고 학생의 미래를 생각하는 코치가 되어야 한다. 은퇴 후의 운동선수들의 삶을 생각해서 대외 성적보다는 공부와 운동을 병행하는 운동선수의 양성이 요구된다.

'주먹이 운다(2005)'는 인생에서 복싱 밖에 모르고 복싱으로 챔피언이 된 한 선수이야기를 다룬다. 그는 결국 사기를 당하여 자신이 할 수 있는 일이 없다는 무기력감에 빠진다. 이 때문에 길거리 복서로 살아야 하는 복싱선수의 삶을 극명하게 보여준다. 한편, 불우한 환경에서 소년원에 갈 수 밖에 없는 한 소년의 삶을 사실적으로 재현하고 있다. 복싱을 통해서 자신의 불행을 떨쳐버리기 위한 치열한 몸부림에서 인간의 깊은 삶의 향기를 엿볼 수 있다.

'허리케인 커터(1999)' 역시 복싱을 소재로 한 영화이다. 흑인이 백인주류의 사회에서 살면서 겪어야 할 인종차별의 문제를 한 실존 했던 복서의 삶으로 그리고 있다. 흑인 챔피언이 백인 주류 사회에서 살기가 생각보다 쉽지 않다. 이 때문에 살인자라는 누명을 쓰고 감옥에서 살아야 했던 기구한 인간의 삶을 영상화하였다. 흑인 소년과의 편지 왕래를 통하여 살아야 한다는 의욕을 가지고 주변의 도움으로 백인주류의 사회의 편견과 차별을 극복하는 과정을 보여준다.

다섯째, 청량제 같은 재미가 있다. 사람들은 너무 획일화 된 삶과 일상의 굴레에서 벗어나 청량제를 찾는다. 누구나 재미를 찾는다. 그 재미 때문에 사람들은 영화관이나 경기장, 체육관에 몰려든다. 재미라는 공통점을 가지고 있는 영화와 스포츠의 만남은 스포츠영화에서 꽃을 핀다. 이런 종류의 영화는 '교도소 월드컵(2001)', '소림축구(2002)', '으랏차차 스모(2000)', '슈팅 라이크 베컴(2002)' 등이 있다. 이들 영화는 코믹장르의 성격을 가진 스포츠 영화이다. 웃음, 재미, 감동을 함께 얻을 수 있다.

특히 '으랏차차 스모(2000)'는 일본 아마추어 스포츠로서 대학 스포츠의 모습을 통해 현실을 풍자하는 영화이다. 대외 경기에 나갈 선수가 부족하여 구걸하다시피 하여 선수를 모아 경기에 나간다. 현실이 비참하지만 스모를 통하여 자신감을 얻고 스모를 사랑하게 되는 감동 또한 발견할 수 있다. 국내 대학의 화려한 대학의 엘리트 스포츠에 가려진 동아리 수준의 대학 경기의 현 주소를 보여주는 것 같다. 대학스포츠의 현실이 어떠해야 하는가 하는 깨우침도 선사하는 영화이다.

이런 장르의 영화를 보는 사람들은 스포츠영화가 주는 감동을 오래 동안 간직하고 따뜻한 가슴과 아름다운 삶을 살아가기를 은근히 기대할 것이다. 영화처럼 영화 같은 삶을 지향하게 한다. 그렇기 때문에 삶이 고단할 수록 한 편의 스포츠영화는 삶의 위로가 된다. 현실에서 실현할 수 없는 것을 스포츠영화를 통해서 대리만족하게 한다. 진정한 노력은 자신을 배신하지 않는다는 말이 스포츠영화에서는 진실로 드러난다.

그 힘이 바로 스포츠영화가 우리에게 줄 수 있는 매력이라고 할 수 있다. 앞에서 생각해 봤던 의문이 풀리기 시작했다. 왜 영화를 끊임없이 스포츠에 열광할까. 열광하는 이유는 일상의 단조롭고 무미건조한 삶에서 우리가 그토록 원하는 인간한계의 도전정신, 인간승리의 무한한 감동, 예측불허의 긴장감, 따뜻한 인간냄새, 청량제 같은 재미 등을 발견할 수 있기 때문이다.

이 모든 것은 영화와 스포츠가 가지고 있는 공통점이라고도 할 수 있다. 영화는 영상이라는 매체를 통하여 세상을 재현하고 스포츠는 경기장에서 세상사는 일을 몸으로 보여주는 차이점 이외에도 너무도 닮아 있다. 거기에 보너스로 경제적 이익도 가볍게 볼 수만은 없다. 돈이 되지 않는 영화는 만들어지지 않는다. 왜냐하면 투자가가 모이지 않기 때문이다.

영화는 일종의 투자이기 때문에 모험이라고 할 수 있다. 투자자들의 투자를 모아서 영화를 제작하여 대박을 기대하는 것이다. 대박은 쉽지 않은 일이기 때문에 가장 실패하지 않을 영화소재를 찾게 된다. 그 하나가 스포츠이다. 실패 할 확률이 적기 때문에 대박에 가깝게 접근해 갈 수 있다. 영화는 재미뿐만 아니라 교훈 그리고 삶을 살아가는데 필요한 깨달음을 주어야 한다면 스포츠영화가 제격이다. 이 때문에 영화는 스포츠를 캐스팅하는데 주저하지 않는다. 일상에서 할 수 없는 것들을 스포츠영화는 채워주기 때문에 오늘도 사람들은 스포츠영화를 보러 극장에 간다.

영화 속의 스포츠 읽기 : 감동

스포츠영화는 스포츠를 소재로 한 모든 영화를 의미하지는 않는다. 스포츠 그 자체의 문제의식을 가지고 만들어진 영화를 스포츠영화라고 할 수 있다. 이미 제작되어 알려진 많은 스포츠영화들 중에서 스포츠영화의 진수를 보여줄 수 있는 영화를 영화평론가와 체육학자들에게 자문을 받았다. 그 중에서 연구자가 임의로 3편을 선정하여 그 의미를 알아보았다.

첫째가 대학스포츠의 문제를 제기한 영화 '샤킬 오닐의 NBA 챔프(Blue chips, 1994)'이다. 이 영화는 윌리엄 프리드킨이 감독한 영화로 현대 대학스포츠의 부정적 측면을 사실적으로 보여주려고 노력의 흔적을 엿 볼 수 있는 영화라고 할 수 있다. 주인공은 NCAA 농구 코치로서 선수를 확보하기 위해 돈의 유혹에 빠져들게 된다. 규칙준수와 우승의 선택의 길목에서 코치는 우승을 위해서 우수고교선수들을 영입하기 위하여 돈을 선택한다.

이 영화는 미국대학스포츠의 현 주소를 진지하게 보여주려는 감독의 의도를 엿볼 수 있다. 대학농구리그에서 우승하기 위해서 가장 중요한 것은 우수한 선수를 확보하는 일이다. 어떤 선수를 확보하느냐가 바로 학교의 우승과 감독의 자존심을 회복시켜 주는 일이기 때문이다.

국내 대학농구 역시 우수한 고교선수를 영입하기 위해서 감독과 대학들의 숨은 노력을 하고 있다. 얼마나 우수한 고교선수를 영입하느냐에 따라서 한해 경기결과가 좌지우지되기 때문이다. 그렇기 때문에 경제력과 학교지명도가 높은 대학이 우수한 선수를 우선적으로 영입한다. 그것은 우수선수에 대한 장학금 등의 배려가 다른 학교보다 더 낫기 때문에 가능한 일이다.

이러한 현실적인 유혹으로부터 자유로울 수 있는 자는 아마 없을 것이다. 우리는 미국의 대학스포츠를 벤치마킹해야 한다고 역설하고 있지만 미국도 이 문제에서 역시 자유롭지 못하다. 이러한 문제의 원인은 대부분 극단적인 승리지상주의에서 찾는다. 승리지상주의는 강요하는 것은 학교, 학부모, 지도자들 모두 때문이다. 승리를 제일가치로 인식하고 선수들에게 승리만이 살길이라고 강요하는 것은 선수들이 승리에 대한 강박관념에 빠지게 한다. 그렇다면 승리란 무엇인가.

두 번째 영화 '불의 전차(chariots of fire, 1981)'는 휴 허드슨의 작품으로 영국의 황혼기를 무대로 하고 있으며, 별다른 플롯이 없는 영화이다. 영화는 단순히 2명의 실존 영국 육상선수들의 경험을 통해 1924년 하계 올림픽의 준비과정을 추적하고 있다. 헤럴드 아브라함은 캠브리지대학교의 유태인 학생이었다. 에릭 리델은 스코틀랜드 노동계급 출신 기독교인으로서 그는 달리는 것이 신의 더 큰 영광을 위하는 것이라고 믿기 때문에 달렸다. 어떤 의미에서 두 사람 다 타자이며, 영화는 그들의 성취 속에서 기뻐한다. 그것은 깨끗한 스포츠경쟁의 모든 좋은 점을 증폭시키는 느린 동작의 달리기 장면과 마음을 뒤흔드는 반제리스의 사운드 트랙에서 잘 드러난다. 이미 우리에게 익숙해진 배경으로 즐거움에 넘친 훈련 팀이 미풍에 머리를 날리며 대양의 파도가 발목을 휘감는 해변을 따라 달리는 유명한 장면은 '불의 전차'가 전해주는 스포츠의 총체성을 포착하고 있다(정준영역, 2001; 343).

이 영화는 스포츠에서의 승리의 의미를 재현하여 보여준다. 대부분의 학자들은 현대 스포츠문제의 원인 중에 하나를 승리지상주의에서 찾고 있다. 승리추구는 스포츠에서 꼭 필요하다. 만약 스포츠에서 승리를 지향하지 않는다면, 재미는 사라지고 만다. 그런데 어떤 종류의 승리를 추구 하느냐에 따라서 그 결과의 모습이 달라진다. 승리는 모두 같은데, 무슨 승리의 종류가 있다는 것인지 이해를 못할 수도 있다. 하지만 승리는 구분이 가능한 대상이다.

우리가 지향하는 승리는 전광판의 숫자로 나타나는 현상과 결과 위주의 승리에 불과하다. 이러한 승리에 매몰된다면 극단적인 승리지상주의에서 기인된 비인간성의 문제를 안게 된다. 지금까지 우리는 실재와 의미로서의 승리가 존재한다는 것을 잊고 있었다.

남에게 보여주기 위한, 자기 자신을 소외시키고 결국 타자로 만드는 승리는 더 이상 승리라고 할 수 없다. 가장 큰 승리는 자기 자신에 대한 승리이다. 타자의 시선에서 자유로울 때 진정한 승리를 하게 되는 것이다. 자기만족이 최대의 승리라고 할 수 있다. 우리에게 스포츠는 자신을 표현하고, 능력을 발휘하고, 성취욕을 맛보는 것이 최고라고 할 수 있다. 결과에 따른 것보다는 과정에서 자기만족을 얻는 것이 중요하다. 자기만족은 일종의 내적 승리하고 할 수 있다.

이 영화에서 두 명의 주인공이 등장한다. 헤럴드 아브라함과 에릭 리델이다. 이 영화에서 헤럴드는 승리를 위해 수단과 방법을 가리지 않는 전형적인 승부사의 기질을 보여준다. 헤럴드는 당시 대학생에게 개인 코치를 두면 안 되는 규정이 있었음에도 불구하고 이를 무시하고 무사비니라는 개인코치를 두고 훈련을 하여 마침내 승리하게 된다. 스포츠는 규칙준수가 승리의 정당성을 보장한다고 보면 헤럴드 아브라함의 승리는 정당성을 얻을 수 없다.

선교사인 에릭 리델은 종교적 신념 때문에 안식일에 열린 100미터 결승전 경기에 참가를 포기한다. 결국 현상과 결과만을 추구한 헤럴드와 실재와 의미를 추구했던 에릭 리델은 모두 승리하였다. 하지만 이들의 승리는 큰 차이를 보여주고 있다. 그 차이는 의미의 차원에서 비교할 수 있다. 이 땅에서 현상과 결과로서의 승리만을 지향하기 때문에 과정으로서의 승리는 퇴색하고 있다.

이 영화 속의 유니폼을 유심히 보면 흰색의 유니폼이 주류를 형성하고 있다. 지금과 비교하면 유니폼의 칼라는 상업주의 침투를 여실히 보여준다. 순수하기만 했던 스포츠는 다국적 기업의 움직이는 광고판이 되었다고 해도 과언이 아니다. 지금처럼 무한대의 빠름이 유일한 잣대로 평가되는 사회에서 선수들은 초시계를 향해서 무한질주 하는 모습으로 보여 진다. 사람의 모습보다는 기계를 연상하게 한다. 이러한 문제는 경제적 논리 때문이다.

돈의 논리가 선수들의 유니폼에게 까지 힘을 행사한다. 유니폼 이외에도 경기 그 자체에도 영향을 미쳐 경기시간과 진행방법에 변화를 가하고 있다. 촉진 룰이나 경기 규칙의 일부분이 돈의 논리에 의해서 변경된다. 돈의 논리에 의해서 움직이는 TV는 미디어스포츠라는 영역을 만들어 내고 있다. 경기장을 직접 찾는 사람들보다 미디어를 통해 스포츠를 소비하는 사람들이 늘어났다. 이 때문에 이 영역에 대한 관심이 날로 증가하고 있다.

미디어스포츠는 볼거리를 얻기 위해서 선수들 간의 경쟁력을 부추기는 역할을 하기도 한다. 로제 카이와가 지적한 것처럼 지나친 경쟁과 승리추구는 스포츠의 타락을 가져오게 한다. 스포츠에서 인간성의 상실은 동물들의 유치한 싸움에 지나지 않을 수 있다. 놀이정신의 상실은 스포츠의 타락을 가져올 수 있다. 우리는 늘 고향 회귀를 꿈꾸며 살고 있다. 타향에서 이방인으로 삶을 살아가면서 고향을 그리워하는 삶의 모습처럼 스포츠 역시 고향을 찾고 있다. 지금은 고향상실의 전형이라고 할 수 있는 스포츠 타락의 모습을 보여주고 있다.

이러한 고향회복의 길을 세 번째 영화 '리멤버 타이탄(Remember the Titans, 2001)'에서 찾을 수 있다. 이 영화에서는 흑인과 백인의 인종문제를 미식축구를 통해서 풀어간다. 흑인과 백인 통합의 고등학교가 가진 문제, 지역사회의 문제를 고등학교 미식축구팀이 서로간의 작은 관심으로 불신의 단절을 허물고, 소통하고, 화해하고, 나아가 상생을 모색하는 과정을 보여준다. 미식축구는 특성상 모든 선수가 하나로 움직일 때 가능한 경기이기 때문에 대립과 갈등은 승리의 걸림돌이다. 하지만 소통과 화해는 상생의 힘을 가져와 승리에 근접하는 힘을 준다. 소통이 없이는 모두 패배자가 될 수 있다.

영화로 배우는 스포츠 : 교훈

지금까지 영화 속에서 스포츠 읽기를 시도해 보았다. 우리가 살면서 배워야 하는 것들은 학교에서만이 아니라 여러 곳에서 다양한 것들을 배우게 된다. 그 중에서 스포츠에서 배워야 할 것들에 대하여 위의 3편의 스포츠영화 속에 나타난 교훈을 중심으로 정리하여 보았다. 사람들은 스포츠를 너무나 가볍게 본다. 스포츠는 단순한 볼거리에 불과할 뿐 배울 것이 없다고 생각한다. 하지만 스포츠에서 배워야 하는 것들은 생각보다 많이 있다. 그것들은 우리가 일상의 삶에서 살면서 잘 행하지 않는 것 들이 대부분이다. 스포츠에서 배울 수 있는 몇 가지를 알아보자.

첫째, 규칙준수이다. 예를 들어 황우석 교수팀의 문제에 대하여 알아보자. 이 문제는 생명윤리의 차원이기 보다는 연구윤리의 문제라고 할 수 있다. 단지 규칙을 준수하지 않았기 때문에 제기될 수 있는 문제이다. 연구윤리는 모든 연구자들이 숙지하고 있어야 하며 지켜야 하는 연구규칙이다. 스포츠의 경우 규칙은 곧 스포츠가 되기 때문에 규칙 준수 없는 스포츠는 경기 자체가 성립될 수가 없다. 그 만큼 스포츠에서 규칙준수는 중요하다. 황우석 교수팀 역시 연구원의 난자를 사용했다는 것과 연구를 조작했다는 것은 규칙 위반에 해당한다.

둘째, 페어플레이이다. 이는 형식적인 구호만이 아니라 현실에서 지켜져야 할 항목이다. 공정한 경쟁을 통해서 좋은 결과를 얻을 수 있다. 공정성이 결여된 연구, 수단과 방법을 가리지 않고 결과만을 추구하는 경기는 호응을 얻기 쉽지 않다. 공정한 경쟁이 전제되지 않는 경기는 언제든지 문제가 제기될 수 있다. 우리 사회는 결과만을 중시하고 과정을 중요하게 생각하지 않는 부분이 있다. 공정한 경쟁은 사람들 간에 지켜야 할 일종의 규칙준수이다. 규칙준수는 결과를 합법적으로 인정받을 수 있는 조건이다.

셋째, 도전정신이다. 스포츠는 인간 한계를 도전한다. 그것이 운이나 요행에 의한 도전이 아니라 인내와 노력이라는 과정을 거친 도전이라고 할 수 있다. 그런 만큼 스포츠는 정직하다는 말과 일치한다. 현실에 안주하지 않고 새로운 것에 대한 도전하는 정신이 스포츠를 발전하게 한다. 일상의 모든 일도 같은 선상에서 이해될 수 있다. 무수한 실패와 노력의 결과를 기다리는 지루한 시간은 사람들의 인내와 노력을 요구한다. 이것은 일종의 도전정신이라고 할 수 있다. 도전정신이 인류의 삶을 진보하게 만들었다면 연구나 경기도 진보하게 한다.

넷째, 정신집중이다. 인간이 불행한 것은 한 곳에 집중하지 못하기 때문이다. TV를 시청해도 채널이 한 곳에 고정될 시간이 없다. 그 만큼 집중을 하지 못하기 때문에 불행한 것이다. 스포츠에서는 몰입의 힘을 발견할 수 있다. 이를 통하여 삶의 기쁨을 얻을 수 있게 된다. 사회의 몰입(집중력)의 상실은 결과위주의 사고에서 비롯된 것이다. 과정을 중시하고 성실과 노력을 통하여 무엇인가 이룰 수 있다는 생각이 필요하다.

하지만 사람들은 운과 요령을 기대어 어떤 성과를 기다리기 때문에 집중을 하지 못한다. 어떤 대상의 집중은 몰입의 즐거움을 경험하게 할 뿐만 아니라 삶의 즐거움을 가져다주기도 한다. 연구자들은 연구의 몰입을 통하여 발견의 즐거움을 얻을 수 있고, 선수들은 경기에 몰입함으로서 경기를 즐길 수 있다. 실험실과 경기장은 다른 공간이고 그 속에서 활동하는 연구원과 선수들은 하는 일이 다르지만 분명한 것은 몰입해야 좋은 결과를 얻을 수 있다는 평범한 진리는 같다.

앞에서 스포츠영화를 중심으로 사회가 스포츠에서 배워야 할 것들에 대하여 알아보았다. 규칙준수, 페어플레이, 도전정신, 정신집중 등이 사회가 스포츠에서 배워야 할 것 들이다. 우리 사회에서 이러한 것들을 여전히 지켜지지 않고 있다. 사회는 유용성과 경제적 가치로만 모든 것을 평가하고 소리 높여 외치고 있지만 정작 중요한 것은 이러한 항목들이다.

모든 사람들이 중요하다고 생각하지만 현실에서는 좀처럼 지켜지지 않는 것들이 있다. 그 때문에 삶은 혼돈스럽다. 왜냐하면 일종의 약속들이 지켜지지 않기 때문이다. 당장 눈앞에 이익 때문에 과정이라는 노력과 인내의 시간을 기다리는 여유를 찾지 못한다. 최소한의 규칙준수는 살아가면서 지켜야 할 기본이다. 줄기세포 연구나 스포츠의 경우나 공정한 경쟁을 통한 승리추구만이 정당성을 얻을 수 있다. 공정한 경쟁이 우선적으로 요구된다.

맺음말

영화 속의 스포츠를 보고 왜 사람들은 스포츠영화에 빠져드는가에 대한 의문이 풀렸다. 스포츠영화는 다른 장르의 영화가 갖지 못한 여러 장점들을 가지고 있기 때문이다. 특히 사람들이 일상의 삶에서 얻을 수 없는 그 무엇이 스포츠영화 속에는 담겨 있기 때문이다. 그것들은 도전정신, 예측불허, 따듯한 인간냄새, 청량제와 같은 시원함, 감동과 인간드라마 등이다. 이러한 장점을 스포츠영화가 가지고 있기 때문에 사람들을 사로잡는다.

스포츠영화가 말하는 소리에 귀를 기울여 보면 스포츠가 우리에게 무엇인가를 알 수 있다. 현대 스포츠는 맹목적 기록추구와 과잉된 신체 그리고 과도한 경쟁만을 추구하는 경향이 지배적이다. 이는 순수성의 상실이란 스포츠의 타락을 입증하는 현상이라고 할 수 있다. 타락의 결과는 자명하다. 운동하는 기계를 양산하고 이들을 중심으로 볼거리를 보여주는 고대 로마시대의 검투사 경기의 재현일 뿐이다.

사람만이 희망이라고 한다. 스포츠의 타락을 해결 할 수 있는 것 또한 사람이다. 스포츠영화 속에 주인공이었던 '샤킬 오닐의 NBA 챔프'의 피트 벨 코치, '불의 전차'의 에릭 리델, '리멤버 타이탄'의 허만 분 코치 등에게 기대를 할 수 있다. 이들은 우리에게 스포츠란 무엇인가를 말해주고 있다. 사람을 도구와 수단으로 인식하고 지배하는 비인간화된 스포츠가 아니라 인간존중이 스포츠에서 우선시 되어야 함을 말해주고 있다.

직접 땀을 흘리면서 스포츠의 참맛을 체험하고 스포츠의 이해를 하는 가운데서 스포츠를 잘 알 수 있다. 참 나를 찾는 자기 인식과 타자의 시선에서 자유를 맛보는 것이 스포츠에서 진정한 승리이며 우리에게 필요한 스포츠라고 할 수 있다. 이처럼 타자의 시선에서 자유를 찾을 때 스포츠에서 소외되지 않고 자신의 스포츠를 한다고 말 할 수 있다. 이것이 우리에게 스포츠란 무엇인가를 말해주는 것이다.

이외도 스포츠영화를 통하여 들어나는 스포츠의 가치로서 규칙준수, 페어플레이, 도전정신, 정신집중 등을 언급할 수 있다. 이러한 덕목들은 사회가 스포츠로부터 배워야 한다. 사회와 개인이 이러한 덕목들을 배우고 일상에서 실천할 수 있다면 세상은 지금보다는 좀더 살기 좋은 세상이 될 수 있다. 아직 사회는 개인들의 욕구의 충돌로 인하여 혼돈의 연속을 유지하고 있을 뿐이다. 그래서 인지는 몰라도 스포츠영화에서 삶의 위로를 찾는 사람들이 상대적으로 다른 영화보다 많아졌다.

스포츠영화를 통해서 나타낼 수 있는 특징과 주제들을 스포츠의 성격과 연관시켜 논의 하였지만, 중요한 점은 스포츠영화가 스포츠의 성격을 논의할 수 있는 중요한 텍스트가 될 수 있다는 점이다. 이점 때문에 스포츠영화에 주목하게 되고, 스포츠영화를 분석하는 과정에서 우리는 스포츠를 영화 밖으로 끌어낼 수 있다는 확신을 가지게 되었다. 단지 영화 속의 스포츠 이야기에 만족하기 보다는 스포츠현장에서 실천할 수 있는 스포츠를 생각해봐야 할 것이다.

10 무도

무도의 길은 무엇인가?

무술, 무예, 무도의 차이점은 무엇인가?

무도의 인식, 존재, 가치란?

10. 무도

"싸움의 길에서 인간의 길에로"

길에는 유형의 길과 무형의 길이 있다. 유형에 길은 우리가 어떤 목적지를 가기 위해서 거쳐야 할 과정을 의미한다. 길은 길로 연결된다는 말처럼 길은 전국의 마을과 마을, 사람과 사람을 연결하고 있다. 그래서 반가운 사람을 만나기 위해서 길을 찾고, 한가로운 자기만의 시간을 가지기 위해서 우리는 길을 따라 어디로 간다.

그 길이 동해의 해안길일 수 있고 아니면 어떤 한적한 산골마을의 오솔길이기도 하다. 길이 있기에 우리는 언제든지 마음이 가고자 하는 곳을 향하여 출발하며 길을 따라서 목적지에 도착한다. 그러나 무형의 길은 뚜렷한 표시가 되어 있지 않아서 때로는 혼란과 시간과 경제적 손실로 인한 고통을 당하기 쉽다. 무형의 길로 무의 길을 생각할 수 있다.

무도는 동아시아는 물론 세계적으로 관심의 대상이 되었다. 서양 중심의 스포츠는 과잉경쟁과 운동선수, 경기중심 때문에 많은 비윤리적인 문제를 가진다. 서양 스포츠의 한계에 대한 일종의 대안으로서 동양의 무도에서 그 해결의 실마리를 찾으려고 노력한다. 동양의 신체문화로서 무도는 타자를 무력화하는 것이 아니라 자기수행을 통해 인간완성을 지향한다는 데서 서양스포츠와 근본적인 차이점을 갖는다.

무의 철학적 탐구에 대한 관심이 집중되는 이유도 여기에 있다. 이 글 또한 무의 철학적 탐구로서 무도의 인식론, 존재론, 가치론적 접근을 통해서 무라는 수수께끼의 비밀을 밝혀보려는 것이다. 이 글의 제목이 암시하는 것처럼 무의 길을 가는 것은 무의 지식, 인식, 가치를 규명하는 일이다. 즉 무의 길은 무도가 앞으로 가야할 길을 의미한다.

이 글의 목적은 무의 길을 찾는데 있다. 이 길은 철학의 눈으로 봄을 통해서 셋 가래의 길로 나눈다. 존재론, 인식론, 가치론의 길이다. 길을 찾는 순서는 무의 존재론적 길, 무의 인식론적 길, 무의 가치론적 길이다. 무의 관한 철학적 연구들이 이미 많이 발표되고 있지만 좀처럼 체계적인 접근이 많지 않다는 점에서 이 글은 무의 철학을 구상하는 하나의 시도라고 할 수 있다.

철학의 눈으로 보다.

무의 길을 찾는 일은 어두운 곳에서 손전등의 빛을 비추어 길을 찾는 것에 비유될 수 있다. 빛은 우리가 갈 수 있는 길을 인도한다. 그 빛은 진리라고 할 수 있다. 진리는 곧 무의 가야 할 길을 안내해 준다. 일종의 손전등에 비유할 수 있는 것이 철학이다. 철학의 눈을 통해서 무가 가야 할 길을 인도받을 수 있다. 철학이라는 것은 지혜에 대한 사랑으로 명명된다. 철학은 크게 존재론, 인식론, 가치론, 논리학 등으로 구분한다. 철학의 눈으로 무의 존재론, 인식론, 가치론의 연구영역과 그 범위에 대하여 알아보자.

존재론은 실재의 탐구라고 할 수 있다. 형이상학, 우주론, 세계론 등으로 세분하며 궁극적인 실체 또는 실재의 습득에 대한 관심을 가진다. 무도의 존재론적 탐구는 무도의 본질에 해당하는 탐구이다. 무도에서의 인과관계, 무도에서의 시간과 공간의 문제,

무도에서의 자아, 무도에서의 몸과 마음의 문제, 무도에서의 자유의 문제 등에 대하여 연구하는 분야이다.

인식론은 지식의 습득, 절차, 방법 등에 대하여 탐구하는 분야이다. 지식이란 무엇인가. 어떻게 지식이 구성되는가. 어떤 방법으로 습득되는가하는 문제에 관련된 연구를 한다. 무도에 관계되는 지식의 한계와 무도 지식 획득의 방법과 절차 그리고 구조 등과 무도에 관계 되는 지식의 종류에 대하여 연구하는 분야이다. 무를 구성하는 지식의 체계는 일종의 신체지라고 볼 수 있다. 말할 수 없지만 이미 몸으로 알고 있는 그 무엇을 의미한다.

가치론은 진선미성의 가치에 대하여 탐구하는 분야이다. 무도의 진리, 최고선, 무도의 미에 대하여 연구한다. 윤리학, 미학, 사회철학 등으로 세분된다. 무도의 윤리적 접근은 무도에서의 최고선, 무도에서의 도덕적 행위의 기준, 무도에서의 도덕적 행위의 동기, 무도에서의 경쟁과 기록, 무도에서의 폭력과 기만 등을 연구한다. 미학적 접근은 무도에서의 미학적 판단의 기준, 무도에서의 관조의 감동, 무도에서의 기교와 표현, 무도에서의 미학적 과정과 결과, 미학적 의도성과 무도 등에 관하여 연구한다.

무도의 사회철학적 접근에 대해서 알아보자. 무도는 남성과 여성 모두에게 동등한 기회를 제공하는가. 만약 무도에 성적불평등이 존재한다면 그것은 어떠한 양상으로 나타나는가. 여성의 정체성이 어떻게 무도와 같은 신체적 활동 속에서 구성되고 해체되는가. 무도가 남성의 신체성에 대한 미신을 형성하고, 신체활동의 남성적 성격을 부각시킴으로서 남성지배의 이데올로기를 강화하고 있는 현 시점에서 여성은 어떻게 동등한 기회를 획득하는가. 무도와 정치 이데올로기는 어떠한 관계를 갖고 있는가. 무도는 정치 이데올로기를 강화 하는가 혹은 해소하는가. 무도에는 어떠한 정치 이데올로기가 지배적인 양상으로 나타나는가. 무도에서의 정치 이데올로기를 어떻게 이해해야 하는가 등을 연구한다.

무의 길을 묻다.

철학의 영역은 존재론, 인식론, 가치론, 논리학으로 구분된다. 존재론은 형이상학적 문제를 중심으로 탐구하는 분야이기 때문에 무의 본질은 무엇인가. 무의 정신은 무엇인가에 대하여 묻고 연구하는 것이 존재론의 영역에 해당한다. 인식론의 무의 지식을 어떻게 습득하고 무의 지식은 무엇인가, 어떻게 생성되는 가에 대하여 다룬다. 가치론은 진선미성의 네 가지 가치를 규명하는 분야이다. 무의 도덕성, 무의 예술성, 무의 종교성, 무의 진리성을 탐구하는 것을 주로 연구한다. 이하에서 무의 인식론, 존재론, 가치론에 대하여 알아본다.

1. 존재의 길

무의 존재론적 길이다. 무는 살법이 아니라 활법이라고 말한다. 사람을 죽이는 싸움기법에서 사람을 살리는 성격으로 변화를 의미한다. 과거의 무는 전쟁에서 사람을 죽이는 기법으로서 무였다면 전쟁이 사라진 지금의 무의 성격은 활법으로 간주할 수 있다. 활법은 몸의 수행으로서의 무를 생각할 수 있다. 이는 정신건강이나 자아수련의 형태로 나타난다. 이어서 무의 수련의 완성은 인간완성으로 표현된다.

모든 행위의 궁극은 인간완성과 연결되기 때문에 무 역시 관련성에서 벗어나지 못한다. 이런 차원에서 보면, 무를 수행하는 궁극적 목적은 싸움에서 승리라는 순간적인 자기만족이 아니라 자기완성의 길에 도달하기 위함이다. 이러한 수련으로서 무는 결국 심신일원론의 입장에서 해석되면 몸과 마음을 기를 수 있다는 것을 함의하고 있다. 왜냐하면 몸의 훈련은 곧 마음의 훈련임을 알 수 있게 하기 때문이다. 간단하게 정리하면 무의 존재론적 길은 무가 궁극을 지향하고 이를 위한 과정에서 수행의 활법으로서 기능한다. 그 결과 무를 수행하는 주체는 무를 통해서 주체의 완성에 이르게 한다.

2. 인식의 길

무의 인식론 연구는 무의 술, 예, 도의 차원의 탐구이다. 무의 술은 기술성의 차원이며 무의 예는 예술성의 차원이다. 그리고 무의 도는 정신성의 차원에 이해된다. 이것은 일종의 진화론적인 관점에 의한 해석이 아니라 무가 사용되는 맥락(context)에 따라서 정의 될 수 있는 문제이다. 중국은 무술이고 한국은 무예고 일본의 무도라는 지리적 구분에 따른 용어 사용은 지역의 특색을 고려하여 구분된 것에 불과하다. 그 민족들이 선호하는 용어이지 그것이 진화론에 의하여 발전했다는 도식적 표현은 문제가 있다. 상황의 필요에 따라서 다르게 사용했음을 알 수 있다.

무술, 무예, 무도의 차이점은 무의 성격을 의미하기 때문에 무의 기술성, 예술성, 정신성으로 구분할 수 있다. 무의 기술성은 무의 기능을 중심으로 전문성을 살린다. 무의 경기중심의 성격을 말한다. 태권도의 경우는 태권도경기를 예를 들 수 있다. 무의 예술적 성격을 들어내는 것은 무예라고 할 수 있다. 이것은 품새 중심의 수련에서 찾을 수 있다. 무의 정신성은 교육적 차원의 무도를 의미하기 때문에 무도교육이 여기에 해당한다. 이러한 무의 인식론적 이해에서 보면 무는 세 가지 성격이 복합적으로 구성되어 나타난다. 어떤 성격에 무게를 두느냐가 예술, 기술, 정신의 영역으로 구별된다.

3. 가치의 길

무의 가치론적 길이다. 무의 지식은 신체지에 해당한다. 실천지로서 무지를 규명하는 것이다. 형식적 지식과는 차이가 있는 실천적 지식이라고 할 수 있다. 무의 도덕성은 무의 현실적 가치를 지향하기 때문에 좀더 현실적 사유를 전제로 한다. 무의 수련자가 도덕성이 부족하면 바로 폭력으로 변화할 수 있기 때문이다. 즉 도덕성의 결여된 무는 폭력이 되고 만다. 이 때문에 무에서 도덕성은 높이 평가되며 무를 통한 인성함양을 지향하게 한다. 무의 예술성은 무의 정신성과 더불어 높은 미적 가치를 반영한다.

결론 : 무의 길을 가다.

오늘도 사람들은 인간의 길에 대하여 무에게 길을 묻고 무의 길을 향하여 가기를 주저하지 않는다. 무의 길은 무도를 의미한다. 무의 철학은 일종에 무의 길에 대하여 연구하는 것이다. 길은 방향을 지칭한다. 어디에서 와서 어디에로 갈 것인가에 대한 이정표를 말한다. 길은 유형의 길과 무형의 길이 있다. 유형의 길은 눈으로 확인할 수 있는 길인데 비해 무형의 길은 눈으로 확인할 수 없는 추상적인 길이다. 무의 길은 무가 가야 할 무형의 길을 의미한다. 철학의 눈으로 무를 셋 가래로 나누어 살펴보았다.

첫째, 존재론의 길이다. 무의 존재론적 길은 자율과 주체로서의 인간의 길이다. 단순한 동작에 자신을 가두는 것이 아니라 그것들을 넘어서 자율과 주체적 인간으로 거듭나며 그 길을 향하여 가는 것이다. 무는 살법의 길에서 벗어나 활법의 길을 향한다. 활법은 수행으로서의 무이다. 이는 정신건강이나 자아수련의 형태로 나타난다. 무의 수련의 완성은 인간완성으로 표현된다.

무를 수행하는 궁극적 목적은 싸움에서 승리가 아니라 자기완성 즉 사람됨의 길에 도달하기 위함이다. 이러한 수련으로서 무는 결국 심신일원론의 입장에서 해석되면 몸과 마음을 기를 수 있다는 것을 함의하게 된다. 몸의 훈련은 곧 마음의 훈련임을 알 수 있다.

둘째, 인식론의 길이다. 무의 인식론적 길은 전문인으로서 달인의 길을 말한다. 무의 길은 한 동작을 끊임없는 단련을 통해서 무의 길에 도달하는 인고의 길이다. 단순한 반복동작이지만 그 속에 의미를 두어야 자신의 자아를 단련할 수 있다. 무술, 무예, 무도의 차이점은 무의 성격을 의미한다. 그 성격은 무의 기술성, 예술성, 정신성이다.

무의 기술성은 무의 기능을 중심으로 전문성을 살리는 것이다. 무도의 경기중심의 성격을 말한다. 무의 예술적 성격을 들러내는 것은 무예이다. 이것은 품새 중심에서의 수련에서 찾을 수 있다. 무의 정신성은 교육적 차원의 무도로서 무도교육의 해당한다. 이러한 무의 인식론은 세 가지 성격이 복합적으로 나타난다. 어떤 성격에 무게를 두느냐가 예술, 기술, 정신의 영역으로 나타난다.

셋째, 가치론의 길은 사람됨의 길이다. 이 길을 가기 위해서 진선미성의 네 가지의 가치를 끊임없이 추구한다. 이 과정에서 사람됨이라는 인간의 길을 깨닫게 된다. 인간의 길은 인격을 가진 존재의 길이다. 무의 진리성은 암묵적 지에 해당한다. 실천지로서 형식적 지식과는 차이가 있다. 무의 도덕성은 무의 현실적 가치를 지향한다. 무의 수련자가 도덕성의 결여는 폭력으로 나타날 수 있다. 이 때문에 도덕성이 높이 인정되며 무를 통한 인격함양을 지향한다. 무의 예술성은 무의 정신성과 더불어 높은 미적 가치를 반영한다.

이를 종합하면 무의 길은 달인의 경지(존재론의 길)와 신체지의 습득(인식론의 길) 그리고 인간완성(가치론의 길)의 길로 요약된다. 이상과 같이 서양 중심의 신체문화인 스포츠에서 발생되는 문제를 극복하는 길은 인간을 위한 신체문화에서 찾을 수 있다. 신체문화가 거듭나는 일은 고유한 무의 길을 찾는데 있다. 뿐만 아니라 신체문화를 계승하는 문화 담지자로서 무의 길을 가는데 있다. 무의 문화에 대한 존중과 이에 대한 토착화된 무의 문화가 서양 스포츠의 문제를 극복할 수 있는 하나의 대안이 될 것이다. 과잉경쟁과 경기중심의 신체문화에서 평화와 행복을 추구하는 신체문화로서 동아시아의 무의 길에서 그 대안을 찾을 수 있을 것이다.

11 승리

승리지상주의가 왜 문제인가?

아름다운 패배와 추악한 승리란?

진정한 승리란 무엇인가?

11. 승리

"현상과 결과의 승리에서 의미와 실재의 승리에로"

현대 자본주의 사회에서 스포츠는 이제 상품으로서 기획되고 소비되어 진다. 프로스포츠의 인기는 점차적으로 증가하고 있다. 그 인기가 증가할수록 윤리적 문제는 상대적으로 늘어나고 있다. 여기서 윤리적 문제는 도핑과 폭력, 반칙, 승리지상주의 등이다. 이중에서도 승리지상주의에 대한 이야기를 하려고 한다. 승리지상주의란 승리를 유일한 절대가치로 인식하고 수단과 방법을 고려하지 않는 것을 말한다.

수단과 방법 자체가 윤리적으로 문제가 되어도 결과적으로 승리한다면 그 과정은 생략되고 결과에 따라서 모든 것이 판단된다. 승리를 위한 수단으로 도핑, 반칙, 폭력 등이 정당화될 수 있는 이유는 결과에 따라서 판단하는 스포츠 현실 때문이라고 할 수 있다. 승리를 유일한 목적으로 보는 견해는 선수들을 비인간화시킬 가능성이 매우 높음에도 불구하고 여전히 승리에 집착하고 지향하고 있음을 미디어를 통해서 알 수 있다.

프로스포츠에서 선수는 감독이나 코치 또는 구단주에게 이용되며 상품으로서 다른 팀으로 판매되는 것이 현실이다. 대학의 유명한 선수는 시합에서 승리함으로써 대학의 지명도를 높일 뿐만 아니라 개인적인 이익도 도모한다. 즉 자신이 상품가치를 극대화하는 것이다. 따라서 모든 프로선수들은 개인의 성적과 팀에 대한 공헌도에 따라 연봉이 책정된다. 이처럼 모든 평가는 현상과 결과에 따라 결정되어 진다.

승리가 강조되는 것은 자본주의가 내재하고 있는 경쟁의 논리에 기인한다. 스포츠 역시 경쟁의 지배에서 벗어나지 못하고 있다. 마르크스의 주장처럼 경쟁은 소외를 불러들인다. 소외는 비인간화로 이어지며, 이로 인하여 승리가 중요하게 간주되는 것이다. 단적으로 이것은 우리사회 체제 역시 경쟁과 경제 그리고 승리에 대한 강박관념에 사로 잡혀있다는 것을 의미한다. 이미 현대 사회에서 스포츠의 역할은 과거와는 엄청난 차이를 가진다.

"스포츠를 소비한다는 것, 그것은 스포츠를 보는 것 이상을 의미한다는 뜻일 것이다. 24시간 스포츠 전문위성 채널이 열려 있고 현란한 이미지 중계 효과들을 체감할 수 있으며, 마이클 조던과 호나우드는 텔레비전에서 거리에서 상점에서 신문에서 언제나 이미 하나의 상징적 기호로 등장한다. 우리 시대의 스포츠는 그래서 경기장면을 보는 것 자체만이 아니라, 무료한 시간을 소비하고, 돈을 소비하며, 기호를 소비하고, 하나의 스타일을 소비하는 '문화적인' 의미를 강하게 가진다"(이동연 외, 1998: 6).

스포츠의 윤리적 문제들의 근본적인 원인들 중에 하나로 승리지상주의가 제기되어왔다. 그렇다면 왜 승리지상주의가 문제인가? 그것은 승리지상주의가 상업주의 논리에 의하여 지배를 받기 때문이다. 그렇다면 승리지상주의를 해결할 수 있는 방법으로는 어떤 것이 있을까. 이 물음에 대한 해답으로 프로스포츠를 폐지하면 된다는 극단적인 해답이 제기될 수 있다. 그러나 이보다는 오히려 스포츠 자체 내에서 해결책을 찾아야한다. 저자는 스포츠에서 승리지상주의 원인은 승리와 패배에 대한 해석상의 문제에서 비롯된다고 본다. 분명하게 우리는 승리와 패배에 대한 곡해를 하고 있다. 정확하게 이해시키기 위해서 승리와 패배에 대하여 알아보자.

인간은 가치를 추구하고 가치를 선택한다고 하는 성격을 가지고 있기 때문에 가치 선택적 존재라고 할 수 있다. 한 사람이 선택하는 가치에 따라서 그 자신의 인격과 인생을 결정하게 된다. 가치는 개인의 삶을 형성하는 중요한 부분이라고 할 수 있다. 스포츠 역시 예외일 수 없다. 승리에 대한 가치 선택은 그 스포츠의 의미를 좌우하게 된다. 스포츠에서 승리는 운동선수 혹은 스포츠하는 인간에게 어떤 의미가 있는가? 스포츠에서 승리가 왜 중요한가? 왜 승리지상주의가 문제인가. 이러한 문제의식을 가지고 논의를 하려고 한다. 이를 해결하기 위해서는 승리의 본질적 의미를 알아야 하며, 승리를 철학적으로 분석해야 한다. 이 분석을 위해 승리를 현상과 결과로서의 승리와 실재와 의미로서의 승리를 나누어 알아보았다.

스포츠에서 승리의 본질적 의미를 밝히기 위해서는 스포츠에서 실재와 의미로서의 승리와 현상과 결과로서의 승리로 구분하고 이것을 비교하면 된다. 왜냐하면 이 과정이 있어야만 승리의 본질적 의미가 정립될 수 있기 때문이다. 운동선수는 승리를 지향한다는 사실은 명백하다. 승리는 운동경기를 존재하게 하는 당위성이다.

승리는 이분법으로 나누어 생각한다면 크게 양분된다. 하나는 현상과 결과로서의 승리로 외적 가치를 추구하고 다른 하나는 실재와 의미로서의 승리로 내적 가치를 추구한다. 전자는 목적 지상주의 이며 결과를 크게 생각한다. 오직 승리만이 제일이면 승리한다면 모든 비윤리적인 행위도 용납될 수 있다는 측면이다. 후자는 과정을 중시하며, 의미에 큰 비중을 둔다. 이것은 스포츠맨의 자아실현과 실존적 의미를 지향하게 한다.

이러한 사실을 알아보기 위하여 딜타이가 주장한 '자연과학'과

'정신과학', '설명'과 '이해'의 구분에 기초를 둔 해석학적 연구방법을 채택하였다. 해석학은 독일의 가다머와 프랑스의 리쾨르를 중심으로 연구된 것으로 사실들을 수립할 뿐 아니라 의도나 행위의 의미해석을 주요 임무로 한다. 그래서 해석학은 지나치게 엄밀한 모델에 기초를 두는 실증과학의 진리관과 상대화하려고 한다(이정우 역, 1996). 간단히 말해서 해석학은 해석의 기술, 즉 통역하고, 설명하고, 해석하는 기술이다.

이 글의 목적은 승리지상주의 문제의 원인을 밝히고 해결의 열쇠를 승리와 패배에 대한 해석에서 찾고 구체적인 해결방안을 찾아보는 데 있다. 해결을 위한 논의 순서는 스포츠 내에서의 승리(현상과 결과)와 패배(실재와 의미)를 알아보는 순서에 따라서 진행할 것이다.

스포츠에서의 승리와 패배

스포츠에서 경기종료는 승리와 패배의 명암을 분명히 가려낸다. 승리의 감격과 환호성이 있는가 하면 패배의 슬픔과 좌절감 또한 경기장에 남는다. 그렇다면 스포츠의 존재의미는 무엇인가? 즐거움을 느끼는 자보다 패배를 통해 슬퍼하는 자들이 많다면 과연 스포츠의 존재의미를 말할 수는 없을 것이다. 스포츠 그 자체는 가치중립이라고 한다. 다만 우리는 스포츠라는 매개체를 통해 가치를 얻을 뿐이다. 이러한 뜻에서 이진수는 다음과 같이 스포츠를 말한다.

"스포츠는 그 자체는 몰가치(free value)하다는 사실 때문이다. 스포츠는 어디까지나 사람들이 품고 있는 인생의 가치를 충족시키기 위해 이용되는 것이지 그 자체로 가치가 있는 것이 아니다. 스포츠 혹은 다른 신체운동은 궁극적 가치나 수단적 가치의 요구를 채우기 위해 이용될 수 있는 단순한 하나의 매체라는 사실을 항상 염두에 두어야 한다. 스포츠를 매체로 하는 가치의 달성은 행하는 사람의 접근 방식에 따라 당연히 달라지게 마련이다. 건강하기를 바라는 사람은 건강에 도움을 줄 수 있는 운동을 행할 것이고, 사교를 목적으로 한다면 그에 합당한 스포츠를 선택하여 행하면 되는 것이다"(이진수, 1996: 433).

이처럼 스포츠에서의 승리에 대한 해석도 보는 관점에 따라서 달라질 수 있다. 승리는 패배가 될 수 있고, 반면에 패배는 승리가 될 가능성은 여전히 유효하다. 승리에 대하여 좀더 상세하게 알아보자. 스포츠에서 승리는 가장 중요한 요소 중의 하나라는 사실은 모두가 인정하는 것이다. 운동선수 혹은 스포츠참여자들은 승리를 지향하는 존재 투구방식을 가지고 있다. 그들은 스포츠 내에서 존재 할 때만 운동선수 혹은 스포츠참여자들로서 의미를 가진다. 스포츠를 떠날 때 운동선수는 일상적인 인간으로 돌아간다.

여기서 주목할 사항은 스포츠 내에 존재하는 인간이 가장 운동선수로써의 모습을 보여줄 때는 그가 승리를 향하여 자신의 모든 역량을 발휘하여 최선을 다할 때이다. 이 최선이란 운동선수의 기술적 탁월성을 최대로 발휘하는 것을 말한다. 최상의 기술적 탁월성은 운동선수의 자발적인 전력투구 과정 속에서 나타날 수도 있지만, 그 보다는 승리를 위해 경쟁자와 경쟁을 할 때에 잘 나타난다. 운동경기에서 분명히 승패가 존재한다. 모든 운동선수는 승리하기 위해 경기에 참여한다. 승리가 가져다주는 달콤한 환상은 모든 운동선수의 바람이기도 하다.

만약 스포츠세계에 승리가 없다면 스포츠가 재미있을까? 아마도 운동선수들의 목표가 상실되기 때문에 신체 활동은 무의미하게 될 것이다. 승리는 탁월한 신체성을 보여주는 근거가 된다. 즉 존재 근거가 된다고 말할 수 있다. 그렇다면 승리는 나쁜 것인가? 승리지상주의가 너무나 강조되는 사회 분위기속에서 승리는 점점 부정적인 이미지를 지니기도 한다. 이것은 아마도 프로스포츠에 대한 대중적인 관심에서 비롯된 것이 아닌가 생각된다. 프로스포츠는 승자와 승리만을 요구한다. 팀을 위해 공헌하고 경기에 충실한 선수상의 부각보다는 누가 승자이고 누가 골을 많이 넣었는지가 문제시된다. 그만큼 과정보다는 결과를 중요시하는 사회 분위기와 밀접한 관계가 있다.

스포츠에서의 승리를 두 가지로 구분할 수 있다. 하나는 실재와 의미로서의 승리이고, 다른 하나는 현상과 결과로서의 승리이다. 우리가 감동적인 경기를 보고 저 경기는 결과는 패했지만 내용은 이겼다고 말하는 것을 누구나 한 번쯤은 들었을 것이다. 대등한 축구경기에서 아깝게도 종료 5분 남겨 두고 한 골을 빼앗겨 패하는 것을 보았을 것이다. 물론 현상과 결과로써 패했지만 이때의 결과는 의미로서의 승리라고 할 수 있다. 또한 현상과 결과로서의 승리는 전광판의 승리라고 할 수 있다. 이것은 내용보다는 결과를 중시하는 것을 말한다. 이러한 승리가 강조될 때에는 비인간화가 나타난다. 나아가 수단이 목적을 정당화하는 것이 된다. 이 양자는 밀접한 관계가 있다. 이것은 스포츠가 이중성을 가지기 때문이다. 스포츠의 이중성에 대해 다음의 글에서 살펴보자.

"스포츠는 또한 불확실성에 대한 긴장과 흥분 그리고 불확정성에 대처하기 위한 메커니즘뿐만 아니라 고통과 흥분, 아름다움과 야수성 또는 천사와 악마라는 용어로 자주 표현되는 이중성, 모순, 그리고 아이러니와 관계된다. 스포츠는 동시에 폭력과 부드러움, 기쁨과 절망, 아름다움과 불쾌감, 질서와 무질서로 가득 차 함께 받아들여져야 한다. 응원에는 반드시 야유가 뒤따르고 달콤한 승리의 술잔에는 패배의 쓴맛이 뒤 따른다"(박홍규 · 정홍익 ·

임혁진, 1992: 50).

과연 승리의 참된 목적 실현은 가능한가? 승리를 향한 행위는 바꾸어 말하면 자아실현으로서의 행위이다. 그렇다면 승리는 조화로운 그리고 최선의 자아를 실현하기 위한 신체적 활동에 대해서 주어지는 것이라고 하겠다. 이와 같은 승리는 두 가지 측면으로 구분할 수 있다. 그 하나는 현상과 결과로서 승리의 측면이요, 다른 하나는 실제와 의미의 측면이다. 전자는 결과만을 강조한다. 반면에 후자의 승리는 자기의 존재를 대상화하고 따라서 자기의 존재 의미와 목적을 탐구하고 추구할 수 있는 자아 초월성을 가진 주체적 존재로서의 인간이 자기의 존재를 실현하는 측면이다. 다시 말해서 승리 안에서 자신의 자아를 실현하는 데에 있다.

실존으로서 스포츠맨의 행위는 그의 경기의 참된 목적인 신체적 탁월성 구현하고 내재적 가치를 추구하며 그것을 실현하는 스포츠의 측면을 말한다. 즉 자신의 신체적 탁월성의 실현이다. 외적 가치는 스포츠의 경쟁 본능, 즉 경기만이 유일한 목적이고 경기장의 스코어보드가 절대적으로 스포츠의 가치를 평가한다는 것이다. 바로 경기력의 우월성이란 개념을 승리와 같은 것으로 표현하게 되었다.

현상과 결과의 승리

이제 현상과 결과로서의 승리에 대하여 알아보자. 현대 스포츠는 폭력, 반칙, 도핑, 형평성의 문제 그리고 판정 시비 등의 문제를 가지고 있다. 몰론 이외에도 다양한 문제들이 상존해 있지만 상호 연관성이 맺고 있는 문제 하나를 찾는다면 승리지상주의(부정적인) 일 것이다. 이것은 스포츠를 하는 유일한 목적을 오직 승리에 중점을 두는 것을 말한다. 이호근(1995)은 승리지상주의에 대하여 다음과 같이 제시하고 있다.

"놀이와 승리 이외에 스포츠를 위한 어떠한 다른 이유가 없음에 틀림없다. 그리고 놀이냐, 승리냐 하는 것 중에서 어느 것이 가장 중요한가를 결정하는 것이 쉽지 않다. 그러나 가장 중요한 문제는 이러한 두개 사이의 놀라운 균형이다. 그러나 오늘날은 불균형하다. 스포츠 기사를 읽고, TV에서 스포츠 뉴스를 보는 사람은 누구나 승리지상주의를 알고 있다. 이것이 국제적 관심사가 된지는 오래되었다. 그리고 굉장한 문제로 남아있다."

'경기에 이기는 것보다 참가하는 데에 더 큰 의의가 있다'고 일부 사람들은 계속 강조하고 있지만 대부분의 경기가 승리에 더욱 큰 비중을 두고 있는 것이 현실이다. 이러한 문구는 이제 설득력을 상실하였다. 경기 자체의 참가는 경쟁을 통하여 승리하려는 목적이 없다면 그것은 이미 의욕을 상실한 것이다. 그래서 승리지상주의 문제에 대한 해결의 초점을 승리에 두고 승리에 대한 해석상의 차이에서 찾아야 할 것 같다.

올림픽기록과 세계신기록은 스톱위치가 만들어 낸 환상일 뿐이다. 1896년 제1회 아테네 올림픽의 마라톤 우승자 스피리돈 루이스(그리스)의 기록은 2시간 58분 50초대였다. 1996년 애틀란타 올림픽 마라톤 우승자 조시아 투게인(남아공)은 2시간 12분 36초의 기록을 나타내고 있다. 기록(숫자가 나타내는)상의 차이는 크다고 할 수 있다. 그러나 이러한 기록의 차이는 동일한 조건과 장소에 의하여 기록될 수가 없기 때문에 기록 자체로는 의미가 없다. 기록은 인간의 신체가 발달에 의하여 나타난 것이 아니라 장비의 현대화와 훈련의 과학화에 의하여 만들어진 결과에 지나지 않는다. 그럼에도 불구하고 인간들은 대중매체가 만들어 놓은 기록의 환상에서 벗어나지 못하고 있다. 그것은 단지 즐거움을 극대화시켜 대중을 TV앞에 잡아놓고 광고를 방영하기 위한 방편에 의한 것이다.

각 올림픽 참가국들은 기록 단축에 심혈을 기울이기보다는 의미와 느낌 그리고 감동을 주는 경기가 되도록 노력하여야 할 것이다. 즉 기록의 단축에 대한 환상을 버리고 의미 지향의 축제가 되어야 한다. 올림픽은 행사(상품을 판매하는 이벤트)가 아니라 인간운동의(Human Movement)축제가 되어야 한다.

축제는 스포츠를 통한 화합과 조화를 의미한다. 축제의 차원에서 보면 월드컵 축구경기 또한 단일 행사로는 세계 제일의 축제이다. 월드컵에서도 스코어보드상의 점수에 따라 모든 것을 평가한다. 이 과정에서 축구가 가지고 있는 축제의 의미는 상실되고 참가국들은 대리전쟁에서 자국의 우월성을 과시하려는 의도가 첨가되어 경기가 진행된다.

축구공이 둥근 것처럼 화합이나 조화는 사라지고 '이겨야 한다'는 승부욕의 과도하게 표출되어 홀리건의 난동과 같은 사건이 발생하고 있다. 이로 인하여 자국의 인종과 민족의 우월성을 과시하려는 태도가 발생하며, 감독들과 언론은 선수들에게 승리를 강조함으로써 선수들로 하여금 그들의 신체적 탁월성과 예술적인 축구를 하는데 사실상 방해가 된다.

지금까지는 스포츠의 주요 관심이 전광판에 집중되어왔다. 심지어 미국의 스포츠철학자 존 깁슨은 전광판이 스포츠의 윤리적 문제들의 온상이라고 지적하고 이것의 파기를 주장하였다. 만약 스포츠에서 전광판이 사라진다면, 스포츠의 윤리적 문제들은 자연스럽게 해결될 것이라고 말한다. 이러한 지적은 설득력을 얻는다. 그러나 저자는 이러한 지적은 스포츠를 하지 말자는 주장과 같다고 본다. 스포츠에서 전광판은 경쟁을 유도하고 즐거움을 극대화시켜 줄 수 있는 것이 된다. 따라서 저자는 전광판은 존속되고 그 대신에 실재와 의미로서의 승리가 강조되어야 한다고 생각한다.

운동선수에게 현상적 결과로서의 승리가 충족되지 않는다면 사회 시스템에서 살수가 없다. 즉 운동선수로서의 상품가치가 상실되면 더 이상의 상품은 팔리지 않는다. 그러나 승리는 살아남기 위한 것이지만 스포츠 행동의 전부인 것은 아니다. 이것은 결국 소유욕에서 비롯되고 경기 자체의 공허감을 초래하기 쉽고 선수 생명을 단축시킬 가능성이 높다.

예를 들어 어느 대학의 운동부는 학교의 대외적 광고와 이미지 홍보를 위한 투자 대상이다. 이것은 적은 투자로 많은 광고 효과를 얻을 수 있기 때문이다. 동문회 그리고 학교의 명예를 유지하기 위한 집단적 요구를 운동선수에게 강요함으로써 선수들은 개인의 자아실현의 욕구보다 집단적 욕구를 더 우선시 한다. 이 과정에서 승리에의 집착과 '이겨야 산다'는 신념이 모든 선수를 지배한다. 이로 인하여 선수들은 스포츠에서의 자아실현과 신체의 탁월성, 자아성장의 기회를 사실상 상실하게 된다. 그리고 현상과 결과로서의 승리지상주의는 약물복용, 속임수, 폭력 등 비윤리적 요인들을 승리를 위한 것이라고 정당화시킬 위험성을 가지고 있다.

만약 현상과 결과로서의 승리만이 강요된다면, 승리를 위한 비윤리적 행위가 만연할 개연성이 높다. 스포츠에서 비윤리적 행위는 자기 평가의 기회를 상실하는 모순을 야기 시키는 것이다. 스포츠 현장은 자신의 신체 탁월성의 평가를 위한 것이어야 한다. 단지 맹목적이기만 한 승리는 의미가 없으며 자신의 탁월성의 표현에 장애로 남을 뿐이다. 우리는 왜 스포츠에서 윤리적 행동을 해야 하는가? 그것은 윤리적 행동이 스포츠 그 자체의 성립조건이 되기 때문이다. 윤리적 행동이 성립되지 않으면 스포츠는 동물들의 유치한 장난으로 치닫게 될 수 있다. 또한 스포츠는 동등한 입장에서 자신의 신체의 탁월성을 표현하는 무대가 되어야 하기 때문이다. 그러기 위해서는 윤리적 행위는 전제 조건으로 제시되어야 한다.

스포츠맨은 신체적 탁월성의 가치를 추구하는 지향적 존재이다. 그러나 사회적 시스템이 스포츠세계로 반영되어 스포츠 하는 인간은 승리의 가치를 추구 하는 지향적 존재로 전도되어진다. 신체적 탁월성은 승리를 의미와 실재로 간주하는 것으로 내재적 가치이고 현상과 결과로서의 승리는 외재적 가치이다. 가장 좋은 가치 추구 방식은 내·외적 가치 모두를 추구하는 방식이다. 그러나 현대 스포츠 양상에서는 자본주의 사회의 경제 논리가 지배적이기 때문에 외재적 가치인 현상과 결과로서의 승리의 가치가 우선시 된다. 이로 인하여 운동경기의 양상은 점점 왜곡된 모습으로 나타난다.

현상과 결과로서의 승리는 전광판의 수량화된 점수가 경기 자체를 평가하고 결정하게 한다. 전광판은 승리를 수량화함으로서 스포츠에서 얻을 수 있는 가치들을 계량화시킨다. 오직 승리만을 강요하는 승리지상주의 이데올로기가 형성되는 장이라고 할 수 있다. 이로 인하여 선수의 상품 가치는 고액을 넘어가고 선수의 신체는 물신화된다. 나아가 경제가 선수의 목적 가치를 전도하여 스포츠의 내용적 의미, 내적 가치보다는 외적으로 부여되는 영웅과 스타 의식만을 부각시킨다.

요약하면, 현상과 결과로서의 승리지상주의는 스포츠의 본질적 가치를 상실하게 한다. 즉 승리의 교육적 가치, 미적 가치 그리고 감동, 자아실현, 자아 인식 등의 가치를 망각하게 된다. 이와 함께 스포츠에 대한 이해, 스포츠맨십과 페어플레이정신 등의 본질적 가치를 상실하고 스포츠의 비윤리적 양상인 반칙, 폭력, 도핑 등의 윤리적 문제들을 발생하게 한다.

실재와 의미의 승리

이제 실재와 의미로서의 승리에 대하여 알아보자. 실재와 의미로서의 승리는 인간의 정신적 차원의 양식이다. 이러한 고차원의 초 생존적 욕구는 스포츠 행위에 대한 의미와 보람을 찾는 근거가 된다. 실재와 의미로서의 승리는 곧 가치지향성을 말하고 스포츠 활동을 통해서 스포츠가치를 실현하는 것이다. 만약 스포츠에 참여하는 목적이 오직 현상과 결과로서의 승리에만 있다면 거기에는 심각한 문제가 있을 수 있다. 그것은 스포츠 행위가 스포츠 그 자체 내에서 의미와 보람을 발견하지는 못하고 그냥 맹목적인 기계적인 행위가 될 수 있다는 사실이다. 따라서 실재와 의미로서의 승리는 인간의 정신적 차원에서의 양식이다. Paul Weiss(1969)는 전쟁과 게임을 비교하여 승리에 대하여 그 차이를 다음과 같이 말하였다.

"전쟁은 적에 대항하여 수행된다. 그렇기 때문에 증오를 표현하거나 야수성을 가지고 행동해도 좋을 상대에 대항한다. 반대로 게임은 타인의 권리에 관심을 갖고 시작되어 수행되어야 할 것이다. 게임에서 승리자가 어떤 중요한 규칙에 위반하는 잘못을 저지른다면 승리는 부정되어야만 할 것이다. 타인의 패배는 전쟁의 목적이다. 그러나 게임에서 추구하는 것은 보다 좋은 승리이다."

스포츠 행위자가 승리에 대하여 어떤 관점을 가지고 스포츠를 행하는가에 따라서 스포츠는 게임이 될 수 있고, 혹은 전쟁이 될 수 있다. 게임으로서의 스포츠를 하는 사람은 의미와 실재로서의 승리를 지향한다. 반면에 전쟁으로서 스포츠를 하는 사람은 현상과 결과로서의 승리만을 얻기 위해 스포츠를 행할 것이다. 여기서 전자의 관점을 갖는 입장의 사람은 스포츠맨을 하나의 인격체와 예술가로 본다. 이와 대립되는 후자는 스포츠맨을 싸움터의 전사와 상품, 기계로 간주한다. 이처럼 승리의 목적을 어디에 두느냐에 따라 명확히 구분될 수 있다.

스포츠의 승리 가치는 그 자체에 내재해 있다. 그것은 마치 꽃의 아름다움의 가치는 바로 그 자체에 있을 뿐 어떤 목적에 비추어 계량화될 수 없는 것과 마찬가지다. 흔히 스포츠는 어떤 목적을 달성하기 위한 도구 과목으로 인식되어 왔다. 그러나 이것은 스포츠 그 자체의 의미와 가치를 망각한 인식에서 비롯된 것이다. 스포츠는 도구가 아니라, 그 자체에 가치가 있는 것이다. 스포츠는 어떤 것을 위한 수단이 아니라 그 자체가 목적이며, 스포츠의 승리에 대한 가치는 결과와 상관없이 그것이 담고 있는 의미의 진실성, 과정 그리고 내적 가치에 의해서만 평가되어야 한다.

스포츠에서 확인할 수 있는 내적 가치는 개인의 잠재력을 극대화하고 선수 개개인의 신체적 탁월성을 실현하는 것이다. 또한 내적 가치는 관중들은 가슴 뭉클한 감동을 통하여 공감대를 형성할 수 있는 정서적 측면이라고도 볼 수 있다. 운동선수 혹은 스포츠 하는 인간의 신체적 탁월성과 완전성을 향하여 개인적으로 체험되는 양상이다. 운동선수는 현상과 결과로서 나타나는 승리의 집중에서 벗어나서 단지 이기려는 상태를 초월하고 탁월성과 완전성에서 본인이 운동을 하는 이유를 찾는 것이 현명한 방법이다.

운동선수는 최선의 자아실현을 위해 투신하는데 의의가 있다. 스포츠맨의 존재 이유는 바로 자신의 가능성(신체적 탁월성)을 실현하는 것이다. 실재와 의미로서의 승리는 스포츠맨의 자기의 기량을 창조하는 기쁨과 자신의 의미를 부여하고 자신의 존재 가치를 깨닫는 데 있다. 그래서 승리에 대한 부담감에서 벗어나, 자유스러움을 만끽하면서 서로 협조를 하여 일체감을 살려 승리를 하려는 의지에 의미가 부여되어야 할 것이다.

스포츠 세계에서 실재와 의미로서의 승리를 찾기 위해서는 자아실현이 필요하다. 자아실현은 고도의 윤리적 결단에 의해 가능하다. 규칙준수와 상대 선수에 대한 존중과 배려가 전제되어야 실재와 의미로서의 승리를 얻을 수 있다. 스포츠 세계에서 실재와 의미로서의 승리의 추구는 삶에 지친 인간들에게 삶에 대한 의욕과 살아 있는 자기를 확인하는 계기의 장이 될 것이다.

맺음말

스포츠에서 승리한다는 것은 중요하지만 승리한다는 것이 그저 기분 좋은 일만은 아니라는 것은 스포츠를 체험해 본 사람이면 누구나 확인할 수 있는 사실이다. 물론 승리는 승리자에게 즐거움, 성취감과 더불어 사회적 지위, 명예 그리고 부를 가져다준다. 하지만 그 이면에는 패배자의 좌절과 절망 등이 내재되어 있다. 그렇다고 승리지상주의가 윤리적 문제의 원인이라는 과거적인 사고에 머무르기만 해서는 안 된다. 반드시 승리를 지향하고, 하려고 노력하는 것이 운동선수의 본 모습이다.

여기서 비판하고자 하는 것은 스포츠에서 승리와 패배 그 자체는 우리가 인식하고 있는 현상 이면의 또 다른 의미가 있다는 사실과 그것을 망각하기 때문에 윤리적 문제가 발생한다는 점이다. 이러한 윤리적 문제의 책임 전체를 전적으로 승리지상주의에게 넘기는 것은 문제의 해결에 도움이 되지 않는다. 문제해결의 단서는 승리의 해석에서 찾았다. 사실 승리는 기분 좋고 패배는 슬프다고 하는 것은 인식차이에 불과하다.

운동선수에게 승리란 곧 탁월한 신체상의 구현이라고 말할 수 있다. 분명히 말하자면 스포츠에서 승리는 크게 두 가지로 구분이 가능하다. 하나는 실재와 의미로서의 승리고, 다른 하나는 현상과 결과로서의 승리이다. 여기서 우리가 알아보려는 승리는 의미와 실재로서의 승리일 것이다. 이러한 승리는 스포츠 그 자체의 내용에 충실하고 그 속에서 감동적인 교훈과 탁월한 신체상을 발현 할 수 있게 하는 승리이다. 또한 이러한 승리에서 교육적 가치의 중요성을 지나칠 수 없는 일이다.

반면에 현상과 결과로서의 승리는 내용보다는 결과를 중시하는 것으로 승리지상주의(부정적인)로 이어져 비인간화와 연결될 가능성이 있다. 이 같은 승리는 스포츠맨의 탁월한 신체상에 왜곡을 가져올 수 있다. 물론 우리가 스포츠를 통해 경쟁을 하는 것은 단지 현상과 결과로서의 승리가 아니라 진정한 실재와 의미 있는 승리를 말한다. 이러한 승리는 감동과 가슴 따듯함을 동반한다. 그래서 승리는 스포츠를 아름답게 한다.

우리는 누구나 행복하기를 갈망한다. 만약 행복이 자아실현이라고 한다면, 스포츠에서의 행복은 승리에서 찾을 수 있다. 스포츠에서 강요되는 승리는 현상과 결과로서 전광판에 의해서 평가되는 승리지상주의(부정적인)가 아니라, 실재와 의미로서 강조되는 승리지상주의(긍정적인)가 되어야 한다. 물론 이것은 스포츠맨 각자의 운동경기에 대한 자신의 자아 인식과 자아실현 그리고 성장할 수 있는 의미의 장이 되어야 한다는 것을 의미한다.

스포츠는 의미를 범주화시켜 규정할 수 있는 것이 아니다. 스포츠는 스포츠이다. 그 이상도 이하도 될 수 없다. 스포츠세계에서 승리와 패배는 분명하다. 그러나 이러한 이분법적인 사고에는 그 자체에 문제가 있다. 왜냐하면 사실 그 자체를 왜곡시킬 수 있기 때문이다. 스포츠에서 승리는 다른 관점에서(의미와 실재)보면 패배일 수 있다. 반면에 패배는 또 다른 의미(현상과 결과)로 승리일 수 있다.

스포츠에서 승리와 패배의 의미는 스포츠에 참여하여 체험하는 본인 자신(행위자)에 의하여 규정될 수 있는 것으로 남겨 놓아야 한다. 비록 전광판의 점수가 패배를 나타낼지라도 말이다. 그리고 스포츠에서 승리는 기록과 자신의 한계를 극복하는 개인의 평가기준을 의미하는 것이어야 하며, 앞으로 스포츠세계에서는 실재와 의미로서의 긍정적인 승리지상주의를 강조해야 할 것이다.

12 도덕

운동선수는 왜 도덕적이어야 하는가?

개인윤리와 사회윤리의 차이는?

운동선수의 도덕교육은 어떻게 할 것인가?

12. 도덕

"개인적 이유에서 존재적 이유에로"

과거에는 운동경기를 직접관람하지 않고는 경기결과에 의해 평가될 수밖에 없었다. 지금은 스포츠의 전 과정을 다양한 대중매체를 통해 가정에서도 꼼꼼히 분석할 수 있게 되었다. 이러한 대중 매체의 발달로 폭넓은 대중을 확보한 스포츠는 그 대중의 수만큼이나 다양한 잣대로 평가받고 있다. 이러한 때에 운동선수는 왜 도덕적이어야 하는가에 대한 물음이 제기될 수 있다. 미디어를 통해 관람하는 사람은 도덕적이지 않으면서 운동선수에게 도덕적 잣대를 들려대는 것은 모순이다. 하지만 운동선수라는 이유만으로도 도덕적 잣대에서 자유로울 수는 없다.

이제까지 운동선수는 프로선수로의 직업의식에서 승리를 하기 위해서는 약간의 반칙은 통념상 당연한 행위로 받아 들여 졌다. 이 같은 반칙과 격렬한 몸싸움을 관중의 볼거리를 위하여 심판에 의하여 묵인되는 일도 북미아이스하키리그 경기 등을 통해서 볼 수 있다. 특히 한일전 축구에서 우리 쪽 선수의 의도적인 반칙은 굳 파울로 찬사를 받는 반면에 일본 선수의 가벼운 반칙은 욕설과 비판의 대상이 되기 쉽다. 이 같은 일들이 관중들에게는 흥분의 요소로 작용한다. 이는 사태에 대한 관중들의 감정적 대응에 의하여 발생하는 것이다. 특히 요즘의 스포츠 현상을 볼 때 운동선수들의 비도덕적 행위는 비판과 지탄의 대상이 되고 만다.

그렇다면 스포츠를 보는 관중에 입장에서 자신들은 도덕적이지 않으면서 왜 운동선수는 도덕적이어야 한다는 근거를 그럼 어디에서 찾아야 할 것인가. 예를 들어 TV를 시청하는 자신의 행위는 도덕적이지 않으면서, 왜 운동선수들은 도덕적 행위를 해야 한다고 주장하는데 그것 자체는 모순이 아닐 수 없다. 그럼에도 불구하고 여전히 운동선수는 왜 도덕적이어야 하는가? 이런 문제에 대하여 저자는 세 가지의 가설을 제시하고 그 가설에 대하여 차례대로 검증을 하였다. 물론 이 가설들은 주관적인 관점에 지니지 않고, 어떤 과학적 검증을 받지는 않았다.

1. 개인적 이유

운동선수가 도덕적이어야 하는 또 하나의 이유는 스포츠의 이미지 때문이다. 프로선수들은 자신의 몸과 인기가 자신들에게는 생명과도 같다. 이는 바로 자신의 연봉과 연결되기 때문에 좋은 연봉을 받기 위해서는 좋은 이미지 관리는 필연적인 요소라고 할 수 있다. 그렇기 때문에 에이전시에 소속된 선수들은 매니저와 소속사의 강요에 의해서 타율적으로 도덕적일 수밖에 없는 구조에 놓이게 된다. 이처럼 타율적인 도덕적 행위는 타율적 힘에 의하여 행해지는 인위적인 행동이라고 할 수 있다. 또는 스포츠 이미지에 악 영향을 미쳐 스포츠의 파멸을 가져올 수 있다. 왜냐하면 스포츠의 비도덕적 행위들은 유치한 동물들의 장난에 불과하기 때문이다. 이렇게 거시적인 관점과 미시적인 관점을 구분하여 적용할 수 있다.

스포츠는 이미지를 생명으로 한다. 일반인들이 스포츠를 주도적으로 하기는 어려운 실정이며 대리만족을 위해서 사람들은 운동경기를 바라본다. 그런데 이런 관중들의 욕구배설의 터전에서 비신사적이고 비도덕적인 경기가 선보여지면 그들은 금방 등을 돌리게 된다. 유쾌한 경기보다는 눈살을 찌푸리게 하는, 경기의 자연스러운 흐름을 해치는 선수들의 태도에서 그들은 경멸적인 반응을 보이며, 그 운동선수의 실수로 그 운동에 대한 호기심을 떨어뜨릴 수 있다.

광고에서도 이미지의 효과적인 사용은 아주 중요한 전략이다. 그렇게 따진다면 스포츠의 생명력에 활기를 부여하는 것이 곧 그 이미지를 드높이는 것이며 운동선수가 앞장서서 모범을 보일 때 결국 그 이미지를 제고할 수 있다. 운동선수의 행위 하나 하나가 스포츠의 이미지를 결정한다는 것을 상기한다면 운동선수가 도덕적이어야 함은 당연하다. 그리고 일단 멋지게 자리 잡은 이미지는 대중에게 스포츠를 하고 싶은 욕구를 증대시킨다. 또한 스포츠를 권하는 통로를 확장시킬 수 있으며 결국 스포츠에 호의적인 사회적 분위기를 조성하게 된다. 스포츠 수요를 창출하는 힘, 이는 곧 선수들이 일구어낸 스포츠의 이미지에서 시작된다.

미국 프로농구의 로드 맨 같은 선수는 기인적인 행동과 반칙을 통해서 자신의 악명을 높였으며 그것들을 통해서 자신의 몸값을 올렸다. 이 같은 일들은 국내 연예계에서 같은 실례를 들어 볼 수가 있다. 한 기획사의 의도적인 문제(납치사건)를 만들어 내는 일이 있었다. 이처럼 선정적인 문제, 가사의 저속화의 문제 등을 문제화시켜 그것이 사회적 이슈로 등장하고 다시 자신의 음판 판매량을 높이는 술수를 쓰고 있다는 것이다. 이와 같이 운동선수의 이미지 조작은 연봉과 몸값에 많은 영향을 주기 때문에 이미지 관리를 효율적으로 하고 있는 것이다.

2. 사회적 이유

운동선수는 공인이다. 운동선수들은 청소년의 역할모델(우상, 공인)이기 때문에 청소년들의 모방심리에 의하여 청소년 범죄와 일탈에 영향을 줄 수 있다. 스포츠라는 것이 개인의 수양에도 목적이 있지만 관중들의 함성과 갈채 속에서 그 의미를 발견할 수 있기 때문에, 스포츠에서는 경기를 관람하는 사람들이 아주 지대한 영향을 받는다. 마찬가지로 관람객들도 운동선수의 영향을 많이 받는다. 특히 어린 소년/소녀 혹은 청소년들에게 그 영향이 우리가 상상하는 그 이상이다. 이런 의미에서 다음의 글은 이점을 잘 지적하고 있다.

"마이클 조던은 지구촌 젊은이들에게 어느 누구보다도 인기가 높다. 지구촌 젊은이들은 미국 대통령이 누구인지는 몰라도 조던을 모르는 사람은 없다. 중국에서 조던은 토마스 에디슨 다음으로 유명하다. 영국과 독일에서도 젊은이들은 자기들 나라의 유명선수는 몰라도 조던을 모르는 사람은 없다. 조던이 미국 스포츠산업에 미치는 효과가 100억달러(12조원)나 된다. 조던은 복싱의 무하마드 알리와 함께 금세기 최고의 선수로 꼽힌다. 조던은 미국적인 농구를 지구촌 모두의 사랑을 받는 경기로 승화시켰다. 세계 농구인구는 1991년 조던이 우승한 후 1억 5천만에서 3억으로 증가했다. 조던은 세계적으로 마치 화폐와 같이 유통되고 인정을 받는다"(이상철, 1999: 173).

어떤 사람들은 특정한 팀 혹은 어떤 선수를 응원하러 경기장에 갔다가 부진한 선수를 보고 스스로 노여워하고 분개할 때도 있고, 기분이 언짢은 상태에서 관람하러 갔다가 응원하던 팀이 이겨 다시 기분을 상승시킬 때도 있다. 이처럼 관중과 선수는 상호보완적인 상대로 간주된다. 관중의 선수에 대한 동일시, 이것이 운동선수가 도덕적이어야 하는 주된 이유들 중에 하나가 될 수 있다.

동일시라는 것은 무의식중에서도 일어나는 현상이다. 한 운동선수가 좋다면 그 사람이 하는 행동 중의 조그만 과실쯤은 그냥 덮어두게 된다. 따라서 비도덕적인 운동선수의 행동마저 옹호하고 오히려 비도덕적 행위를 부추기는 관중의 성향을 만들어 낼 수 있다. 특히 경험의 지엽적인 이유 때문에 전체적인 안목을 갖기 이전의 아동이나 청소년들이 운동선수의 행동과 태도를 모방하는 것은 다반사이며 이때 운동선수가 도덕적이지 않음으로 말미암아 청소년들의 도덕성에도 바람직하지 못한 영향을 끼칠 수 있다. 이런 의미에서 다음의 글은 이 점을 잘 지적하고 있다.

"청소년들은 그들이 스포츠에 대해 갖는 전형적인 상을 표출시키며, 미디어에 등장하는 유명한 운동선수의 행위를 흉내 낸다. 그리고 미디어가 방영한 장면과 그에 대한 논평을 통해서 그들은 경기 운영의 반칙행위 및 위해한 행위가 무엇인지를 배우게 된다. 운동선수들과 직접적인 접촉을 갖지 않으면서도 청소년들은 그들의 우상을 만들고 스포츠 기자의 총체적인 보도관점 덕택에 스포츠 선수들의 신상을 잘 알고 있다. 이에 청소년에게 유명선수는 성공, 명성, 고수입이라는 강력한 이미지로 형상화 된다"(김영석, 2000: 45).

공인이라는 것은 일종의 직업과 같은 것으로 결국 그 사람의 행동은 타인에 의해 관찰되고 관심의 대상이 된다. 유독 공인에게 격렬하게 가해지는 사회적인 질시와 비난은 꼭 그들이 타인들과 비교했을 때 일탈의 강도가 강하기 때문이 아니다. 단지 그들은 모범의 대상으로 이름 지워져 있고 그렇기 때문에 그런 기대에 부응하는 것이 그들의 책임이다. 가령 전 미국 대통령 빌 클린턴만 보더라도, 미국이라는 사회에서 그 보다 더한 불륜도 있겠지만, 그가 공인이라는 이유로 사람들 앞에서 사생활이 밝혀져야 했을 뿐만 아니라 일반인들의 비난도 받아야만 했다. 이것은 그가 다른 사람들에게 직접적인 피해를 주었기 때문이라기보다는 일종의 정해진 기대에 부응하지 못한 그의 자질 문제라고 볼 수 있다. 이렇듯 운동선수도 공인이라는 의식을 가지는 순간 도덕적이어야 하는 것은 어쩌면 당연한 일이다.

3. 존재적 이유

운동선수는 도덕적 인간이다. 운동선수는 그 자신의 도덕성을 유지하기 위해서 무엇보다도 자신이 도덕적일 수밖에 없으며, 또한 승리에 대한 정당한 가치를 부여하기 위해서라도 도덕적일 수밖에 없다. 즉 자기 자신이 비도덕적인 행위에 대하여 용납하지 않는다. 그것은 선수로서의 생명을 상실함을 의미한다. 운동선수로서의 자긍심 차원에서 당연히 도덕적일 수밖에 없다. 달리 말하면 개인의 도덕적 자율성과 양심에서 도덕적이어야 한다는 것이다. 대개의 경우 감독 혹은 지도자들의 강요와 전략적 차원에서 반칙과 비도덕적 행위를 강요받을 때 선수의 내적 갈등은 크다고 할 수 있다. 그 속에서 자신의 도덕적 결단은 자신의 도덕적 감수성의 향상을 가져오느냐 아니면 도덕적 불감증을 가져오느냐 하는 문제로 남는다.

운동선수는 자신의 도덕적 불감증을 유발할 수 있다. 그렇기 때문에 운동선수는 항상 도덕적이어야 한다. 실수를 탓하는 것이 아니다. 실수로 인한 비도덕적 행위는 인간이기에 어쩔 수 없이 안고 가야하는 짐이다. 하지만 문제가 되는 것은 바로 운동선수 자신의 고의적인 일탈행위이다. 시합 전에 느끼는 중압감으로 인해 평소보다 성격과 행동이 거칠어 질 수가 있다. 그런데 이런 부담이 극대화되면서 나중에 자신의 머리속에 남아있는 생각은 오로지 이겨야 한다는 그 욕망이다. 승리를 향한 내적 부추김이 선수 개인의 도덕성을 잠시 마비시킨다. 이 때 운동선수는 자신의 비도덕성도 정당화하려 들고, 승리를 위해 과정들을 경시하게 된다.

승리를 위해서는 스포츠 행위에 있어 도덕적이지 않은 행동이 지속되어도 무방하다는 것을 운동선수가 무의식적으로 받아들이게 되면 도덕적이지 않은 행위가 훈련을 통해 습관화되고 나아가 체질화 될 수 있다. 이런 차원에서 운동선수의 도덕 불감증은 스포츠 행위를 벗어나더라도 다른 모든 생활에 영향을 미친다.

운동선수가 도덕적이어야 하는 이유는 보다 본질적으로 승리에 대한 정당한 가치를 부여하기 위해서이다. 스포츠는 승패를 가리기 마련인데 이때 승리의 가치를 왜곡시키지 않기 위해서는 운동선수의 도덕성이 선행되어야 한다. 결정적인 순간에 한 사람의 부정으로 인한 승리는 그 팀의 승리에 대한 가치를 격감시킨다. 승리를 인정하지 않는 사람들과 정당하지 않은 결과에 대해서 사람들은 승리의 의미를 잃어버린다. 여러 시간 열심히 뛴 것이 물거품으로 돌아가 버리는 허무한 순간이다. 이처럼 개인이 전체에 미치는 영향을 간과해서는 안 된다.

개인의 노력에 의한 표현의 다양성이 스포츠의 매력이다. 그래서 진기한 묘기를 보이는 선수들에게 관중들은 열광하게 된다. 인간의 한계에 도전하는 것, 그도 그럴 것이 경기에서의 기록은 언제나 갱신위기에 놓여있다. 이처럼 스포츠의 묘미는 승리보다는 그러한 과정에서 느끼는 희열에 큰 의미를 두어야 한다. 이러한 의미에서 스포츠는 인간의 한계를 시험하는 것뿐만 아니라 육체적인 것과 정신적인 것을 포괄하는 개념이다. 육체라는 것이 정신의 조종을 받는 것이기 때문에 운동선수는 자기 내부의 잣대가 도덕적인 것이 되도록 자신의 사고를 도덕적인 틀로 붙들어 매야 한다. 이기는 것만이 능사가 아니다.

맺음말

왜 운동선수는 도덕적이어야 하는가? 이 의문을 해결하기 위하여 저자는 개인적 이유와 사회적 이유 그리고 존재적 이유라는 세 가지의 가설을 설정하고, 고찰하였다.

첫째, 개인적 이유다. 운동선수의 자신의 이미지 관리 차원에서 도덕적 행위가 필요하기 때문이다. 운동선수에게 이미지는 곧 몸값과 직접적인 관련이 있기 때문에 자신의 상품적 가치를 높이기 위해서는 의도적으로 도덕적 행위가 요구되어 진다.

둘째, 사회적 이유이다. 운동선수는 공인이기 때문에 운동선수의 행위는 청소년에게 많은 영향을 줄 수 있는데 근본적인 이유는 청소년은 우상을 모방하려는 일종의 모방심리를 가지고 있기 때문이다. 이런 이유 때문에 운동선수는 도덕적 행위 모델로 요구되어 진다.

셋째, 존재적 이유이다. 만약 운동선수의 비도덕적 행위가 체질화 된다면, 그들이 도덕적 불감증 상태에 빠질 가능성이 있다. 또한 자신의 비도덕적 행위에 대한 책임의식은 망각하고 자신들의 비도덕적 행위를 당연하게 인식한다. 그것은 결과적으로 운동선수를 비도덕적 인간으로 만들 수 있고 스포츠를 이 지상에서 사라지게 만들 수 있다.

운동선수는 왜 도덕적이어야 하는가? 이에 대한 가설을 세 가지 설정하여 고찰하였다. 그 중에서 첫째와 둘째는 운동선수의 도덕적 행위는 단지 보여 지기를 의도하는 일종의 허상을 생산하는 가변적인 이유에 해당한다. 그러나 이에 비하여 셋째에 해당하는 존재적 이유는 바로 운동선수가 도덕적이어야 하는 진정한 이유를 말한다.

13 심판

스포츠에서 편파판정과 오심의 차이는?

스포츠에서 도덕적 책임을 피할 수 있나?

스포츠에서 오심이 왜 문제인가?

13. 심판

"오심에서 명심에로"

최근 몇 년 동안 체육계에 쟁점이 되었던 심판오심과 도덕적 책임에 대한 문제는 여론에 비하여, 학문적으로 분명하게 밝혀주는 연구가 부족했다. 그렇기 때문에 심판오심 문제에 대한 연구의 필요성이 요구되어진다. 2006년 3월에 미국에서 개최된 월드베이스볼클래식(WBC)에서 미국인들은 추악한 승리지상주의의 한 단면을 보여주는 심판오심과 2004년 아테네올림픽의 승마, 체조, 역도, 투기종목의 일부에서 일어난 오심이 문제를 들 수 있다. 특히 체조의 양태영과 여자 역도의 장미란 선수의 판정에 대한 오심이 국내외적으로 문제가 되었다. 그렇다면 심판오심이 왜 문제가 되는가?

심판들은 오심을 크게 문제 삼지 않을 수 있지만 선수들에게 오심은 크나큰 절망으로 치닫게 된다. 그 동안 노력과 힘든 과정이 물거품처럼 한 순간에 사라질 수 있을 뿐만 아니라 자신의 한계에 도전하는 정신과 최고를 향한 노력이라는 힘든 과정을 희석시킬 수 있기 때문이다. 하지만 선수의 노력은 심판의 잘못된 판단으로 절망의 늪으로 빠지게 한다. 그렇다면 심판의 오심과 같은 실수는 왜 일어나는 것인가? 그 원인은 어디에서 찾을 수 있는가?

사람들은 대개 심판도 사람이기 때문에 오심이 일어난다고 말한다. 사람은 컴퓨터나 기계가 아니기 때문에 오심의 가능성을 늘 가지고 있다. 이 말은 어떻게 보면 상식적인 내용이며 수용 가능한 얘기라고 할 수 있다. 이와 같은 오심은 인간적인 실수로 인하여 나타나는 결과라고 할 수 있다. 하지만 인간적인 실수이기보다는 의도된 오심(편파판정)이라고 볼 수 있는 경우를 발견할 수 있다. 이 연구에서 주목하는 것은 바로 의도된 오심(편파판정)이다.

심판오심은 두 가지로 나눌 수 있다. 하나는 인간적인 실수라고 볼 수 있는 오심이고, 다른 하나는 의도된 편파판정이라고 할 수 있는 오심이다. 이 연구는 바로 의도된 오심에 초점을 맞추었다. 의도된 오심과 편파판정을 같은 의미로 사용하였다. 기존의 심판오심의 연구에서 명확하지 않았던 이유는 용어 사용 때문이다. 오심에 대한 명확한 이해가 부족하여 나타난 결과이다. 스포츠의 꽃이라고 생각할 정도로 의도되지 않은 인간적 실수로서 오심은 별 문제가 없다. 하지만 의도된 오심(편파판정)은 문제의 심각성이 있기 때문에 이 연구를 수행하였다.

올림픽이나 국제대회에서 해당 종목을 판정하는 심판은 국제심판자격을 가지고 있을 뿐만 아니라 해당 종목의 규칙을 다른 어느 누구보다도 잘 알고 있는 전문성을 가진 사람이다. 그럼에도 불구하고 오심이 발생하는 이유는 심판의 판단능력이 부족하기 때문이 아니라 도덕성이 부족하기 때문이다.

어떻게 보면 심판은 판단능력보다는 도덕성이 더 필요한지 모른다. 이 말은 심판이 사람이기 때문에 외부의 압력에 의하여 의도된 오심을 할 수 있는 가능성을 늘 가지고 있다는 것을 의미한다. 그러하기 때문에 심판에게는 심판능력의 자질 이외에 책임의 윤리에 대한 문제에 관심을 가지게 된다. 바로 이 점이 이 연구가 심판오심의 도덕적 책임에 주목하는 이유이다.

이미 심판의 판정문제와 개선책 그리고 심판의 판정에 대한 선수들의 의식에 관한 연구들이 있었다(김동규, 1982; 김사엽 · 김희중, 2000; 박해용. 2003; 방열, 2004; 박찬역외, 2004; 구강본 · 김영갑, 2006; Simon, Robert, 1985; Hyland, D. 1990). 하지만 심판오심의 도덕적 책임에 대한 근본적인 차원에 관한 연구는 좀처럼 찾아보기 어렵다. 이 부분이 이 연구가 가지고 있는 선행연구들과의 차이점이라고 할 수 있다.

이 연구의 목적은 첫째로 심판의 오심 때문에 발생한 사례들에 대하여 알아보고 심판의 잘못된 판단을 해결할 수 있는 사항을 심판의 도덕적 자율성과 더불어 구조와 정책에 의한 강제력을 사용하는 사회윤리학적 접근방법 그리고 강제력의 특성 중에 하나인 대항력에 대한 고찰을 통해서 찾아보는데 있다. 여기서 대항력은 기득권의 힘에 대항과 견제 할 수 있는 힘을 의미한다. 둘째로 심판오심의 도덕적 책임에 관심을 가지고 면책 조건을 무지와 강제를 들어 검토하고 심판의 권위와 잘못된 관행에 대한 비판과 반성을 시도하는데 있다. 이를 통하여 감시의 눈과 견제하는 힘이 부재에서 발생하는 심판오심의 문제해법을 알아보는데 있다.

연구방법

문제를 슬기롭게 해결하기 위하여 우선 필요한 것은 문제 상황의 진상을 깊고 넓게 파악하는 일이다. 문제 상황의 진상을 깊고 넓게 파악하기 위해서는 생각이 깊고 시야가 넓어야 하며 통찰력도 뛰어나야 한다. 생각이 깊고 시야가 넓은 사람들은 대체로 뛰어난 통찰력을 갖게 된다. 문제를 해결하기 위하여 둘째로 필요한 것은 문제가 해결된 다음에 올 것으로 예상되는 미래의 모습과 문제 해결 방안과의 연계를 통하여 가능한 대안들 가운데서 가장 바람직한 결과를 초래할 것으로 예측되는 길을 바르게 선택하는 일이다(김태길, 1992: 46).

심판오심이라는 문제 상황을 해결 할 수 있는 대안은 제도적 장치나 구조적 개혁이다. 이 용어들을 사용하는 정치적 행위들은 사회윤리학적 접근방법과 직간접적으로 관련성을 가지고 있음을 알 수 있다. 그 관련성은 모든 문제의 해결을 개인에 한정하여 해결할 수 없기 때문에 구조나 정책의 힘의 사용에서 찾는다. 기존의 윤리적 문제를 개인의 도덕적 자율성 강화만을 통해서 해결하려고 하였지만 그 한계에 직면할 수밖에 없었다.

이 때문에 정치적 힘을 사용하는 사회윤리학적 접근방법이 요구되는 것이다. 정치적 방법은 심판의 책임윤리라는 개인의 도덕적 자율성만을 가지고 근본적인 오심을 해결할 수 없기 때문에 강제력이라는 힘을 사용하는 것이다. 사회윤리학적 접근방법으로서 정치적 방법은 구조개혁이나 정책을 통한 체제변화를 행할 수 있는 장점을 가지고 있다. 하지만 정치적 방법만을 강화하다보면 구조만능주의에 빠질 위험도 있다. 사회윤리학적 접근방법은 다음의 세 가지 특징이 있다.

첫째, 그것은 도덕적 가치나 이념의 실현과 도덕적 문제의 해결을 정책이나 제도 또는 체제에 의해서 추구하는 방법이다. 둘째, 그것의 강제성 또는 강제력을 적용하는 방법이다. 셋째, 그것의 대응력 또는 대항력을 적용한다. 정책이나 제도와 체제의 개혁, 폐지 및 새로운 창출은 기득권자들의 강력한 저항에 부딪히게 마련이다. 이런 경우 개인윤리학적 접근방법이 취하는 설득과 호소는 아무런 효과를 거둘 수가 없다. 왜냐하면 기득권자들의 집단적 이기주의가 너무나 집요하고 심지어는 잔인하기까지 하기 때문이다. 기득권자들의 저항의 힘을 물리치고 정책과 제도 또는 체제의 개혁과 폐지 또는 창출을 강행하기 위해서는 그 같은 저항의 힘에 대항하여 그것을 상쇄할 수 있는 조직화된 힘을 가져야 한다(고범서, 1998).

사회윤리학적 접근방법으로서 정치적 방법은 일종의 강제력이다. 어떤 문제에 대한 해결방안은 공권력에 의한 강제력만을 행사해서 해결될 수 있는 것이 아니다. 적어도 개인의 자율성과 강제력의 조화만이 문제해결의 도움을 얻을 수 있다. 특히 개인의 도덕적 자율성만을 가지고 모든 문제를 해결하지 못한다. 이 같은 한계 때문에 강제력의 개입이 필요한 것이다.

강제력을 이용하여 구조와 정책을 바로 잡는다는 것이다. 이하에서 심판오심의 문제에 대하여 사회윤리학적 접근방법으로서 정치적 방법을 사용하여 심판오심의 도덕적 책임과 그 대안을 알아본다. 이를 위한 논의 절차는 우선 심판오심의 사례와 그 원인에 대하여 일차적으로 알아본다. 이어서 심판오심의 도덕적 책임과 면책조건 그리고 심판오심의 문제를 해결할 수 있는 대안모색을 찾아본다. 마지막 결론에서 전체 내용을 정리하는 수순을 밟았다.

심판의 오심사례

국내외 심판오심 판정문제들 중에서 한국과 직접적으로 관련된 사례를 중심으로 심판오심에 대한 도덕적 책임과 면책 조건 그리고 심판오심의 원인과 대안을 알아보았다. 아래의 사례들은 국내언론에 보도된 내용을 주로 인용하였기 때문에 외국의 언론의 보도와는 차이를 발견할 수 있었다. 하지만 보편적인 인식을 통하여 심판오심이라고 할 수 있는 경우를 한정하여 알아보았다.

· 사례 1 : 최근 2006년 월드컵 G조 한국과 스위스 조별 마지막 예선에서 주심이 보여준 오심판정의 경우를 들 수 있다.

축구경기의 특성상 경기 흐름을 끊을 수 있는 오심은 주심에 의하여 주도 된다. 이 경우도 부심의 오프사이드 깃발을 높이 들었는데도 불구하고 주심이 이를 받아들이지 않고 독단적인 판정을 내렸다. 이상은 국내 언론보도에서 보여준 내용이다. 하지만 FIFA의 공식보도는 심판오심으로 인정하지 않고 정당한 판정이라고 보도하였다. 피파규정집 12번째 파울란에는 선수가 오프사이드 위치에 있을 경우에 상대팀 수비수의 발이나 몸에 맞고 오프사이드 위치에 있는 공격수에 연결된 경우에 오프사이드로 간주되지 않는다고 나와 있다. 그럼에도 불구하고 한번 내려진 심판의 판정은 번복되지 않았다. 이 사례의 경우는 오심논쟁에서 예외가 될 수 있다고 볼 수 있지만 경기 내내 보여준 심판의 판정은 의도된 오심이라고 볼 수 있는 면들이 많았다.

· 사례 2 : 2006년 3월에 미국에서 개최된 월드베이스볼클래식(WBC)에서도 미국인들은 추악한 승리지상주의의 한 단면을 보여줬다. 미국 심판은 일본이 정당하게 빼낸 득점을 무효로 선언하는가 하면, 멕시코 선수의 홈런을 어이없게도 파울이라고 판정을 내렸다. 이 모든 것이, 과정이야 어찌됐든 중간에 욕을 좀 먹든 말든, 이기기만 하면 된다는 승리지상주의가 깔린 대표적 형태라고 할 수 있다(최성욱, 2006 : 244).

· 사례 3 : 2004년 올림픽에서 양태영의 체조 오심판정을 들 수 있다. 양태영은 개인종합 5번째 종목인 평행봉에서 출발점수가 10점짜리인 난이도 E(가산점 0.2)의 벨리 연기를 펼쳤는데 심판이 이를 난이도 D(가산점 0.1)인 모리스로 인정한 바람에 폴햄에 역전을 허용한 빌미가 됐다. 양태영은 57.774점을 획득, 57.823점을 얻은 폴햄에 0.049점이 모자라 동메달

에 그쳤었다. 따라서 0.1점을 가산하면 진정한 금메달의 주인공은 양태영이 되는 셈이다(조선일보, 2002. 8. 22일자). 체조의 특성상 주관적인 판단이 주로 행하기 때문에 심판단의 의도적으로 오심을 할 가능성이 다른 경기보다는 높다. 그렇기 때문에 심판진의 구성은 엄격하게 해야 한다. 양태영의 경우 또한 심판진의 오심이기보다는 의도된 오심(편파판정)이라고 볼 수밖에 없을 것이다. 이 경우는 판정단의 담합한 경우라고 할 수 있다.

위의 사례들에서 볼 수 있는 것은 승리에 대한 과도한 집착 때문에 나타나는 현상이다. 가장 순수해야 할 올림픽의 경우에도 자국의 민족주의와 메달지상주의가 만들어낸 추악한 올림픽과 월드컵이라고 할 수 있다. 특히 심판의 의해서 행해지는 오심의 경우는 심하게 나타난다. 선수들의 고생과 노력이 헛수고로 돌아간다는 점에서 문제의 심각성이 있다. 그럼에도 불구하고 한번 내려진 결정은 쉽게 돌이킬 수 없다는 것이다.

심판오심 판정의 원인은 그럼 어디에 있는지 개인적 차원과 사회적 차원을 구분하여 알아보자. 오심은 심판 개인의 책임윤리의 문제라고 평가하기에는 문제가 있다. 왜냐하면 국제대회 심판은 엄격한 시험을 통해서 선발된 세계적으로 지명도가 높은 심판진으로 구성된다는 점이다. 그럼에도 불구하고 심판판정에 대한 의혹이 제기되는 것은 구조적인 문제 때문이라고 볼 수 있다. 정치적 논리와 경제적 논리 등의 역학적 관계에 의해서 경기결과에 영향을 행사한다. 이를 고려하여 심판오심 판정의 문제에 대한 원인을 개인적 차원과 사회적 차원으로 구분하여 알아보았다.

심판오심의 문제 상황

심판오심의 사례들의 경우는 오심이라고 보기에는 석연치 않은 문제점을 가지고 있다. 심판에 경기가 중단되거나 상대팀에게 도움을 주는 판정이 많았다는 점에서 의도된 오심(편파판정)이라고 볼 수 있다. 여기서 심판의 인간적인 실수로 볼 수 있는 오심과 의도된 오심(편파판정)과는 판이하게 다르다. 오심은 심판이 인간이기에 어쩔 수 없이 범하게 되는 인간적인 실수라고 말할 수 있는 경우를 말한다. 하지만 의도된 오심(편파판정)은 의도적으로 잘못 판정을 내리는 경우를 말한다. 즉 경기 전에 모의하여 담합을 내린 후에 경기에서 일어나는 오심을 가장한 판정을 의도된 오심(편파판정)이라고 할 수 있다. 그렇다면 이 같은 문제는 왜 일어나는가를 개인적 원인과 사회적 원인으로 구분하여 알아보았다.

1. 개인적 원인

심판은 경기장의 지휘자라고 할 수 있다. 경기 흐름을 조율하는 마법과 같은 신비한 힘을 발휘하는 역할을 맡은 사람이다. 그런데 오심과 편파판정을 하는 것은 심판 자신의 책임윤리의 결여에서 비롯된다. 책임은 약속한 것을 지킨다는 것을 의미한다. 즉 경기규칙에 따라서 책임을 다한다고 할 수 있다. 운동경기는 경기규칙 자체라고 말할 수 있기 때문에 경기규칙이 준수되지 않는 것은 경기 자체가 성립되지 못하는 것이다.

심판은 규칙을 준수하지 않을 경우 경기는 판정의 혼란을 가져와 경기 자체가 성립되지 못하게 된다. 심판에 의하여 규칙에 따른 정당한 경기가 행해진다. 그 규칙 이행을 감시하고 유지하는 것은 심판의 책임이다. 심판으로서 주어진 책임을 다하지 못하는 것은 경기 자체를 망치는 일이 된다. 그렇기 때문에 심판의 책임윤리가 더더욱 요구되는 것이다. 경기에 대한 전문성 이상으로 심판 자신의 책임윤리가 필요하다.

다른 한쪽은 경기장의 최고 집행관으로서의 자긍심이 부족하기 때문이라고 볼 수 있다. 경기장에서 심판은 최고의 권력을 행사한다. 선수들은 심판의 판정에 복종하고 그에 지시에 따라서 경기를 해야 한다. 그 만큼 심판은 경기장의 최고의 위치에 있기 때문에 스스로 만족할 수 있는 자긍심이 필요하다. 그 자긍심이 없을 때 경기장에서 심판의 판정에 대하여 선수들은 신뢰하지 못하게 된다. 자신감과 자긍심에서 나오는 판정에 선수들은 따를 수밖에 없다.

심판의 책임 윤리와 심판의 존재이유에 대한 이해가 전제된다. 심판의 존재이유는 명예라고 할 수 있다. 자신이 경기를 조율하는 조율사로서 아름다운 경기를 만들어 내는 것이 최선이라는 것에 대한 인식이 우선적으로 요구된다. 심판의 의도된 오심(편파판정) 때문에 많은 선수들의 노력과 희망이 좌절하게 해서는 안 된다. 그게 심판이 해야 할 가장 큰 책임이라고 할 수 있다. 다시 말해서 심판은 명예로 산다고 할 수 있다. 명예의 손상은 심판으로서 존재이유를 잃게 되는 것이다.

2. 사회적 원인

심판의 오심(편파판정)에 대한 구조적 문제를 찾는다면 몇 가지로 요약할 수 있다. 심판의 생존문제, 사회적 관계, 경제적 문제라는 현실적인 문제들이 산재해 있다. 각 문제에 대하여 구체적으로 알아보자.

우선 심판의 생존문제가 해결되지 않았다는 점이다. 국내 심판들 중에서 프로심판을 제외하고는 생존문제를 해결하지 못하고 있다. 그렇기 때문에 다른 직업과 겸업을 가지고 심판을 하는 경우가 대부분이다. 그 만큼 심판이 직업으로서 보장받지 못하기 때문에 전문성이 떨어질 가능성이 높다. 심판 그 자체만을 전문으로 할 때보다는 다른 직업을 가지고 하다 보면 실수가 일어날 수 있는 가능성이 높다.

물론 경제적 자립으로 경기 자체에서 자유로울 수 있다는 장점도 가지고 있지만 외부의 유혹에 대하여 흔들리지 않을 수 있는 경제적 자립이 필요하다. 심판의 전문성을 살리기 위해서는 협회에서 고용하고 일정한 급여를 지급하는 것이 적절한 방법이라고 생각된다. 하지만 현실적으로 협회의 경제능력이 자체로 심판을 고용할 수 없다. 그렇기 때문에 심판들은 자신의 생계를 위한 다른 일에 매달릴 수밖에 없다. 이 문제에 대한 해결방안이 모색되어야 한다.

뿐만 아니라 심판은 사회적 관계에서 자유롭지 못하다. 심판은 학연, 지연, 혈연 등과 같이 사회적 관계망에 속해 있기 때문에 경기에 영향을 행사할 수 있는 압력을 받기 때문에 심판 판정에 잘못을 범할 수 있는 여지는 분명히 있다고 생각한다. 아무런 연고를 가지지 않고 경기 그 자체만을 생각하고 심판을 볼 때와 여러 가지 보이지 않는 압력에 의하여 경기를 진행할 때는 분명히 다른 점이 있다.

이 문제에서 자유롭기 위해서는 심판의 책임윤리를 강조하는 것이 필요하다. 심판의 도덕성을 유지하는 것은 외압에서 자신의 지키고 경기를 살리는 일이 된다. 외압에서 자유롭지 못할 때 심판은 존경의 대상이 아니라 원망의 대상이 되기 마련이다. 심판 자신의 도덕성을 유지하는 것이 심판판정의 독립성을 유지할 수 있는 방안이 된다.

이상과 같이 편파판정에 대한 문제점을 확인할 수 있었다. 그럼에도 불구하고 그들은 자신의 본연의 임무인 전문적인 심판을 수행하고 있다. 어려운 가운데도 심판을 포기하지 않고 수행하고 있다는 점을 확인할 수 있다.

심판의 오심은 선수에게 미치는 영향을 두 가지로 나누어 볼 수 있다. 첫 번째는 선수들이 지닌 올림픽 정신과 스포츠정신을 훼손하는 것이다. 심판의 편파판정은 선수들에게 공정한 경쟁과 화합과 평화 그리고 불굴의 인간정신의 승리에 대한 노력을 헛된 것으로 만들어 스포츠 그 자체의 순수성의 상실하게 한다. 선수들의 사기를 저하시키고 참여에 대한 경기집중력을 떨어뜨리는 결과를 가져올 수 있다.

두 번째는 선수들을 좌절시키고 경기수준을 떨어지게 하며 탁월성의 추구를 위한 선수들의 최선의 노력이라는 아름다움의 정신을 훼손하는 것이다. 선수들이 바라는 것은 자신이 노력한 만큼의 결과를 얻는 것이다. 그러나 현실은 국가와 자본의 논리에 의하여 경기의 승패가 결정되는 경우가 종종 있다. 이것은 스포츠 그 자체를 수단화하고 도구화하는 측면이 강하기 때문에 나타나는 현상이다.

심판오심과 도덕적 책임

어떤 심판의 오심이 도덕적 책임과 비난에서 면책될 수 있는가? 통상적으로 어떤 사람을 용서하고 그가 저지른 행위에 대해 도덕적 책임을 추궁하지 말아야 한다고 믿는 조건은 다음과 같다. 행위의 성격이나 결과를 몰랐다는 것이 변명될 수 있는 경우, 행위를 억지로 하게 한 강제가 있었고 그리고 그 강제를 보통의 의지력으로서는 이길 수 없는 경우, 그리고 그 행위가 이루어진 상황이 그 사람의 통제력을 넘어서는 경우와 주어진 상황에서 올바른 것일 수 있는 다른 대안의 행위를 할 수 있는 능력이나 기회가 없었거나 또는 양자 모두가 다 없는 경우이다(김영진 역, 1985: 198). 이러한 조건을 크게 무지와 강제라는 두 가지 관점으로 정리하여 도덕적 책임을 논해본다면 다음과 같은 결과를 살펴볼 수 있다.

1. 무지

심판의 판정행위가 오심인지에 대하여 알지 못하고 판정을 내렸을 때 면책 조건이 성립된다. 하지만 위의 사례들은 그렇지 않은 경우들이다. 심판이 자신의 판정이 갖는 결과를 알았다거나 혹은 그 판정으로부터 나타날 나쁜 결과를 예상할 수 없을 때 우리는 그러한 판정에 대하여 면책을 할 수 있다.

이 경우를 살펴보면, 체조와 야구 경기에서 심판은 분명 국제심판 자격을 소지하고 최고의 심판이라고 자부할 수 있는 심판능력을 가지고 있다고 볼 때 면책 조건에 해당되지 않는다고 할 수 있다. 이 모든 경기의 심판은 충분히 판정할 수 있는 능력을 가지고 있다고 볼 수 있기 때문에 심판오심 행위는 면책조항에 포함되지 않는다.

이외에도 능력이나 기회의 결여를 들 수 있다. 심판이 판정을 할 때 올바른 행위를 할 수 있는 능력이나 기회를 가지지 못하기 때문에 발생하는 경우에는 면책의 조건이 성립된다. 하지만 위에서 예를 들었던 체조의 양태영의 경우에는 기회의 부족 때문에 발생했다고 볼 수 없기 때문에 면책의 조건에서 벗어나고 있다.

2. 강제

심판의 행위가 자신의 자유의지보다는 타자의 협박과 위협, 압력, 영향력 등과 같은 강제에 의해서 행해졌을 때는 도덕적 책임이 없다고 본다. 심판은 그 상황에 어쩔 수 없이 판단을 할 수 밖에 없었다는 것과 오심은 심판 자신의 선택의 문제가 아니었다고 말하는 경우이다.

위의 사례들의 경우는 심판이 외부적 또는 내부적 강제에 의해서 오심을 내렸다고 볼 수 있는 증거들을 찾을 수가 없다. 이 때문에 면책 조건에 해당되지 않는다. 심판이 면책을 받기위해서는 외부적 또는 내부적 강제에 대하여 증명할 수 있어야 한다. 이외에도 질병, 돌발적 사건 등이 심판판정 행위를 강제하는 경우를 면책 조건으로 인정할 수 있다. 심판오심의 경우 그 당시 상황 때문에 심판이 어쩔 수 없는 경우와, 심판의 자발적인 행위에서 비롯된 것이 아닌 경우를 면책사항으로 수용할 수 있다.

앞에서 제시했던 심판오심의 세 가지 사례의 경우는 심판들의 무지 또는 강제에 의한 오심이 아니기 때문에 도덕적 책임을 면할 수 있는 면책의 조건에 해당되지 않는다고 볼 수 있다. 그렇기 때문에 심판오심과 편파판정은 심판 개인의 도덕적 책임에서 벗어날 수 없다. 책임은 법적, 도덕적, 사회적 책임, 정신적 책임으로 구분된다. 그 중에서 심판오심은 법적, 정신적 책임에서 문제가 되지 않는다. 하지만 도덕적 책임의 문제에서는 자유롭지 못하다.

심판오심의 대안

위에서 알아본 것처럼 심판의 오심문제를 해결하기 위해서는 체계 자체의 문제와 심판 자신의 문제를 구분하여 알아보는 것이 필요하다. 심판 개인의 문제는 심판의 책임윤리를 강화하는 교육을 통하여 어느 정도 해결할 수 있다고 하지만 구조와 같은 근본적인 문제는 해결할 수 없다. 구조의 문제는 제도적 장치나 정책의 문제이기 때문에 정치적 힘을 사용할 수밖에 없다. 이 때문에 정치적 힘에 의존하여 심판판정의 구조를 개혁해야 한다. 여기서 견제 세력으로서 대항력을 갖추는 것이 문제해법의 지름길이다. 이하에서 심판오심의 대안을 개인적 차원과 사회적 차원으로 양분하여 알아보았다.

1. 개인적 대안

심판의 편파판정 또는 오심에 대한 해법은 먼저, 개인적 차원에서 해당 선수나 감독이 경기 중 발생하는 심판의 오심에 대하여 빠르게 지적하고 이의를 제기하는 일이다. 그리고 제도적 차원에서 심판이 편파판정 내지 오심을 할 수 없도록 견제할 수 있는 힘이나 강력한 대항력을 행사할 수 있는 장치가 마련되어야 한다. 개인의 의지와 제도의 조화와 균형에 의한 심판 판정이 이루어진다면 심판 자신의 어떠한 논리에도 좌우되지 않게 된다.

심판의 도덕적 자율성을 바탕으로 한 높은 도덕성이 심판의 자질에서 우선순위이다. 단순히 심판의 능력만을 강조하다 보면 결정적인 순간에 오심이 생길 수 있는 위험성을 감수해야 한다. 적어도 높은 도덕성을 가진 심판들을 중심으로 구성된다면 오심에 따른 문제를 해결할 수 있다. 개인적인 이익과 외부의 유혹 그리고 보이지 않는 힘의 작용에서 자유로울 수 있기 위해서는 높은 도덕성을 겸비하는 것이 필요하다.

오심을 사전에 예방하는 것은 올림픽이나 국제대회에 참가한 선수들의 노력이 헛되지 않도록 하기 위해서 꼭 필요하다. 올림픽을 준비하는 4년 동안 절제와 인내 그리고 노력을 통해서 경기장에서 흘린 땀의 가치가 어떠한 논리에도 영향을 받지 않고 노력한 만큼의 결실을 얻을 수 있어야 한다. 이러한 사항들이 지켜지지 않고 정치적 논리와 경제적 논리에 의해서 경기결과에 영향을 행사하게 되면 그것은 올림픽이 아니라 올림픽의 모습만을 한 것에 불과하다.

이를 위하여 심판은 오케스트라의 지휘자와 같이 경기를 조율하는 것이 필요하다. 심판은 승패에 결정적인 영향을 행사해서는 안 되고 선수들의 실력이 최대한 발휘될 수 있도록 해야 한다. 심판은 불신과 조소의 대상이 아니라 존경받는 심판이 되어야만 한다. 그렇기 위해서는 경기의 흐름에 방해가 되지 않도록 그림자처럼 있어도 있지 않는 것과 없어도 있는 것 같은 심판의 운영의 미가 필요하다.

심판이 경기에 과도하게 개입하는 경우는 편파판정의 의혹을 지울 수 없을 것이다. 왜냐하면 경기흐름을 중단할 수 있는 위험요소를 가지고 있기 때문이다. 최소한의 경우에만 경기 흐름에 개입해야 한다. 너무나 많이 심판이 개입하는 것은 경기 자체의 흐름을 중단하기 때문에 승패의 결정적인 영향을 줄 수 있다. 그렇기 때문에 승패의 영향을 미치지 않는 범위 안에서 판정을 내려야 할 의무가 있다. 이 점을 인식하는 것이 심판의 행위에서 무엇보다도 필요하다. 하지만 심판이 인간이기 때문에 오심과 편파판정의 가능성은 항상 내재하고 있다. 이를 극복하는 것은 심판의 책임윤리를 강화하는 것에서 찾을 수 있다.

2. 사회적 대안

국제적으로 심판의 오심에 대한 민감한 반응과 분노를 보이는 것도 중요하지만, 빈번하게 발생하는 국내 심판의 오심의 문제로 시선을 돌리는 것도 필요하다. 국내에서도 일부심판에 의해 정치적 논리(학연, 지연, 혈연)와 이해관계에 따른 오심이 행해지고 있음은 부인할 수 없는 사실이다. 우리의 현실은 아테네 올림픽의 심판 오심문제만큼 심각하다. 외국에서 심판을 영입하는 일은 이 문제의 심각성을 반증하고 있는 것이다.

명백한 오심의 문제는 빠른 대응으로 판정을 돌릴 수 있지만 너무 민감하게 심판의 판정을 불신하고 판정을 인정하지 않으려는 자세 또한 심판의 오심 이상으로 경계해야 할 문제이다. 심판의 권위가 붕괴되어 경기 자체의 질서가 붕괴되면 경기장에서는 비인간적인 싸움이상을 기대하기 어려울 것이다. 심판의 권위가 사라지면 스포츠는 변질될 가능성이 높다. 특히 과도한 경쟁과 승리지상주의가 지배하는 운동경기에서 잠재된 애국심과 민족주의가 표출되어 이성을 잃고 감정에 사로잡혀 무조건 자국의 선수가 승리해야 한다는 생각을 가지기 쉽다. 심지어는 심판의 작은 실수도 용납하지 않으려는 태도를 취하기도 한다. 우리는 이것을 경계해야만 한다.

사례 2의 경우처럼 심판오심에 대하여 항의를 하여도 한번 내려진 결정은 돌이킬 수 없다는 점이다. 축구의 폐쇄적인 경기운영방식에도 문제가 있음을 확인할 수 있다. 심판도 인간이기에 행할 수밖에 없는 오심은 스포츠의 꽃이라고도 할 수 있지만 이 경우의 사례는 오심이기보다는 차라리 편파판정의 가능성이 높다. 경기 내내 주심에 의하여 경기 흐름이 중단되는 것은 특정 팀에 대한 의도된 편파판정일 가능성이 높다는 점이다.

하지만 이 사례에서 엿 볼 수 있는 것은 한국 국가대표 선수들의 경기에 대한 집중력의 저하와 부심보다는 주심의 판단에 따라야 한다는 것을 망각한 결과라고도 볼 수 있다. 심판의 판정을 따라야 할 선수의 입장에서 심판의 호각 소리를 듣기 전에 경기를 중단한 것은 선수들의 주의 소홀이라고 볼 수 있다. 부심이 오프사이드 기를 들었기 때문이라고 항의해도 결정은 주심이 하기 때문에 이의를 제기 할 수 없는 사안이다. 문제는 경기장에서 선수는 주심의 판정에 귀 기울여야 한다는 것이다.

이 경기를 볼 때, 심판은 그 만큼 경기의 승패를 좌우할 수 있다는 점을 시사하고 있다. FIFA의 심판운영에 있어서 지금과 같은 오심논쟁의 경우 신중한 심판관들의 재평가를 통해서 다시는 월드컵 심판을 보지 못하게 하는 중징계 또한 생각해 볼 수 있다. 한 번의 실수가 아니라 의도된 오심의 경우를 들 수 있다. 이 점을 부각하여 월드컵축구 심판자격을 영구 제명하는 것을 생각해 볼 수 있다. 이처럼 강제력을 동원한 편파판정을 예방할 수 있는 길을 모색할 수 있을 것이다.

또 다른 예로 동계올림픽의 쇼트트랙의 김동성 선수가 오심에 의하여 미국의 안톤 오노에게 금메달을 빼앗긴 일로 우리 국민들이 분노하여 감정적 대립으로 인한 반미운동이 확산된 적이 있다. 아테네 올림픽에도 역시 미국의 체조선수 폴 햄의 금메달에 대해 국내에서는 금메달을 도둑맞았다는 여론이 형성되었다. 이것이 미국과의 외교적 마찰로까지 확산되지는 않겠지만 미국에 대한 감정이 안 좋아지는 것만은 확실하다. 하지만 스포츠 그 자체는 가치중립적이다. 따라서 정치적, 경제적 논리에 의하여 스포츠를 도구화하고 수단화하는 것을 경계해야 한다.

결론 및 제언

1. 결론

심판오심의 사례를 통하여 문제 상황을 인식하고 도덕적 책임에 대하여 알아보았다. 심판오심에 대한 도덕적 책임에서 벗어날 수 있는 면책조건은 무지와 강제로 인하여 행위 되었을 경우이다. 심판오심의 개인적 원인으로 심판의 도덕적 책임감의 결여에서 찾을 수 있고, 사회적 원인은 심판의 생존권 확보문제, 사회적 관계, 경제적 문제라는 현실적인 문제들에서 찾을 수 있었다. 이를 해결할 수 있는 방법은 개인적 차원의 대안으로 심판들의 도덕적 책임을 강화하기 위한 책임윤리 교육을 들 수 있다. 사회적 차원의 대안은 심판오심을 발생하지 못하도록 강제력이라는 대항력의 동원에서 찾을 수 있었다. 대항력을 갖지 못하면 심판을 불신하는 분위기와 허술한 심판진의 구성의 문제들이 들어날 수 밖에 없다. 그렇기 때문에 심판을 심판할 수 있는 장치가 요구된다. 이제는 수준 높은 심판을 양성하기 위하여 심판을 심판할 수 있는 제도적 장치를 마련할 때이다.

2. 제언

심판오심의 사유에 있어서 우리가 인지하고 있어야 할 것을 다음과 같이 간략히 제시할 수 있다. 우리는 너무나 경기에 몰두하여 상대선수를 적으로 간주하고 자국 선수에게 내려지는 약간의 불리한 판정조차도 수용하지 않으려고 한다. 이제 일정한 거리두기를 통하여 심판의 판정을 보고, 심판의 권위를 존중할 줄 아는 자세 또한 필요하다. 선수 역시 심판의 판정에 너무 신경을 곤두세우지 말고 실력으로 승부를 할 필요가 있다. 그렇다고 심판의 오심에 대하여 침묵하라는 것이 아니다. 합리적 절차를 통한 항의와 이의 제기 역시 필요하다. 그러나 심판에 판정에 너무 민감하게 반응할 필요는 없다.

이제 우리는 심판의 판정을 존중하고 상대나 상대팀의 탁월하고 완벽한 기술에 대하여 박수를 보내고 수준 높은 경기를 즐길 수 있는 성숙함을 지녀야 한다. 심판의 판정이나 자국의 선수나 팀의 승패에 너무 몰두하다 보면 스포츠가 제공하는 많은 가치들 중에서 놓치게 되는 것이 너무나 많아지기 때문이다. 이 때문에 경기 자체를 부정하려는 이들이 출현할 가능성도 배제할 수 없는 것이 사실이다. 경기 자체를 인정하지 않으려는 부류의 사람들이 많아지면 그 경기는 올바르게 관중과 선수, 감독들에게 수용되지 못하는 한계를 가진다.

지금까지 심판의 권위와 그에 대한 존중을 인정하여 왔기 때문에 그들의 오심에 대하여 눈감아 주었던 것이 사실이다. 하지만 이미 많은 심판판정에 대한 사고가 있어 왔기 때문에 이제는 심판을 심판해야 할 때이다. 심판의 오심을 눈 감아 주는 시대는 지나갔다. 이러한 일은 심판들이 스스로 자초한 일이다. 이에 대한 대비방법으로 비디오판독과 같은 제도적 장치를 들 수 있다. 이미 이 방법이 마련되어 실행 중에 있다. 이러한 방법을 통하여 심판의 판정능력을 향상시킬 수 있을 것이다.

심판의 권위에 대한 대항력이 지금까지 부재했기 때문에 심판의 마음에 따라서 경기 경과가 좌지우지 될 수 있었다. 이 때문에 선수들의 노력 없이 심판에 의해서 경기 결과가 결정될 가능성이 있었다. 그 만큼 심판의 오심판정은 경기결과에 큰 영향을 미쳐 왔다. 심판은 선수들의 최상의 경기를 할 수 있도록 배려하는 일종의 조정자이다. 심판의 행위가 경제적, 정치적, 학연 등의 강제에 의해서 행해질 때 심판의 권위는 자체적으로 무너지게 될 가능성이 크다.

심판의 행위가 다양한 힘에 의해서 좌지우지 당할 때 그것은 이미 심판행위의 자격을 상실한 것으로 봐야한다. 심판은 경제적 부를 성취하기 위한 직업으로서 심판이 아니라 명예로서의 심판이 우선되어야 한다. 하지만 현실적으로 경제적으로 자유로운 심판을 고용하는 것이 경기력 향상과 심판의 책임윤리를 강화하는 것이라고 믿고 싶다. 이외에도 경기전체를 촬영하여 보관하여 심판오심 판정에 대한 재판정의 자료로 사용할 수 있다면, 자신의 심판행위에 대하여 책임을 지키려고 노력을 할 것이고, 심판 자신의 명예와 자존심을 위하여 심판 자신의 역량을 다할 것으로 기대된다.

14 환경

스포츠에서 환경이 왜 문제인가?

생태중심주의가 왜 필요한가?

스포츠에서 환경을 보전할 수 있는 방법은?

14. 환경

"인간중심주의에서 생태중심주의에로"

지구의 온난화 현상, 오존층 파괴, 산성비, 산림 황폐화 등으로 상징되는 환경 훼손의 문제는 과학자뿐만 아니라 모든 인간이 직면한 현대의 문제이면서 인간의 생존 터전에서 생명과 직결되는 문제이기도 하다. 이러한 환경파괴의 원인은 인간의 무절제한 개발 욕구와 대량 소리에서 비롯되었다. 즉, 소비증가는 생산의 증가를 자극하고 이는 경제규모로 확대되고 이를 통해 인류의 진보가 이루어졌기 때문에 생태계의 유한성의 자각이 제기되고 있다.

인간 삶의 터라고 할 수 있는 보금자리를 위협하는 것으로 다양한 것들이 상존하다. 보금자리의 파괴는 현존재의 존립 근거를 부정하는 것으로 위험을 가져오게 된다. 그것들은 핵무기의 위협, 기아의 문제, 전쟁의 위험 그리고 물 부족 현상과 가정에서 음식물 쓰레기, 공장의 폐수 처리문제, 쓰레기 처리 등이다. 뿐만 아니라 경기장 건설로 인한 산림파괴와 스키장 건립을 위한 산림훼손, 그리고 골프장의 농약오염으로 인한 생태계 파괴는 스포츠와 관련된 환경 파괴의 한 단면이다.

환경파괴의 원인은 인간중심의 세계관에서 찾을 수 있다. 인간중심의 세계관은 환경위기의 심각성은 물론 기술상의 미봉책으로는 해결의 불가능하기 때문에 인식차원이 이루어지지 않는다면 인류문명의 위협으로까지 적용할 수 있다. 미래의 인류의 구원을 위하여 생태중심의 세계관으로 전환이 필요하다고 할 수 있다. 그러나 문제는 인간중심의 세계관이 지금까지 휴머니즘이라는 명분아래 우리시대의 최고이념으로 지배하여 왔기 때문에 인식전환은 좀처럼 어렵다. 이를 부정하는 것은 기존의 모든 학적, 제도적 체계의 전복을 의미하며, 우리는 인식과 실천 전반에 걸친 획기적인 변화를 가져와야 한다.

생태중심의 세계관으로의 전환이 필요하다는 철학자 박이문의 논리를 중심으로 스포츠에서 적용될 수 있는 논리라는 것을 밝히는 일이 필요하다. 이러한 세계관은 생활세계뿐만 아니라 스포츠세계에서도 역시 통용될 수 있는 논리임에는 분명하다. 올림픽과 월드컵 그리고 이를 포함하는 모든 세계대회의 궁극적 목적은 인류의 평화와 공존공영이기 때문에 생태중심의 세계관이 더욱 절실히 요청된다.

세계적인 대규모 스포츠대회를 거시적인 차원이 아니라 미시적 시각에서 올림픽을 국가발전의 원동력의 기회로 보는 사고체계의 문제점을 찾을 수 있다. 이러한 기본 사고에서 국가 권력을 등에 업고 개발이라는 명분으로 우리의 보금자리인 생태계를 파괴하고 대규모경기장이나 스키장 등의 스포츠시설을 건설하는 것은 수단과 목적이 전도된 것이다. 여전히 개발이라는 명분으로 자행되는 생태계 파괴에 대한 진지함 고민이 요구된다.

이런 차원에서 이 글의 목적은 스포츠환경에서 생태계 보전을 위하여 생태중심의 세계관으로의 전환이 필요함을 규명하고 실천적인 면에서 체육인들이 실천할 수 있는 대안을 제시하는데 있다.

인간중심주의 세계관

인간중심주의 세계관은 인류의 문명을 발전시켜 온 것은 사실이지만 다른 측면에서 볼 때 그 한계에 직면하게 되었다. 예를 들어 지구를 살아있는 생명체로 간주하는 동양철학이나 가이후 이론은 인간중심주의 세계관과 한계를 지적하고 있다. 심지어 인간을 지구라는 생명체에 기생하는 암세포로 비유하면서 인간이 자연파괴에 주범이며, 생태계 위협하는 존재로 보고 있다. 이와 더불어 인간중심의 세계관은 다음과 같은 문제점을 가지고 있다.

첫째, 인간중심의 세계관은 우리의 경험적 현실에 비추어볼 때 타당하지 않다. 둘째, 인간중심의 세계관은 실천적인 면에서도 부정적인 결과를 낳고 있다. 셋째, 인간중심의 세계관은 도덕적으로 문제가 있다. 동물 또는 인간과 마찬가지로 쾌락과 고통을 느끼며 식물 또한 자신의 생존과 성장, 재생산과 관련해 자기 나름의 이익에 관심을 갖고 있다(P. Tayler, 1986; A Naess, 1992).

인간들은 자연을 도구적으로 이용하였다. 지금까지 인간들의 편리함을 위해서 자연의 파괴로 자연의 이상기후를 초래하였다. 이러한 현상은 스포츠에서도 예외가 아니다. 올림픽이나 각종 경기는 지구촌 가족이 하나로 화합과 인류의 공존공영을 위한 의도적인 축제이다. 그러나 원래의 축제라는 의미를 상실하고 국가권력의 장이요, 자국의 이익을 위한 행사로 전락하였다.

올림픽을 위한 자연 파괴는 쉽게 발견할 수 있다. 가까운 예를 들어 1997년 한국의 전주, 무주 동계유니버시아드 대회는 대회의 목적과 동떨어진 환경파괴의 문제를 가져왔다. 이와 같이 스포츠는 환경오염과 밀접한 관계가 있다. 국내의 좁은 국토 안에 들어서고 있는 수많은 골프장은 호사가들의 즐거움과 사교 그리고 정치, 사업의 장으로 자리 잡고 있다. 이로 인하여 파생되는 토양오염과 산사태는 가지지 못한 자들만의 피해로 전락된다.

더 이상의 환경오염을 막기 위해서는 제도적인 장치가 요구되지만 문제는 골프인구의 대부분이 우리 사회를 이끌어 나가는 소수의 엘리트에 의해 집안 되기 때문에 제도적인 장치의 도움을 얻기가 곤란하다. 그렇기 때문에 이들에 의해서 주로 행해지는 골프는 가지지 못한 자들의 삶의 터전을 위협하는 것으로 작용할 수 있다는 것을 잊게 한다. 특히 골프장 인근 지역은 농약 오염으로 생태계 파괴와 산사태로 인한 피해를 당하는 경우를 흔히 볼 수 있다.

"라이젤 카슨은 환경오염, 특히 살충제 살포에 의한 새로운 형태의 환경오염이 가져다주는 위험에 대한 우리들에게 다음과 같은 경종을 올려주고 있다. 즉 환경에 대한 인간의 공적 가운데 가장 놀라만한 것은 대기, 토양, 강, 바다 등을 유독한 물질로 심지어는 죽음을 가져다주는 치명적인 물질로 오염시키는 일이다. 대부분의 환경오염은 생명을 지탱해주는 지구뿐만 아니라 생명유기체에도 해악을 가하는데 이 해악은 연쇄반응을 일으킴으로써 거의 방치할 수 없다"(황경식 · 김상득 역, 1995).

인간이 자연에 대해서 가져야 하는 관계와 태도 역시 결정적으로 중요한 윤리적 문제로 다루지 않으면 안 되게 되었다. 올림픽을 비롯하여 세계대회와 환경문제는 긴밀한 관계가 있다. 올림픽대회를 준비하기 위해서 벌어지는 생태계 파괴는 극단적으로 말해서 개발이라는 명분으로 지구를 죽이는 행위이며 올림픽 시설을 건립한다는 명목으로 생태계를 파괴하는 행위이다.

이런 차원에서 많은 생태학자들은 올림픽은 환경 올림픽이 되어야 한다고 지적하고 있다. 이것은 지구를 살리고 인간이 자연과 더불어 살아갈 수 있는 터전을 보전하는 길이다. 세계가 있고 그 가운데 인간이 만들어 놓은 제도적 스포츠가 있다. 스포츠시설을 이유로 생태계 파괴를 정당화하는 논리는 바로 인간 중심의 세계관에서 연유한다. 이것은 인간이 자연의 일부라는 것을 망각해서 비롯된 것이다. 따라서 생태중심의 세계관으로의 사고 전환이 필요하다.

생태중심의 세계관

서양의 지배적 이성을 통한 발전은 자연을 이용하여 인간 삶을 유용하게 하였다. 자연을 도구로 인식하는 데에서 비롯되었다. 즉 인간중심주의 세계관에서 자연에 대한 도전은 과학의 시작과 동시에 시작되었다. 과학은 인간의 생활을 편리하고 윤택하게 해주었다. 그러나 오늘날에 우리는 환경문제라는 큰 장애 요소에 직면하게 되었다. 과학기술의 편리함 뒤에는 인간의 삶의 기본적 조건을 위협하는 일들이 있다. 즉 식수의 오염으로 먹을 물의 부족을 가져왔고, 대량소비 자체에서 발생하는 다량의 쓰레기 처리 문제는 그 심각성을 말해준다. 또한 토양오염으로 땅은 죽어가고 산성비로 토양이 산성화되어 곡물 재배는 곤란하게 되었다.

"인류의 생명과 실존의 문제로 이어지는 환경위기에 직면하여 우리는 무엇을 해야만 하는가? 라는 물음을 던진다. 이것은 두말할 나위도 없이 도덕적 문제이다. 그런데 환경위기의 도덕적 문제를 정확하게 파악하려면, 우리는 우선 환경위기를 야기하는 인간행위의 성격이 무엇인가를 제대로 이해할 필요가 있다. 그것은 기술행위이다. 생태학적 윤리는 인간의 기술행위로 인해 야기되는 생태학적 문제를 대상으로 한다. 우선 생태학적 윤리는 인간이 자연과 관계를 맺는 행위와 연관된 가치와 행위규범을 해명하고 근거 짓고자 한다. 전통윤리의 관점에서 보면 자연에 대한 인간의 행위는 근본적으로 가치중립적이기 때문에 엄밀해 말해서 인류의 실존조건을 위협한다면, 그 행위는 분명히 도덕적 문제를 야기한다. 여기에서 우리는 심각한 문제에 봉착하게 된다"(이진우, 1997: 283).

이러한 제반 사실은 인간중심주의 세계관에서 비롯되었다. 인간도 역시 자연 앞에서는 무력한 존재일 뿐이다. 자연과 인간은 동떨어진 것이 아니다. 인간은 자연의 일부이고 생태계의 지배에서 벗어날 수가 없다. 자연의 생태계를 파괴한 인간은 자연으로부터 재해를 벗어날 수가 없다. 인간도 역시 자연 앞에서는 무력한 존재일 뿐이다. 자연과 인간은 동떨어진 것이 아니라 인간은 자연의 일부이고 생태계의 지배에서 벗어날 수가 없다. 자연의 생태계를 파괴한 인간은 자연으로부터 재해를 벗어날 수가 없다.

이러한 현상은 스포츠에서도 예외일 수 없다. 스포츠관련 행사의 규모는 날로 거대화되고 있다. 대표적으로 올림픽의 거대화가 그 문제로 들 수 있다. 올림픽의 참가규모와 올림픽 시설을 증축하기 위한 목적을 합리화하기 위하여 자연 생태계 파괴는 개발이란 목적의 명분과 올림픽이라는 대명사로 정당화하고 있다.

한편, 동양에서의 자연과 인간이 하나라는 세계관이 중심이었다. 그래서 천인합일의 사상이 지배적이고 자연의 순리에 역행하지 않으면서 자연의 질서를 내면화하여 자신이 내면의 질서를 유지했었다. 이러한 자연 친화적 세계관에서 보면 스포츠 환경에서 생태중심의 세계관을 가지고 스포츠 환경에서 실천할 수 있는 세 가지 실천적 대안을 제시 할 수 있다.

첫째, 대회규모의 축소와 기존시설을 최대로 활용 할 수 있어야 한다는 것이다. 올림픽과 그 밖의 스포츠 경기대회를 위한 경기장 건설로 인한 산림훼손이 더 이상 정당화되어서는 안 된다. 둘째, 체육인은 스포츠 환경 감시원 역할을 하는 것이다. 즉 스포츠 환경 파괴의 원인 제공자를 감시하여 환경파괴가 원천적으로 발생하지 못하도록 경계하는 일을 하는 것이다. 셋째, 그린 올림픽을 개최한다. 그린 올림픽은 기존의 시설과 자연을 최대로 이용하는 올림픽 대회를 말한다. 그리고 생태계 보전을 위하여 지구촌에 그린 올림픽의 정신을 고양시킨다.

맺음말

생태계 보존과 스포츠의 지속 성장의 길이란 두 마리의 토끼를 잡기 위해서 우리에게 요구되는 것은 인식의 전환이다. 이를 통한 생태계 보전이라는 실천을 수행하는데 있다. 우선적으로 인간 중심주의 세계관에서 생태중심의 세계관으로 전환해야 할 필요성이 증가하고 있다. 이 같은 이유는 인간 중심주의 세계관은 자연을 개발대상으로 간주하여 자연파괴를 정당화시키는데 문제점을 가질 수 있기 때문이다. 인간이 자연의 일부분이고 자연이 곧 인간의 삶의 터전이 된다는 사실을 망각하고 있기 때문에 이 같은 문제들이 지속적으로 나타나는 이유이다.

자연파괴는 생태계 파괴이다. 이는 인간 생명의 위험할 수 있다는 자성이 있어야 할 것이다. 환경 개발과 건설에서 벗어나 기존의 시설의 활용과 자연과 조화를 이루는 시설의 보전 그리고 이용이 스포츠에서 더 필요하다. 더 이상의 생태계 파괴를 방치해서는 안 된다. 이제는 막아야 할 것이다. 자연과 인간의 공존공영은 스포츠문화를 영원히 지속 발전 할 수 있게 하는 정당한 논리가 된다.

이를 실천하기 위한 구체적 방법을 다음과 같이 제시할 수 있다. 체육과 관련이 있던지 혹은 없던지 체육시실에 대하여 관심을 유지하고 관리할 수 있도록 하는 것이 우선적으로 요구된다.

특히 스포츠 전공자 및 관련 종사자들을 포함하는 체육인들은 다음의 사항을 인식하고 이를 실천할 수 있다면 환경문제를 해결할 수 있을 것이다: 첫째, 대회규모 축소와 기존시설을 최대한 사용하는 문제이다. 둘째, 인간중심주의적 세계관에서 생태중심주의적 세계관으로 전환이 필요하다. 셋째, 운동선수가 스포츠 환경감시원(지킴이)의 역할을 한다. 넷째, 그린 올림픽대회를 개최하고 그린 올림픽 정신을 고양시킨다.

15 체벌

체벌은 필요악인가?

체벌과 폭력의 차이는 무엇인가?

체벌을 금지하는 이유는?

15. 체벌

"감정의 매에서 사랑의 매에로"

체벌과 욕설은 아직도 한국의 학교현장에서 사라지지 않고 행해지고 있다. 학교 내에서도 운동부의 경우 그 심각성은 일반 학생들에 비하여 더 심하다. 이는 현장의 지도자들에게 아직도 체벌과 언어폭력(욕설)이 운동선수에게 효과적이라는 믿음이 존재하기 때문이다. 체벌을 가장한 물리적 폭력은 과거에 비해 점점 사라져 가고 있지만, 여전히 현재진행형이다.

지도자가 운동선수를 마음대로 한다는 사실은 체벌을 통하여 간접적으로 확인된다. 물리적 폭력과 언어적 폭력은 어린 초등학교 운동부에서부터 대학팀 혹은 프로팀까지 어렵지 않게 일어난다. 특히 대중매체에 보도되는 지도자들의 폭력에 대한 보도는 심각한 수준을 넘어서고 있다.

더구나 감수성이 예민한 청소년 시절에 가해지는 폭력은 한 인격체에게 나쁜 영향을 줄 수 있다. 특히 경기력 향상을 이유로 폭력을 행한다는 데 문제의 심각성이 있다. 작년의 전국체전에 출전한 한 레슬링 선수의 죽음은 우리 학교 체육의 현실을 상징적으로 보여주는 사건이었다. 지금은 당시 여론에서 뜨겁게 다루었던 문제가 우리들 시야에서 사라지고 말았지만 아직도 그 같은 행위들이 여전히 우리 주변에서 맹목적인 승리추구와 대학진학 그리고 취업이라는 이름하에 행해지고 있다.

현장의 지도자가 체벌을 많이 한다는 것에 대하여 운동선수 생활을 조금이라도 경험을 해 본적이 있는 사람이면 분명히 알 수 있다. 경험이 없다고 하여도 미디어를 통해 운동선수들이 체벌을 확인할 수 있다. 분명한 사실은 체벌이 일종의 과도한 승리지상주의와 경기력 향상을 위해서 행해지고 있다는 것이다. 체벌이 사라지지 않는 근본적인 이유는 바로 효과와 운동경기라는 특수성 때문이다.

체벌을 위장한 폭력이 의식적이든 무의식적이든 학교뿐만 아니라 프로스포츠에서도 행해지고 있다. 이는 충격적인 사실이다. 더 큰 문제는 이 같은 일에 대하여 선수들이나 관계자들이 중요하게 인식하지 않는데 있다. 선수들은 체벌에 대한 타성 때문에 심각성을 알지 못한다. 단지 재수 없어서 체벌을 당한다는 생각이 지배적이다. 특히 체벌을 하면 운동선수는 재 빨리 목표행동에 도달하게 된다는 현실적 인식 때문에 아직도 사라지지 않고 있다.

다른 분야보다 체육 분야에서 체벌은 널리 사용되었음에도 체벌에 관한 논의에서는 가장 소극적이었다. 이것은 다른 분야들보다도 운동선수에 대한 스포츠지도자가 사회적 지지를 등에 업고 있음을 반증하는 것이다. 그 이유는 바로 성적지상주의에 기인한다. 운동은 활동성과가 기록이나 승리라는 단순한 것으로 실증되기 때문에 운동 지도자는 이기기만 하면 모든 것이 합리화 된다. 특히 훈련내용에 상관없이 경기결과에 따라서 최우수 지도자상이 결정되는 현실이 이를 잘 반영하는 경우이다.

체벌에 대한 연구들은 교육학(김혜선, 1994; 이수미, 2004), 법학(윤용규, 2004: 윤용규2002; 김홍연, 2004; 김선구, 2004; 장옥란, 2003; 임종윤, 2005), 사회학(김은경, 1999, 2000)분야에서 상당수 행해졌다. 특히 체육학 분야의 연구에서 지도자와 선수, 선배와

후배간의 관계에서 발생한 체벌에 관한 연구들이 수행되었다(함정혜, 1997; 김정명, 1999; 송기성, 2001; 김응식, 2001; 김영갑 · 김동규, 2001; Jeong, Eigsun, 2002; 강신욱, 2004).

선행연구들은 체벌의 부정적 측면에 대한 연구가 대부분이다. 체벌이 문제라는 것을 학자들은 인식하고 역설하고 있지만 현장에서는 아직도 체벌이 사라지지 않고 있다. 특히 현장 지도자들은 체벌은 필요악이라고 생각하고 그것을 고수하고 있다. 그렇다면 체벌의 정당화 주장에 대한 근거 있는 비판에 대하여 알아보자. 이 연구의 문제는 첫째, 운동선수의 체벌이 왜 문제인가. 둘째, 운동선수의 체벌금지에 대한 담론이다. 셋째, 운동선수의 체벌대안은 무엇인가 등이다.

체벌의 이해

체벌이란 무엇인가. 체벌은 신체에 가하는 처벌을 말한다. 그런데 처벌은 처벌 대상에게 고통과 불쾌감을 불러일으키는 것이 일반적인 목적이다. 체벌은 처벌 대상의 신체에 고통과 불쾌감을 불러일으키는 활동을 모두 가리킨다고 할 수 있다. 그래서 체벌에 대한 가장 일반적인 정의 중에 하나는 체벌을 위반 행위에 대한 벌로서 인간의 신체를 제한하거나, 고통을 가하거나, 침해를 가하는 것과 같은 행위라고 규정하는 것이다. 이 때 도구의 사용여부는 중요한 문제가 아니다. 교육적 차원으로 정의를 좁힌다면 체벌은 교사나 다른 교육직원이 승인되지 않는 어떠한 행위에 대하여 학생의 신체에 고통을 가하는 것으로 정의될 수 있다(김혜선, 1994; 이수미, 2004; 박정하, 2005).

체벌이 가질 수 있는 문제에 대하여 알아보자. 운동선수에게 행해지는 체벌은 학교에서 교육목적을 달성하기 위하여 학생들에게 행하는 것에 비해 많은 부작용을 낳는다. 운동선수는 신체 기술의 향상과 승리에 목적을 두기 때문에 체벌의 강도가 학생보다 강하다. 특히 운동선수의 집중력을 향상시키는데 체벌이 많이 사용되고 있다. 이하에서 운동선수의 체벌의 문제에 대하여 알아보자.

신체 부위에다 불쾌한 자극을 가하여 바람직하지 못한 행동을 억압하고자 사용하는 벌이라는 체벌의 정의에 비추어 생각해 보자. 운동선수에게 행해지는 체벌이 과연 바람직하지 못한 행동을 억제하려는 수단으로 이용되고 있는지 반문하지 않을 수 없다. 부적절한 행동에 대한 경고로 선수에게 체벌을 한다면 그 선수의 운동에 지장을 주지 않는 범위에서 행해져야 하는 것이 당연하다.

운동에서의 체벌은 가혹하다. 두개골이 함몰되는 경우도 있고, 턱뼈가 손실될 정도로 심하게 얼굴을 맞는 경우도 있다. 체벌로 인하여 멍이 드는 경우도 있고 과도한 단체기합으로 인해 연습에 지장을 겪는 경우도 비일비재하다. 이런 정도라면 이것은 경고하는 차원에서의 체벌보다는 개인적 화풀이로 볼 수 있다. 이것은 교육적 효과라는 측면에서도 오히려 마이너스로 작용하며, 운동선수 이전에 한 인간으로 선수를 봤을 때 심한 인격적 모욕이다. 이상과 같이 체벌은 여러 문제를 가지고 있다. 그럼에도 불구하고 현장에서 체벌은 사라지지 않는 이유에 대하여 알아보자.

첫째, 체벌을 정당화하는 입장에서 보면 체벌은 문제행동을 빠르게 감소시킬 뿐만 아니라 옳고 그름을 구별하게 한다. 다른 선수가 유사한 문제행동을 일으키지 않도록 방지하는 효과 즉, 대리경험을 시키는 장점이 있다. 그들은 체벌은 벌의 일종이며 지도자는 직무권한으로서 체벌권리를 행사할 수 있고, 사랑의 매나 교육적 체벌은 가능하다고 주장한다. 또한 체벌은 개인의 책임감을 발전시키고, 자기자율성과 도덕성의 발달을 도와주는 효과적인 방법이라고 한다.

둘째, 체벌은 다른 어떤 형태의 벌보다 최소한의 비용을 들여 보다 신속한 효과를 거둘 수 있다(박정하, 2001). 이 주장에 대해서는 이것이 곧 승리 지상주의의 병폐임을 지적할 수 있다. 이기려는 목적 달성을 위한 수단으로서밖에 운동선수들을 보지 않는다. 운동자체가 목적이 아닌 승리가 지상최대의 목표가 되어버리는 목적 전치현상이 체벌을 긍정하게 만든다. 이것은 사회전체의 인식의 문제이며 모두가 함께 벗어나야 할 족쇄이다.

셋째, 체벌은 당하는 본인보다는 동료 운동선수들에게 간접적인 예방효과를 가져다준다. 체벌을 지켜보는 운동선수에게 각성효과와 더 잘하려고 하는 마음가짐을 가지게 한다. 그 때문에 직접 체벌을 당하는 선수보다 더 효과를 발휘한다. 일종의 시범 케이스라고 할 수 있다. 체벌을 당하지 않기 위해 더 열심히 운동하게 되는 것이다. 그 과정을 거쳐 효과를 얻을 수 있게 된다. 그래서 특정한 선수를 가려내고 체벌을 가하는 것이 집단적인 체벌보다 더 효력을 발휘한다.

넷째, 체벌은 질서를 유지하는 최선의 방법이라는 주장도 있다(2001, 박정하). 체벌을 통해 재빠른 교정을 꾀하는 전체적인 흐름을 원활하게 한다. 운동경기는 경기하는 순간들을 대상으로 하는 것이 아니기 때문에 지도자의 지도력은 흔히 간과하게 되고 지도력을 판단할 수도 없다. 그 때문에 실력이 향상되지 못하는 것은 선수들의 탓이고, 시합에 진 것도 선수들의 노력이 부족했기 때문이라고 생각하고 만다.

이것은 지도자에게도 책임이 있음에도 불구하고 오직 원인을 선수들에게서 찾는 것은 지도자의 직무유기이다. 지도자는 선수들에게 보다 적절한 훈련방법을 소개하고 그들의 실력향상에 도움을 줄 수 있는 방법을 꾸준히 연구해야 한다. 하지만 자신의 연구는 뒷전으로 한 채 선수들의 능력을 오로지 개인 능력 탓으로 돌리는 것은 지도자의 자질에 문제가 있는 것이다.

체벌금지담론

운동선수에게 가해지는 체벌의 긍정론과 부정론에 대하여 알아보았다. 체벌 긍정론의 입장은 체벌이 현장에서 가장 즉각적이고 신속한 효과를 보일뿐만 아니라 광범위한 예방의 효과를 가져온다는 입장이다. 이외에 현장의 질서유지를 위한 유일한 방법이라는 긍정적 효과가 있다. 이에 비하여 체벌의 부정적 입장은 체벌의 즉각적 효과는 있지만 지속적 효과는 가지고 있지 못하다는 것이다. 체벌이 다른 운동선수들에게 예방의 효과를 주지 못한다. 체벌이 적절한 전제조건 하에서 사용해야 한다는 말은 비현실적이다. 그리고 체벌의 남용될 가능성이 높다(박정하, 2005). 이하에서 운동선수의 체벌금지의 담론에 대하여 알아본다.

1. 체벌은 정당하지 못하다.

체벌은 가장 원시적이고 직접적인 방법으로 일시적으로는 효과가 있는 것처럼 보이지만 과도한 체벌은 학생의 자발성을 억제하고 학교에 대한 흥미를 잃게 한다(김은경, 2000, 1999). 학교를 벗어난 운동선수의 경우에는 그 운동에 대한 매력이 점점 감소된다. 학교생활의 부적응이나 운동 상황에서의 부적응은 사회생활의 부적응을 유발시켜 여러 가지 청소년 문제와 폭력문제를 야기시킬 가능성이 있다. 운동선수의 생활을 중도 포기로 연결될 수 있다.

체벌은 사랑의 매가 될 때 교육적 효과와 경기력 향상에 도움이 된다. 하지만 체벌이 감정의 매가 될 때 교육적 효과는 물론 경기력 향상에 일시적 효과는 나타날 수 있지만 지속성을 갖지 못한다. 뿐만 아니라 선수와 지도자간의 감정의 골만 깊어질 가능성이 여전히 높다. 체벌은 지도자의 행위의 의도에서 체벌의 원인을 찾아야 한다. 운동선수의 인격형성을 위한 체벌이 없다면 그것은 체벌이라는 이름에 가려진 폭력과 구타에 지나지 않을 뿐이다.

2. 체벌은 윤리적이지 못하다.

학생이나 선수를 체벌하는 것이 보다 큰 악을 제거하는 명백한 수단이 되지 못하는 이상 체벌에 대하여 원칙적으로 반대할 수밖에 없다(박정하, 2005). 그런데 현실적인 문제를 두고 체벌 논의를 해보면 체벌의 효과성의 의심을 품게 된다. 선수들 인터뷰나 여러 조사들에서도 체벌의 효과를 부정하는 결과가 많다. 감정적으로 잘해야겠다는 생각이 앞서기는 하지만 실질적으로는 행동에 큰 변화가 없다는 여론이 가장 우세하다. 그러하기에 현재 행해지고 있는 체벌은 윤리적이지 못한 문제점을 내포하고 있다.

지도자들이 운동선수의 인권을 존중하지 않고 선수를 승리를 위한 도구나 혹은 수단으로 간주하기 때문에 윤리적이지 못한 구타나 폭력이 나타나는 것이다. 운동선수를 최소한 인격을 갖춘 인간으로 대한다면 언어폭력과 물리적 폭력은 사라질 수 있다. 그런데 체벌이 사라지지 않은 이유는 인간의 존엄성은 사라지고 승리를 위한 맹목적 의지만이 운동선수 세계를 지배하기 때문이다.

3. 체벌은 부작용이 크다.

체벌은 강한 벌의 범주에 포함되는데, 이러한 벌이 학교현장에서 체벌로 적용된다고 하였을 때 야기되는 부작용의 범위는 결코 간과할 수 없다. 강한 벌을 사용하는 부모의 엄격한 훈육에 의해 양육된 아동은 그렇지 않은 아동에 비해서 호기심, 자발성, 사회성이 부족하고 창의성, 자발적인 문제 해결력이 낮다고 보고되고 있다(김혜선, 1994; 신차균, 2003).

운동선수의 경우도 역시 체벌에 길들여진 선수는 창의적인 경기를 할 수 없다는 입장이다. 단지 체벌에서 벗어나기 위해 지도자의 눈치를 살피기 때문에 수동적인 행위를 하게 된다. 자기생각 없이 지도자가 시키는 것만을 행하게 되면 생각하는 경기는 엄두도 못 낸다. 지시와 복종에 익숙하기 때문에 경기에 대한 자율적으로 풀어가는 능력이 떨어진다. 대표적인 경우가 한국축구가 창의적이지 못하다는 지적에서 확인할 수 있다.

4. 체벌은 엄격한 기준이 필요하다.

체벌이 교육상의 목적을 위한 것이고, 교육상의 필요가 있는 것이며, 다른 교육적 수단으로 교정이 불가능하여 부득이 행하는 것이라야 할 뿐 아니라 체벌은 그 방법과 정도가 사회 관념상 비난받지 않을 객관적 타당성이 있어야 함과 동시에 체벌은 학생들의 자존심 등 인격을 침해하지 않는 것이어야 한다고 명시하고 있다(윤용규, 2002, 2004).

이것은 체벌에 관한 가장 실증적인 검토를 가능하게 하는 것으로 부득이하게 체벌이 행해져야 하는 경우 엄격한 기준에 의거해야 함을 강조한다. 원칙적으로는 체벌이 금지되어야 하지만 인격향상을 위한 교육목적과 사회상규에 위배되지 않는 방법으로 교양과 덕망을 잘 갖춘 교사의 징계권으로 행사될 가능성을 염두에 두어 체벌 가능 상황을 성문화한 것임을 유념해야 한다(윤용규, 2004: 윤용규2002; 김홍연, 2004; 김선구, 2004; 장옥란, 2003; 임종윤, 2005).

이처럼 체벌의 효과에 대한 부정적 입장이 우세하다. 그 이유는 체벌이 체벌 본래의 모습이 아니기 때문이다. 체벌을 빙자한 폭력이 우리사회의 운동문화에서 넘쳐나고 있기 때문이다. 그렇기 때문에 운동선수의 체벌비판과 체벌에 대한 부정적 인식이 우리사회에서 지배적인 여론이다. 감정이 실린 폭력이 배제된 체벌은 정당화 될 수 있는 가능성이 있다. 그런데 무늬만 체벌이기 때문에 이 같은 문제가 사라지지 않고 지속적으로 발생하는 것이다. 체벌은 필요하지만 폭력은 금지해야 한다.

현장의 지도자들은 운동선수에게 체벌은 필요악이라고 한다. 지도자는 합법적인 체벌을 당연하게 생각하지만 대외적으로 비난의 시선에서 자유롭지 못하다. 체벌의 정당화는 박정하의 말대로 인권이 보장되는 한에서 행해진다면 문제가 없다. 운동선수 역시 인권을 보장하는 입장에서 행해질 수 있다면 정당화 될 수 있는 문제다. 그렇다면 정당화 할 수 있는 체벌방법을 알아보자.

"학생에게 어떠한 행동을 하면 처벌받게 되는지를 알려주고 경고해야 한다. 교직원은 체벌을 사용하기 전에 다른 가능한 수단을 시도해야만 한다. 체벌은 다른 교직원의 입회하에 이루어져야만 한다. 체벌 이전에 부모의 승인을 받거나, 체벌 이후 부모에게 통보를 해주어야 한다. 이 때 체벌의 이유를 분명히 밝혀야 한다"(박정하, 2001).

이상과 같이 현장의 지도자들은 운동선수에게 체벌은 할 때 적어도 위의 조건을 전재한 상태에서 행해야 한다. 그런데 현장에서 위의 사항을 지킬 수 없을 때 지도자들은 체벌을 포기해야 한다. 만약 경기력 향상을 위하여 체벌이 필요할 때는 선수들과의 사전 합의를 통하여 어떤 잘못이 있으면 그것에 대한 체벌의 양을 정량화하고 그에 준하는 체벌이 있어야 한다. 기준 없이 행하는 체벌은 감정이 개입된 가능성이 크기 때문에 사랑의 매가 아니라 감정의 매가 될 가능성이 높다.

특히 체벌을 행할 때 감정의 개입을 지도자가 통제할 필요가 있다. 체벌을 통하여 경기력 향상을 가져올 수 있지만 그것이 자신의 독특한 훈련방법의 탁월성 때문이라고 생각에 빠질 수 있다. 사회에서는 지도자 자신의 팀이 체벌을 통하여 우승하여 결국에 지도자 자신이 최우수 지도자가 된다. 이 때문에 최우수 지도자라고 공인이 되어도 그것이 지도자 자신의 진정한 코칭능력의 결과라고 오해할 가능성이 있다.

체벌은 선수에게 인격상실이라는 상처를 지울 수 없게 만들고 지도자 자신에게는 자신의 진짜 코칭능력을 알지 못하게 한다. 체벌을 통한 승리를 자신의 코칭능력이 뛰어 나기 때문이라고 오해할 가능성이 높다. 그렇게 되면 체벌의 유혹에서 벗어날 수 없다. 왜냐하면 체벌은 강도가 점점 강해지기 때문이다. 뿐만 아니라 지도자 자신의 큰 즐거움은 체벌 없는 훈련을 통한 승리일 것이다. 이는 엄청난 성취욕과 내적 만족 그리고 자신의 지도철학을 형성하게 한다. 하지만 체벌은 이러한 장점을 체험하지 못하게 한다.

체벌대안담론

체벌금지의 대안은 칭찬의 활용이다. 체벌로 모든 문제를 해결하려고 하는 것에 한계가 있다. 체벌보다는 칭찬을 통해서 운동수행능력을 강화시키는 방안을 생각할 필요가 있다. 칭찬은 선수들의 긍정적인 피드백 작용을 한다. 따라서 지도자는 칭찬과 같은 긍정적 피드백을 통하여 선수들의 내적 동기를 향상시키는 방법을 이용할 수 있다. 선수들이 실현 가능한 목표를 설정하여 그것을 달성할 수 있도록 돕는다면 선수들 개인의 유능성이 향상되고 경기력과 운동수행능력이 향상될 것이다.

칭찬은 개인적 차원의 문제라고 한다면 보다 구체적인 제도와 구조의 문제에 대한 대안을 찾아보자. 사회윤리학적 접근방법으로서 정치적 방법을 사용하여 그 대안을 제시하면 합리적 차원의 체벌, 체육모형의 변화, 지도자의 안정적 생활보장 등을 제시할 수 있다. 구조와 정책의 개혁을 통하여 체벌의 문제를 해결할 수 있다. 지도자들이 체벌을 가하는 근원적인 이유를 지도자들 개인에서 찾기 보다는 그렇게 할 수 밖에 없는 구조적인 차원에서 찾아야 한다.

1. 합리적 차원의 체벌이 필요하다.

체벌은 최후의 그리고 최악의 방법이라고 할 수 있다. 인간은 생각할 줄 알고 의사소통이 가능하다. 물론 체벌은 빠른 시간 안에 큰 효과를 낸다는 것은 부인할 수 없는 사실이다. 하지만 그것은 지속적인 효과를 낼 수는 없다. 지도자들은 운동선수들에게 가하는 체벌이 일시적인 성과를 얻을 수 있는 하나의 효과적인 방법이라고 생각하지만 이는 동시에 나쁜 결과가 되어 부메랑처럼 되돌아 올 수 있다. 그 대표적 예가 '반발심리'이다. 감독이나 지도자에 대한 선수의 불신은 팀의 화합을 저해하고 선수 개인의 기록이나 성적향상에 부정적 영향을 미친다. 선수가 지도자를 존중하는 분위기 속에서 진정한 성적 향상을 기대할 수 있다.

선수는 감독과 코치의 부당한 체벌에는 스스로 방어 할 수 있는 저항의식이 필요하다. 적어도 이유 없이 당하는 체벌에 대하여 선수 자신이 부당성에 대한 자신의 목소리를 낼 수 있다면, 지금과 같이 운동선수가 피해자로 일방적으로 당하는 일은 없을 것이다. 그것이 선수 스스로를 지키는 것이며 자신의 권리를 찾는 일이다.

2. 체육모형의 변화가 필요하다.

거시적인 차원에서 우리나라의 체육모형에 대한 변화가 모색되어야 한다. 우리나라의 체육형태는 엘리트체육에 지나치게 편중되어 운영되어 왔기 때문에 좀처럼 체벌을 빙자한 폭력이 사라지지 않고 있다. 기형적인 체육모형은 엘리트 중심의 체육이 지배적이었다. 과거 후진국에 속해 있던 우리나라는 스포츠를 통해 국위선양과 국가홍보를 목적으로 엘리트체육에 집중투자 하였다. 그 결과로 어느 정도의 국가이미지 개선과 외교 그리고 수출에 긍정적 영향을 줄 수 있었다. 그러나 그 와중에 치료가 힘들 정도의 왜곡된 운동문화가 자리 잡았다.

그 피해자가 운동선수들 자신이었다. 국가는 개인의 희생을 요구하였고 이에 선수들은 순응하였다. 하지만 지금은 올림픽과 월드컵 유치를 통해서 한국의 국가 이미지를 전 세계에 알릴 수 있었다. 이제는 국가홍보 보다는 국민 개인들의 삶의 복지차원에서 체육정책이 마련되어야 한다. 스포츠강국이 아니라 스포츠선진국으로의 도약이 필요하다. 올림픽에서의 메달보다는 국가적 차원의 생활체육 시설의 구비와 프로그램 운영과 같은 복지차원의 체육이 이루어진다면 엘리트체육의 왜곡된 운동문화의 잔재인 체벌은 사라질 것이다.

3. 지도자의 안정적 생활보장이 필요하다.

감독은 체벌을 하기에 앞서 체벌이 최선의 방법이 아닌 최후의 방법이라는 생각을 한다면, 선수들을 조금 더 인격적으로 대할 수 있을 것이다. 그러면 선수들은 감독에 대한 존경과 감독의 지시(작전)에 대한 이해와 실행이 이전보다 앞설 것이다. 이와 더불어 국가 정책으로 운동부가 있는 학교의 감독들의 재임기간을 보장할 수 있어야 한다. 그들의 안정적인 처우 문제가 마련된다면 심리적으로 안정된 마음으로 선수들을 지도할 수 있을 것이다. 어떻게 보면 그것이 운동선수의 체벌을 막는 정답인지 모른다.

맺음말

운동선수는 운동하는 기계가 아닌 하나의 인격체이기 때문에 운동선수와 감독의 관계는 상하의 수직관계가 아닌 수평적 관계가 더 필요하다. 무리한 강요와 훈련은 선수에게 좋은 성적을 낼 수 있지만 선수의 인격과 감성을 마비시킬 수도 있다. 이 때문에 감독은 선수의 훈련과 기능향상을 돕는 조련사보다는 선수의 사람됨을 돕는 조력자가 되어야 한다. 하지만 현실은 운동선수와 감독의 관계는 주종관계에서 벗어나지 못하고 있다. 감독의 말에 절대복종과 체벌을 빙자한 폭력은 사라지지 않고 있다.

체벌은 최후의 최악의 방법이다. 인간은 생각할 줄 알고 의사소통을 하기 때문에 체벌은 이차원적인 것이다. 물론 체벌은 빠른 시간 안에 큰 효과를 낼 수 있다는 점을 부인하지 못한다. 하지만 그것은 지속적인 효과를 낼 수 없다는 한계를 가진다. 그렇기 때문에 지도자가 운동선수에게 가하는 체벌은 일시적인 성과를 얻을 수 있지만 나쁜 결과 또한 가져 올 위험성을 가지고 있다.

체벌의 정당화 혹은 체벌이 필요악이라는 주장이 설득력을 얻기 위해서는 운동선수의 인권보장이 전제되어야 한다. 이와 더불어 선수들 또한 지도자의 부당한 체벌에 대하여 저항의식을 가질 필요가 있다. 특히 이유 없이 당하는 부당한 체벌에 대해서는 두

말할 필요도 없다. 감독의 경우는 체벌에 앞서 체벌이 최선의 방법이 아닌 최후의 방법이라는 생각을 가져야 한다. 그래야 체벌이 폭력이 되는 것을 막을 수 있다.

선수를 인격적으로 대해야 한다는 것은 아주 지극한 상식이다. 그리고 경기결과와 관계없이 지도자의 재임기간을 보장해주는 것이 필요하다. 그들의 안정적인 처우 문제가 해결된다면 심리적으로 안정된 마음으로 선수들을 지도할 수 있을 것이다. 이외에도 체벌과 폭력의 차이에 대한 인식과 제도, 지도자와 선수간의 존경과 신뢰형성 그리고 지도자의 안정적인 생활보장이 체벌을 사라지게 하는 하나의 방법이다.

16 미래

우리에게 스포츠란 무엇인가?

인간을 위한 스포츠란?

공생, 의미, 감동, 과정중심의 스포츠란?

16. 미래

“스포츠를 위한 인간에서 인간을 위한 스포츠에로”

미래는 불확실하다. 도대체 알 수 없기 때문에 두려움이 엄습하다. 이 때문에 미래에 대하여 관심을 가지게 된다. 아주 현실적 이유이다. 당장 자신의 눈앞에 어떤 일이 벌어질 줄 아무도 모른다. 미래를 생각하는 이유는 미래에 좀 더 행복한 삶을 살기위한 희망의 끈을 놓지 못하기 때문이 아닌가 생각하게 한다. 미래의 스포츠는 어떻게 변할 것인가. 그 변화에 우리는 어떻게 대처할 것인가에 대하여 관심을 가지게 된다. 너무도 빠른 시간의 추이에서 스포츠 또한 시대환경의 틀 내에서 변화를 지속할 것인가 아니면 사라질 것인가 아주 궁금하다.

스포츠는 어디를 향하여 가고 있는가. 과학화와 학문화로 인하여 스포츠의 위상은 점점 높아만 거지만 그와는 대조적으로 스포츠의 실재는 좋게만 보이지 않는다. 그 이유는 너무나 무한질주를 해왔기 때문이다. 좀처럼 주변의 운동선수들의 웃는 얼굴을 찾아보기 힘들다. 그 만큼 그들의 얼굴은 웃음을 상실한 무표정하고 금메달과 성적에 집착한 나머지 긴장되고, 욕구가 충족되지 않은 불만족스러운 모습으로 변모해 가고 있다. 누가 그들을 아니 우리를 그렇게 만들었는가.

운동선수를 포함한 스포츠 하는 우리의 모습은 주변인들에 대한 지적 열등한 의식과 그 의식 속에서 파생되는 초라함을 극복하려는 몸부림으로 지친 가운데 웃음을 상실한 모습이다. 즉, 학문적 열등감에서 탈출하기 위해서 과학화와 학문화를 위하여 무한질주 속에 달려왔을 뿐 잠시도 뒤돌아보지 못하였다. 이제 잠시 시간을 내어 우리의 모습을 되돌아보고 반추해 볼 때이다. 그렇다면 현재 우리의 얼굴(자화상)은 웃음을 잃어가고, 인간의 본래의 모습에서 벗어나고 있다고 볼 수 있지 않을까.

스포츠에서 상실한 웃음을 회복할 수 있는 길은 황금에 대한 욕망을 줄이는 길이다. 오직 금메달을 향하여 달려온 우리의 얼굴은 무표정할 수밖에 없다. 너무나 힘들게 앞만 보고 달려왔으며 오직 살길은 이길 밖에 없다는 굳은 신념으로 매진 한 표정이다. 이런 현상은 인간의 얼굴을 한 스포츠의 모습은 아니었다. 차라리 생존을 위한 몸부림처럼 정글의 약육강식에 비유될 수 있을 것이다.

이 글의 목적은 웃음을 상실한 현대 스포츠에서 웃음을 회복하기 위한 방법으로 인간의 얼굴을 한 스포츠에 대하여 다룬다. 인간의 얼굴을 한 스포츠는 엘리트스포츠, 학교스포츠, 생활스포츠 등을 모두 포괄하는 현대 스포츠를 의미한다. 현대 스포츠에서 웃음의 상실의 원인은 기존의 경쟁, 승리, 기록, 결과 중심의 스포츠에 있음을 알아보고, 웃음을 회복하기 위한 방법으로 상생, 의미, 감동, 과정중심의 스포츠를 제시할 것이다. 이를 위하여 논의 절차는 현대 스포츠의 문제를 제기하고, 웃음의 상실과 회복을 위한 방법으로 경쟁에서 상생에로, 기록에서 감동에로, 승리에서 의미에로, 결과에서 과정에로의 순서로 언급할 것이다.

현대 스포츠의 문제 : 스포츠를 위한 인간

현대 스포츠의 문제는 이론과 실천의 형태 모두에서 나타나고 있다. 이론의 문제는 학문의 세분화, 환원주의, 실증주의적 방법에 대한 맹신 등이라고 할 수 있다. 이에 비하여 실천의 문제는 경기스포츠의 타락, 선수들의 저 연령화, 승리지상주의에서 비롯된 경기스포츠의 상업화, 선수들의 약물 복용, 승부조작, 선수의 비인간화 등이라고 할 수 있다.

문제는 스포츠 그 자체를 도구화하는 데에서 발생하게 된다. 이는 결국 선수를 도구화하는 것을 의미한다. 도구화는 비인간화를 가져올 뿐만 아니라 인간성의 상실을 하게 된다. 이런 이유 때문에 스포츠의 존재이유는 망각되어 왔는데 그 중에서도 스포츠에 직접 참가하는 운동하는 주체에 대한 존재망각이 큰 문제이다. 스포츠의 외부적인 장애로 인하여 진정 운동하는 주체의 존재의미는 사라지고 있다.

지금의 스포츠의 현상은 '보다 빠르게, 보다 높게, 보다 강하게' 라는 올림픽의 모토가 상징적으로 암시하는 것처럼 선수들이 신기록을 위하여 필사적으로 노력하게 하는 결과를 가져왔다. 그 이유는 아마도 인간존엄성 혹은 인간 중심의 사유가 제거된 상태에서 발생한 것이라고 볼 수 있다. 그 결과 스포츠는 경쟁, 기록, 승리, 결과 중심의 스포츠로 변화되었고 이는 아직도 진행 중이다. 이러한 변화는 현대 스포츠의 발전을 가져온 대신 '스포츠 하는 기쁨'과 스포츠의 의미를 앗아갔다.

그 다음으로 우리가 간과하고 있는 것은 운동선수 혹은 스포츠 참여자들이 개인적으로 경험하게 되는 스포츠체험의 의미라고 할 것이다. 그 경험은 지금까지 단지 '객관화의 중요성'이라는 논리와 합리적이지 못하다는 이유로 배척당해 왔다. 그러나 우리에게 중요한 것은 과학적인 결과보다 개인의 경험세계일 수 있다. 개인적, 혹은 예술적, 직관적인 경험세계에 대한 중요성의 망각은 운동선수를 움직이는 운동기계로 간주도록 하기 쉽다.

위험을 예방하기 위해서는 운동선수 혹은 운동에 참여하는 사람들에게 인문정신을 함양하도록 하는 것(인간다움의 길에 대한 성찰)이 필요하다. 이러한 필요성의 제기는 단지 스포츠의 외적 가치에만 치중한 나머지 우리에게 중요한 내적 가치에 대한 중요성에 대하여 망각하고 있는 현실에서 비롯된 것이다. 이기적인 탐욕과 물량주의적 상품화가 난무하는 현대 스포츠에서 우리들에게는 개인적 경험 세계와 자기의 정서적 영역의 확장이 보다 더 필요하다.

현대 스포츠의 문제의 원인은 바로 경제적 효율성의 지나친 강조와 도구적 인간관계 그리고 맹목적인 승리의 추구를 종용하는 국가주의적 이데올로기와 자본의 상품화의 논리에 철저히 지배당하는데 있다. 이러한 현대 스포츠의 문제에 대한 대안적인 방법의 하나로서 인간의 얼굴을 한 스포츠를 말 할 수 있다.

인간을 위한 스포츠

이 장에서는 현대 스포츠의 문제, 즉 인간의 얼굴에서 웃음을 상실하게 만든 원인이 경쟁, 승리, 기록, 결과 중심의 스포츠에서 있다는 것을 알아보고, 상실된 웃음을 회복하기 위한 방법을 상생, 감동, 의미, 과정 중심의 스포츠에서 찾아 보았다.

1. 상생중심의 스포츠

현대스포츠의 윤리적 문제가 발생되는 근본적인 이유 중에 그 하나는 과도한 경쟁이다. 경쟁은 운동선수 혹은 운동주체의 상호 우월성을 위한 공동의 노력이 없이는 윤리적으로 정당화 될 수 없다. 그렇기 때문에 과도한 경쟁은 선의의 경쟁처럼 그 자체가 가지고 있는 긍정적인 효과는 이미 상실되었고, 결과에만 중점을 두게 되었다. 이런 이유 때문에 스포츠에는 끊임없이 비윤리적인 문제들이 발생하게 되었다.

과도한 경쟁이 승리지상주의의 근원이 되는 것은 말할 필요도 없이 자명한 이야기이다. 과도한 경쟁은 승리하는 사람(팀)과 패배하는 사람(팀)이라는 이분법이 적용되어 즐거움을 향유하는 사람(팀)이 있는가 하면, 반대로 슬픔과 좌절에 빠지는 사람(팀)이 있게 된다. 이러한 과열의 경쟁의식을 어떻게 희석시킬 수 있는가 하는 문제가 가장 중요한 사항이다. 그 희석의 방법은 스포츠의 근본원리라고 할 수 있는 기존의 경쟁원리에서 공생 혹은 조화, 상생원리에로의 전환에서 찾을 수 있다.

또한 경쟁에 대한 견해는 상호간의 목적 달성에 긍정적 기여를 하는 선의의 경쟁에 대하여 높은 가치를 두고 있다. 그러나 이러한 경쟁의 수준이 지나치게 과도하게 된다면, 오히려 상호간의 불신과 방해 역할을 할 수 있다. 즉 상대 선수를 선의의 경쟁자로 볼 것인가, 아니면 적으로 볼 것인가 하는 것이 경쟁에 관한 상반된 견해를 갖게 한다.

이런 의미에서 인간의 얼굴을 한 스포츠를 위한 선행조건으로서 과도한 경쟁이 아닌 공생 혹은 조화, 상생중심의 스포츠에로의 전환이 필요하다. 이러한 예는 택견의 무예동작 혹은 스포츠를 집중적으로 살펴보면 알 수 있는데, 그 속에는 상생과 조화의 원리가 중심 사상으로 용해되어 있다. 달리 말하면 나도 행복하고 상대도 행복하고, 나의 기술의 향상과 상대방의 기술의 향상을 도모한다는 의미이며, 모두가 승리자가 될 수 있다는 것이다.

기존의 경쟁중심의 스포츠에서 공생 혹은 조화, 상생중심의 스포츠에로의 전환은 현대 스포츠의 문제에 대한 일종의 구원의 방법이라고 볼 수 있다. 너무나 이분법적인 잣대로 승자와 패자를 구분하는 그 자체는 운동선수 혹은 운동주체를 비인간화시킬 수 있는 가능성이 많이 내포하고 있다. 모두가 승자가 될 수 있다면, 그것보다 더 좋은 방법은 없을 것이다. 상생중심의 스포츠는 상대를 위한 보조자 혹은 조력자의 역할을 상대가 서로에게 제공한다면 운동주체가 신체적 탁월성과 기술의 완벽성에 도달하여 좀 더 인간의 얼굴을 한 스포츠에 접근할 수 있는 기회를 만들어 주는 것이다.

상생원리는 운동하는 서로에게 즐거움과 기술향상을 제공할 수 있다. 이때에는 승자와 패자는 존재하지 않으며, 모두가 결국에는 승자가 되는 것이다. 서로의 목표를 성취하도록 돕는 행위가 바로 공생 혹은 상생원리이다. 공생 혹은 상생의 중심의 스포츠는 운동주체 혹은 운동선수들이 자신의 기량을 최대한 발휘하려고 노력하는 과정에서 체득되는 많은 의미들을 강조하다.

2. 의미중심의 스포츠

현대 스포츠는 점차적으로 기록중심의 스포츠로 변화하고 있다. 이런 이유 때문에 사람들의 주된 관심은 일차적으로 선수들의 기록에서 찾는다. 왜냐하면 그 기록에 의하여 프로 선수들의 연봉, 즉 몸값이 책정되기 때문에 다른 무엇보다도 기록에 관심이 집중될 수밖에 없다. 선수들에게 현상적으로 나타날 수 있는 성적은 기록밖에는 없기 때문에 선수들은 기록을 위해 경기를 임해야 한다. 그렇기 때문에 선수들에게서 스포츠 하는 즐거움이 많이 제거되었다고 볼 수 있다.

기록중심의 스포츠는 운동선수 혹은 운동주체들을 억압하는 구조가 되고 있다. 학교스포츠는 물론 현대 스포츠가 대략적으로 기록중심의 패러다임 위주로 되어 있는데, 이것은 자본주의 시장경제와 유용성의 중심 논리에 의해서 생겨난 결과라고 볼 수 있다. 학생 혹은 선수중심, 수요자 중심의 교과편성과 지도체계가

이루어지지 않았기 때문에 발생한다고 볼 수 있다. 이러한 의미에서 다음의 글을 주목할 필요가 있다

"기록을 위한 과잉 경쟁이 격해지면서 신체의 훈련으로는 쫓아갈 수 없게 되었다. 인간의 생물학적 진화는 벌써 끝났다. 그러나 인간이 만들어 낸 스포츠는 고도화한 정보의 영역이 되어 신체의 자연을 넘기 시작하고 있다. 이러한 불균형을 없애기 위한 신체 개조를 기술에 의존하는 일이 진행되어 가는 과정은 이상하지 않다. 그 개조는 과학적인 훈련의 정도에 그치지 않는다. 아나볼릭 스테로이드 등의 약물을 사용해서 근육증강을 도모하는 도핑이 확대되고 있다. 그래서 점차 고도화하는 스포츠는 이기기 위한 수단으로서의 도핑문제라는 귀찮은 짐을 내부에서 만들어 내 짊어지게 되었다"(손환외 역, 2000: 147).

이제 기록은 더 이상 동일한 조건에서 경기가 이루어지지 않기 때문에 의미가 없다. 제1회 아테네 올림픽의 육상 100미터 경기에서 10초 3이라는 기록으로 한 선수가 우승을 했다고 가정한다면, 그 때 우승자의 복장과 신발은 분명히 지금의 첨단 과학 장비와 과학적인 트레이닝과 용품(전문 스포츠 신발)의 혜택을 받는 선수와는 차이가 있다.

당시의 온도와 습도 그리고 풍속이 지금 세계 어느 곳에서 동일한 조건의 경기를 한다는 것은 사실상 불가능하다. 이러한 예는 멕시코 올림픽의 육상 멀리뛰기에서의 미국 육상대표선수 빌 롱의 기록에서 찾을 수 있다. 그는 멀리뛰기에서 8미터 90센티의 신기록 세웠는데 그 기록은 23년 후에나 경신할 수 있었다. 그 이유는 멕시코의 고원이라는 지리적인 특성이 있었기 때문이다. 이러한 맥락에서 장-마리 브롱은 다음과 같이 말한다.

"선수는 단지 수감자일 뿐이며 그들의 실력은 가능한 한 양적으로 통제되고, 평가되고, 기록된다. 하나의 체계로서의 자본주의

는 인간의 상상력을 질식시키고 인간 신체를 무심한 생산노동에 짓눌러 넣는다. 그리고 스포츠가 그냥 체계의 논리에 복종하고 마는 것이다"(Brohm, J. M, 1978: 175).

기록은 의미가 없는데도 불구하고 많은 선수와 코치 그리고 스포츠과학자들이 기록 단축을 위하여 노력하고 있다. 그 이유는 이미 인간의 생물학적 진화가 한계에 봉착하였고 기록 향상은 과학적인 연구와 장비 개량을 통하여 찾을 수밖에 없기 때문이다. 그래서 운동경기에서의 기록경신은 인간의 기록경신이 아니라 운동장비의 기록경신이라고 할 수 있다. 이러한 예는 수영의 전신 수영복, 자전거 바퀴의 변형, 탁구라켓의 변형 등 다양하게 찾아 볼 수 있다.

기록에 매달리는 또 다른 이유는 스포츠 저널리즘의 조작이라고 할 수 있다. 광고를 팔기 위해서, 관중을 동원하기 위해서, 아니면 신문사의 이익을 위해서 사람들의 관심을 집중시킬 수 있는 방법은 신기록이란 호기심을 자극하는 일이다. 이러한 이유로 기록은 지금까지 중시되고 있는 것이다. 이러한 현상은 운동선수들의 영웅 만들기와 신기록 조장을 통하여 기록에 대한 왜곡된 이미지를 국민들이 환상에 젖도록 마음속에 심어 놓았다고 볼 수 있다. 학교스포츠, 혹은 현대 스포츠, 미디어 스포츠를 포괄하는 모든 스포츠는 인간의 얼굴을 한 스포츠로의 전환이 시급하며, 이를 위하여 기존의 과도한 기록중심의 스포츠에서 의미중심의 스포츠에로의 전환이 필요하다.

이러한 맥락에서 메시니(Metheny, E, 1968)는 스포츠는 우리 인간에게 삶의 의미를 제공하는 체험적 가능체라고 말하였다. 인간은 많은 잠재력을 지닌 통일적 존재이며, 외부에서 객관적으로 관찰 될 수 있는 신체 이상의 존재이다. 또한 정신으로서만 파악될 수 있는 하나로서 '지금 여기에서' 활동하고 있는 것이다. 따라서 1980년 이후 체육계에서는 운동 그 자체에 참여함으로써 갖게 되는 어떤 의미를 찾기 위해 스포츠체험 그 자체에 많은 관심을 집중하였다. 이에 대하여 최의창은 지금까지 신체활동은 의미의 주관적 측면만을 강조되었다고 비판하면서 객관적 의미, 즉 제도적 의미에 대하여 강조한다.

"의미의 개인적 측면은 행하는 사람이 느끼는 신체적 지각, 감각적 느낌 등의 운동감각적 인식상태나 몰입, 절정경험, 충족감, 즐거움 등과 같은 심리적 정서 상태를 말한다. 이 측면은 매우 개인적인 성격을 지닌 것으로서 다른 사람과 공유하거나 다른 이가 대신해서 체험해줄 수 없다. 반면에 객관적 측면은 체육활동 그 '자체가 가지고 있는' 의미로서 개인의 자신의 체험 속에 내면화시켜야 할 성질의 것이다. 객관적 의미는 개인마다 서로 다르게 가질 수 없는 것이며, 동일한 느낌을 얻게 되는 것은 필연적이다. 이런 의미에서 체육활동을 하나의 문화활동, 하나의 인간활동(a practice)으로 인식하게 만든다"(최의창, 2000: 233).

현대 스포츠의 문제는 기록중심의 스포츠에서 찾을 수 있었다. 과도한 기록에 대한 몰두는 그 이면에 숨은 전략이 내포되어 있기 때문이라고 볼 수 있는데 그 하나는 민족주의, 즉 자국의 우수성을 세상에 알리기 위한 방법이다. 다른 하나는 흥행을 목적으로 하기 때문이다. 이 같이 기록에 대한 잘못된 인식구조로 선수들은 비인간화되고 있다. 인간자체의 진화는 이미 그 한계에 직면했다고 볼 수 있기 때문에 다만 기록향상을 위한 방법은 과학기술의 발달에 의한 첨단 장비를 개발하는 것에서 찾을 수 있다. 그렇기 때문에 기록중심의 스포츠에서 의미중심의 스포츠에로의 전환이 요구된다.

3. 감동중심의 스포츠

현대 스포츠의 문제의 근본적인 원인들 가운데 그 하나로 승리지상주의를 말할 수 있다. 그렇다면 왜 이러한 승리지상주의가 문제로 제기되는가. 승리지상주의가 문제가 되는 이유는 승리를 위하여 수단과 방법을 고려하지 않는다는 점과 공정하지 못한 경기조차도 승리를 위해서 정당화된다는 점에 있다. 게다가 이러한 현상은 사회 전체가 공정한 경쟁을 통한 승리의 중요성보다는 어떻게든 이기면 된다는 의식이 일반화되게 만들 수 있는 위험성을 가진다.

이러한 문제는 스포츠 전체의 책임 또한 크다고 할 수 있다. 승리지상주의 문제는 스포츠 자체 내에서 해결책을 찾아야 하는데 지금까지는 스포츠 외적인 문제에서 그 해결책을 찾아왔다. 왜냐하면 그 자체 내에서 해결책을 찾지 못한다면 그것은 자체적인 포기를 의미하기 때문이다. 이러한 승리지상주의의 한국적 실상은 다음의 글에서 확인할 수 있다.

"살가죽이 찢어지는 듯한 통증을 혀를 깨물고 참아낸 히로시마 아시안게임 레슬링 100kg급 금메달리스 송성일, 벼르고 별러 정밀 검사를 받기로 한 날 아침 다시는 일어나지 못한 남자배구 대표팀의 김병선, 대표선발전을 앞두고 유명을 달리한 유도 남자 65kg급의 정세훈은 한국 스포츠의 영원한 '비극의 주인공'으로 남아있다"(스포츠서울, 1998년 8월29일자).

이와 같은 현상은 현대 스포츠의 문제는 승리지상주의에서 비롯된다고 볼 수 있다. 승리지상주의는 승리를 유일한 절대가치로 인식하고 수단과 방법을 고려하지 않는 것을 의미한다. 수단과 방법 자체가 윤리적으로 문제가 되어도 결과적으로 승리하였다면 모든 것이 정당화된다. 승리를 위한 수단으로 도핑, 반칙, 폭력 등이 정당화될 수 있는 스포츠 현실에 문제가 있다. 이처럼 승리를 유일한 목적으로 보는 견해는 선수들을 비인간화시킬 가능성이 높다.

운동선수에게 현상적 결과로서의 승리가 충족되지 않는다면 사회 시스템에서 살수가 없다. 즉 운동선수로서의 상품가치가 상실되어 더 이상 생존할 수가 없다. 그러나 승리는 살아남기 위한 것이지만 스포츠 행동의 전부인 것은 아니다. 이것은 결국 소유욕에서 비롯되고 경기 자체의 공허감을 초래하기 쉽고 선수 생명을 단축시킬 가능성이 높다.

예를 들어, 어느 대학의 운동부들은 학교의 대외적 광고와 이미지 홍보를 위한 투자 대상이다. 적은 투자로 많은 광고 효과를 얻을 수 있기 때문에 동문회 그리고 학교의 명예를 유지하기 위한 집단적 요구를 운동선수에게 강요함으로써 선수들은 개인의 자아실현의 욕구보다 집단적 욕구를 더 우선시 한다. 이로 인하여 선수들은 스포츠를 통한 자아실현과 신체의 탁월성, 자아성장의 기회를 사실상 상실한다. 반면에 현상과 결과로서의 승리지상주의의 지나친 집중은 약물복용, 속임수, 폭력 등 비윤리적 요인들이 발생되며 이 모든 것들이 승리를 위한 것이라고 정당화시킬 위험성을 내포하고 있다.

운동선수 혹은 운동주체가 승리에 관하여 어떤 관점을 가지고 스포츠를 행하는가에 따라서 스포츠는 게임이 될 수 있고, 혹은 전쟁이 될 수 있다. 게임으로서의 스포츠를 하는 사람들은 의미와 실재로서의 승리를 추구 한다. 반면에 전쟁으로서 스포츠를 하는 사람들은 현상과 결과로서의 승리만을 얻기 위해 스포츠를 행할 것이다. 여기서 전자의 관점을 갖는 입장의 사람들은 운동선수 혹은 운동주체를 하나의 인격체와 예술가로 보는데 비해 후자는 운동선수 혹은 운동주체를 싸움터의 전사와 상품, 기계로 간주한다. 이처럼 승리의 목적을 어디에 두느냐에 따라 승리의 의미는 명확히 구분될 수 있다.

이상과 같이 살펴보았을 때 현대 스포츠의 문제를 극복하는 대안 가운데 하나가 기존의 승리중심의 스포츠에서 감동중심의 스포츠에로의 전환이다. 여기서 감동은 운동선수 혹은 스포츠 활동에 참여하는 참가자들의 승리에 대한 인식을 새롭게 하는 데에서 찾을 수 있다. 달리 말하면 승리를 어떻게 볼 것인가 하는 문제가 바로 감동중심의 스포츠가 성립될 수 있게 하는 근거가 된다. 지금까지 승리가 결과와 현상중심에서 인식되었기 때문에 의미와 실제로서의 승리에 대한 인식이 상대적으로 부족하였기 때문에 많은 문제를 가질 수밖에 없었다.

이 외에도 학교 운동회의 축제적 성격의 부활을 통해서 감동중심의 스포츠를 형성할 수 있다. 학교 운동회는 지역사회의 모든 구성원이 함께 참여하는 지역의 한마당 축제로서의 역할을 할 수 있는 여건의 정비가 필요하다. 운동회는 학교와 지역사회, 가정을 함께 연결하는 중심체가 될 수 있다. 이곳에서는 승리에 대한 지나친 강조를 억제하며 모두가 함께 참여하여, 모두가 즐길 수 있는 축제의 장을 만들어 가는 일이 필요하다. 현재의 운동회처럼 형식적인 행사를 지양하고 운동회가 지역사회를 통합하는 마을 혹은 동네의 작은 축제가 될 수 있다면, 감동중심의 스포츠는 자연적으로 형성될 수 있다.

4. 과정중심의 스포츠

스포츠 현장에서 자주 볼 수 있는 장면 중에서 들을 수 있는 소리가 감독이나, 선수들 간에 사용하는 굳 파울(good faul)이라는 용어이다. 우리말로 번역하면 좋은 반칙에 해당하는데 이는 상호모순을 가진 어울릴 수 없는 합성어이다. 그럼에도 불구하고 이런 용어가 자주 들을 수 있는 이유는 과정보다는 결과에 따라 모든 가치를 평가한다는 의미를 엿볼 수가 있다. 승리만을 위해서 수단과 방법을 가리고 않고 사용되는 모든 파울은 용납된다는 말이다. 만약 결과가 승리라면 과정의 잘못은 정당화되고, 또한 과정의 잘못은 승리를 위한 정당한 행위가 되는데 문제가 있다. 이처럼 결과중심주의에서 파생된 문제는 스포츠에서의 폭력의 문제로 나타난다. 그 구체적인 예를 살펴보자.

"2000년 6월 25일 여자프로농구경기가 경주체육관에서 벌어졌다. 이때 현대건설과 금호생명의 경기가 끝난 후 경기 내용이 나빴다며 현대의 감독이 선수의 얼굴을 때려 고막이 찢어지는 상처를 입혔다"(중앙일보, 2000년 7월11일자).

이와 같이 폭력을 체벌로 미화하고 그 정당성을 옹호하는 분위기가 지속되는 스포츠계의 관행은 그것을 있을 수 있는 일로 치부하는 데 문제의 심각성이 있다. 이와 같은 사건을 통해 우리는 운동선수 출신의 지도자들이 그들의 선수 시절의 경험을 되풀이하는 모순을 가지고 있음을 확인할 수 있다. 지도자들은 선수시절에 폭력은 부당하다고 생각하나, 그들이 지도자로 현장에 나가면 같은 행동을 되풀이하는 것은 모순이 아닐 수 없다. 그 같은 일은 사회, 학교, 회사 자체가 결과만을 평가하기 때문이며, 좋은 결과를 얻지 못하면 감독을 무능력한 감독으로 판단하기 때문이다. 그들 자신의 능력을 키우는 대신 빠른 효과를 얻을 수 있는 폭력을 행사하는 것은 결과적으로 그들 자신의 무능력을 입증하는 예가 될 수 있다.

체벌(폭력)은 선수와 지도자 상호 간의 불신에서 발생한다. 지도자는 선수를 불신함으로써 선수가 다른 생각을 하지 않고 실력향상에 매진할 수 있게 하기 위하여 폭력적 수단을 사용한다. 폭력을 사용하면 선수는 더 열심히 하고 실력도 향상된다는 믿음이 체육계에는 상식이 되어있다. 과거의 사례들로 보아 그 효과는 입증된 방법이다. 선수가 잘못하면 경고차원에서 간단히 언성을 높여 지도할 수는 있으나 폭력을 사용하면 선수와 지도자 사이의 믿음이 깨지게 된다. 연습이나 시합 후 폭행을 당하면 시간이 흘러도 그 상처는 쉽게 사라지지 않는다. 이것은 결국 지도자와 선수 사이의 불신을 조장하게 되고 경기의 질도 떨어지고 좋은 성적을 기대할 수 없게 만든다.

선수와 지도자 사이의 신뢰를 회복하기 위해서 지도자는 선수의 능력을 믿고 다양한 방법의 지도가 필요하고 선수 또한 지도자에 대한 존경과 신뢰가 필요하다. 뿐만 아니라 지도자가 선수를 지도할 때 폭력적 수단을 사용하지 않고서는 문제 해결이 안 된다고 판단되면 선수 대표와 이야기를 하고 선수가 있는 가운데 그 선수에 대한 처벌 수위를 조절해야 한다. 이 방법이 제재를 받는 선수 또한 인정을 하고 받아들이는 민주적인 의사소통방법이라고 할 수 있다.

이런 문제들이 발생되는 근본적인 이유는 스포츠 그 자체를 즐기려 하지 않고 결과중심의 성적을 올리려는데 주된 목적이 있기 때문이다. 결과만이 좋으면 된다는 사회적 인식은 운동선수들을 운동기계로 만들어 놓고, 오로지 운동만 할 뿐 다른 건 생각할 수도 없게 만들었다. 코치나 감독들은 선수들의 실력을 최대한 끌어올리기 위해 강압적인 수단으로서 폭력(체벌)을 사용하고 선수들 역시 그것을 묵인한다.

인간의 얼굴을 한 스포츠를 위해서, 지도자들은 선수 양성에 있어 끊임없이 자신의 윤리의식 혹은 지도자철학을 잃지 않기 위해 노력해야 할 뿐만 아니라 선수들 역시 스포츠윤리 안에서의 페어플레이, 스포츠정신을 고양해야 한다. 그리고 우리 사회 또한 결과보다 과정을 더 중요하게 생각하여 선수들의 정당하지 못한 승리보다 스포츠정신에 입각한 패배를 인정하고 최고보다는 최선을 높은 가치로 인식하는 분위기를 만들어야 한다. 이것은 결국 성적지상주의로 인한 결과중심의 스포츠가 퇴조하고 과정중심의 스포츠가 필요로 함을 의미한다.

맺음말

우리의 얼굴에서 상실한 웃음을 다시 찾을 수 있는 길은 물질적 욕망을 줄이는 길이다. 오직 부와 명성, 권력을 향하여 달려온 우리의 얼굴은 필연적으로 웃음을 상실할 수밖에 없었다. 너무나 힘들게 앞만 보고 달려왔을 뿐만 아니라 살길은 이길 밖에 없다는 굳은 신념으로 매진하였다.

이것은 인간의 얼굴을 한 스포츠의 모습은 아니라 웃음을 상실한 비인간적 모습과 물질적인 욕망의 늪에 빠져서 갈 곳을 찾지 못하는 스포츠에 불과하였다. 이처럼 왜곡된 현상 때문에 인간존중, 인간애의 스포츠는 현실적 삶에서 멀어져만 갔으며 우리는 그것을 추종하는데 너무 많은 시간을 소비하였다.

우리의 얼굴에서 상실된 웃음을 회복하고 인간의 얼굴을 한 스포츠를 만들기 위해서는 무엇보다도 웃음을 상실하게 한 문제의 원인을 찾아내고 그 대안을 마련하는 일이다. 웃음의 상실의 원인은 기존의 경쟁, 승리, 기록, 결과 중심의 스포츠에서 찾았고, 이를 극복하기 위한 방법은 상생, 의미, 감동, 과정중심의 스포츠에서 찾을 수 있었다.

상생 중심의 스포츠는 운동주체가 상호간의 기술과 인격 발달의 조력자로서의 역할을 하는 가운데서 모두가 승리자가 되는 것을 말한다. 감동 중심의 스포츠는 성적에 대한 억압과 착취에서 벗어나서 스포츠 그 자체를 통한 보람을 얻는 것을 의미한다. 의미 중심의 스포츠는 객관적 의미와 주관적 의미로 구분이 가능하다. 전자는 문화로서의 스포츠의 역할을 말하며, 후자는 스포츠에서 개인적 의미를 찾자는 것이다. 과정 중심의 스포츠는 결과 중심의 스포츠가 가져오는 폐단을 없애고 과정 그 자체의 체험을 중요하게 생각한다.

무엇보다도 우리가 잊고 있는 진실은 인간이 스포츠를 위해 존재하는 것이 아니라, 스포츠가 인간을 위해 존재해야 한다는 사실이다. 우리가 무한대의 성장을 지향하는 가운데 스포츠에서 잊고 있는 것은 가치의 위계질서이다. 가치위계질서의 파괴와 가치전도의 혼란은 인간이 스포츠를 위하여 존재하도록 만들고 만들어가고 있다. 그것은 무엇이 중요하고 어떤 가치가 스포츠에서 우선 되어야 한다는 것에 대한 망각으로부터 비롯되었다.

물론 현대 스포츠에서 나타나는 여러 문제의 원인을 제도적인 측면에서 한정하여 찾을 수 있을지 모르지만 무엇보다도 그 제도를 주도하는 인간에게 가장 큰 원인이 있음을 알 수 있다. 이런 까닭으로 스포츠의 존재이유에 대한 인간의 망각 때문에 인간의 얼굴에서 웃음을 상실하게 만들었다는 논리는 설득력을 얻을 수 있다.

스포츠가 인간을 위해 존재하는 스포츠 혹은 웃음이 넘쳐나는 스포츠가 되기 위해서는 지속적인 인간과의 만남을 통해서 인간들에게 기쁨과 감동을 제공할 수 있어야 하며, 인간애와 인간존중 그리고 주체와 객체가 분리되지 않는 모두를 위한 스포츠가 되어야 한다. 이런 스포츠는 상생, 의미, 감동, 과정 중심의 인간의 얼굴을 한 스포츠에서 찾을 수 있다.

참고문헌

1. 개념

김정명(2001). 바둑을 스포츠로: 타당한 움직임인가?. 한국체육철학회 추계 학술대회.

박주한(2004). 바둑의 스포츠 논쟁. 한국체육철학회지.

권오륜 외(2005). 바둑이 스포츠가 될 수 있는가? 한국체육학회지. 43(6).

이학준(2004). 스포츠란 무엇인가: 체험과 이해. 스포츠 속으로. 서울: 북스힐.

김현덕 · 김기용(2001). 스포츠의 개념. 서울: 홍경.

박현우 · 김부찬(2005). 스포츠란 무엇인가. 스포츠의 인문학적 탐색. 광주: 전남대학교 출판부.

2. 사회

강준만(1998). 우리 대중문화 길 찾기. 서울 : 개마고원.

김창남(1998). 대중문화의 이해. 서울 : 한울아카데미.

동아일보. 1998년 12월 2일자.

문선영(1998). 스포츠를 통해서 건져야 할 것: 스트레스 해소인가, 욕망의 실현인가. 고대문화. 제48호.

서문희(1997). 음주가 사회에 미치는 영향과 비용추계. .보건복지부 보건주보. 제1133호.

서울틀별시(1999). 시민체육. 1월호.

송해룡(1993). 스포츠 커뮤니케이션론. 서울 : 전예원.

심광현(1998). 탈근대적 문화정치. 서울 : 문학과학사.

원융희(1997). 술, 술을 다스려라 성공할 것이다. 서울 : 기문사.

유태종(1998). 술, 악마의 유혹인가 성자의 눈물인가. 서울 : 아카데미북.

이진경(1997). 근대적 시공간의 탄생. 서울: 새길.

이동연외(1998). 스포츠, 어떻게 읽을 것인가. 서울 : 삼인.

이학준(1999). 스포츠에서의 행복찾기: 스포츠 맛과 살맛 나는 세상. 한국체육학회지. 38(4).

조정옥 외(1993). 사회철학대계3. 서울 : 민음사.
최영옥(1984). 인간관계에서 스포츠의 역할. 체육학영어강독. 서울 : 선일문화사.
한왕택 · 정태웅(1997). 컴뮤니트 스포츠론. 서울 : 태근.
한겨레21. 1994년 6월.
Daly, M.(ed).(1992). Communitarrianism-A New Public Ethics: Wadworth.
Lawrence A Wenner(Ed)(1989). Media, Sports & Society. Sage Publication.
Leonard II(1993) A Sociological Perspective of Sport. Macmillan Publishing Company.
Kretchmar R. S(1994). Practical Philosophy of sport Champaign. IL. Human Kineics.
Phillips. D.L(1993). Looking Backward: Princeton Univ.
Silverman HughJ(Ed)(1990). Postmodernism Philosophy and The Art. Chapman and Hall,

3. 소비

(주)LG애드(1995). 현대는 이미지시대. <인간존중>. 4 · 5월호(통권 제7호).
강준만(1996). 대중문화의 겉과 속. 서울 : 한샘출판사.
고려대학교(1996). 문화-이미지의 세계. <고대문화> 제44호.
김경용(1994). 기호학이란 무엇인가. 서울 : 민음사.
김문겸(1993). 여가의 사회학: 한국의 레저문화. 서울 : 한울 아카데미.
김성도 역(1995). 현대 기호학의 흐름. 서울 : 이론과 실천.
김주환(1990). 가다머의 놀이와 예술작품. 철학연구 46. 대한철학회.
박남환(1998). 스포츠에 투영된 놀이의 형이상학. 한국체육학회지. 37(4).
박정순(1995). 대중매체의 기호학. 서울 : 나남.
성우제. 농구이데올로기에 갇힌 10대. <시사저널>. 1995. 5. 25.
송해룡 편저(1997). 스포츠커뮤니케이션. 서울 : 전예원.
신상희(2000). 하이데거의 초연한 내맡김. 철학. 62(1).
신상희(2005). 하이데거의 사방세계와 신. 철학 84. 한국철학회.
유선영(1995). 커뮤니케이션과 문화. 서울 : 성균관대학교 출판부.
이동연 외(1998), 스포츠, 어떻게 읽을 것인가 .서울: 삼인

이상률 역(1991). 소비의 사회. 서울: 문예출판사.
이상률 역(1996). 문화와 소비. 서울: 문예출판사.
이상률 · 양운덕 역(1993). 오늘을 위한 프랑스 사상가들. 서울 : 청아 출판사.
조성채(2004). 호이징하의 놀이관에 고찰, 목포해양대학교 논문집, 3(1).
한왕택(1996). 스포츠 산업학 개론. 서울 : 태근.
함정혜(1996). 놀이의 본질과 기능에 관한 연구. 움직임의 철학 : 한국체육철학회지. 4(1).
Ho-KunYi(1995). The mind /body problem in Western cuture: Ethical implication for sport. dissertation of the ohio state university.
Kretchmar R .S(1994). Practical Philosophy of sport. Champaign. IL. Human Kineics.
Lawrence A Wenner(Ed) (1989). Media, Sports & Society. Sage Publication.
Silverman Hugh J(Ed) (1990). Postmodernism Philosophy and The Art. Chapman and Hall,

4. 고향

김영선 · 함정혜(2004). 현대 운동문화의 가치비판. 한국체육학회지. 43(1).
김영선(2004). 운동문화의 인간학적 가치회복. 미간행 박사학위논문. 이화여자대학교 대학원.
김용정(1998). 정보화 사회에서의 인간상. 기술문명에 대한 철학적 반성. 서울 : 철학과 현실사.
김창남(1998). 대중문화의 이해. 서울 : 한울아카데미.
권순홍(1999). 현대기술과 구원. 철학논총 16.
박종규(2004). 하이데거에 있어서 실존과 공존. 철학논총. 제37집. 새한철학회 논문집.
박찬국(2002). 하이데거와 윤리학. 서울 : 철학과 현실사.
박찬국(2004). 들길의 사상가 하이데가. 서울 : 동녘.
박찬국(2005). 현대철학의 거장들. 서울 : 철학과 현실사.
박홍규 · 정홍익 · 임현진(1992). 스포츠사회학. 서울 : 나남.
소광희 · 이수정 · 박찬국(1999). 하이데거: 그의 생애와 사상. 서울 : 서울대학교출판부.
송형석 · 이재성(2004). 현대 독일스포츠철학의 흐름. 서울 : 무지개사.
송형석(2005). 근대성, 몸 그리고 스포츠. 대구 : 이문출판사.
송형석 · 이학준 역(2006). 스포츠철학. 서울 : (주) 북스힐.
손환 외역(2000). 스포츠를 생각한다. 서울 : 홍경.
이기상 역(1998). 존재와 시간. 서울 : 까치.
이기상 · 구연상(1998). 존재와 시간 용어해설. 서울 : 까치.
이서규(2003). 현대철학의 이해. 서울 : 건국대학교출판부.
이정학(2004). 현대스포츠의 정체성에 관한 연구. 한국사회체육학회지. 22.
이정학(2005). 체육과 스포츠의 철학적 탐구. 서울 : 대한미디어.
윤여탁(2004). 신자유주의에 따른 스포츠의 상업성에 관한 비판적 고찰. 한국체육학회지. 43(4).
윤찬원(1998). 환경문제의 새로운 출구. 기술문명에 대한 철학적 반성. 서울 : 철학과 현실사.
전광석(1999). 고향. 서울 : 문학과지성사.
장성수(2005). 본질론을 중심으로 한 체육의 정체성 정립을 위한 제언. 한국체육학회지. 44(6).
최양부(1998). Heidegger에 있어서 윤리, 자연 그리고 기술에 대한 존재론적 해석. 인문과학논총 17. 청주대 인문과학연구소.
체육사상연구회(2005). 스포츠反문화. 서울 : 무지개사.
피터하(2005). 하이데거 철학에 있어서의 염려와 윤리학의 가능근거. 철학과 현상학연구.
함정혜 · 김영선(2003). 운동의 가치위계에 관한 가치 윤리학적 이해. 한국체육학회지. 42(5).
John H. Gibson(1989). performance vs. Results: A critique of values in contemporary. The ohio state university.
Sage, G. H.(1990). Power and ideology in American Sport. Champaign Illinois: Human Kinetics Book.
Hyland, Drew(1990). Philosophy of sport. New York: Paragon House.

5. 공부

강신복(2003). 학원스포츠의 현실과 개선방안. 새교육 6월호. 한국교육신문사.

김영민(1996). 탈식민성과 우리 인문학의 글쓰기. 서울 : 민음사.

김용옥(1995). 동양학 어떻게 할 것인가. 서울 : 통나무.

김용옥 역(1989). *老子*: 길과 얻음. 서울 : 통나무.

김용옥(1990). 태권도철학의 구성원리. 서울 : 통나무

김정근 편(1996). 학술연구에서 글쓰기의 혁신은 가능한가. 서울 : 한울.

김정명(1995). 진정한 '체육학'과 그 방법론. 한국체육학회보. 제62호.

김정명(1997). 체육학의 정체성과 그 방법론에 관한 초방법론적인 고찰. 한국체육학회지. 36(4).

김충열(1995). 김충렬 교수의 노장철학 강의. 서울 : 예문서원.

박기동(1997). 강원도민의 스포츠체험: 황영조 읽기. 『강원사회의 이해』. 서울 : 한울.

박기동(1997). 토론 수업을 위한 교수-학습 모형의 탐색. 강원대체육과학연구소 논문집. 제21호.

박기동(1999). <몸>의 교육학: 글쓰기로 가로지르기. 강원대체육과학연구소 논문집. 제22호.

박원재(1996). 도가의 이상적 인간상에 대한 연구. 미간행 박사학위논문. 고려대학교 대학원.

박희병 역(1997). 선인들의 공부법. 서울 : 창작과 비평사.

이성용(1999). 한국 사회학자의 존재이유. 사회과학자의 글쓰기. 서울 : 일신사.

이진수(1999). 체육에서의 몸 닦기. 서울대학교 체육연구소논문집. 19(2).

서기원(2001). "황제 펠레와 악동 마라도나." 조선일보. 1월 4일자. 31면.

오진탁(1987). 장자의 도를 통해서 바라보는 기술문명. 현대의 위기 동양철학의 모색. 서울 : 예문서원.

오진탁 역(1990). 감산의 장자풀이. 서울 : 서광사.

오진탁 역(1990). 감산의 노자풀이. 서울 : 서광사.

이왕주(1998). 철학살이 철학풀이. 서울 : 문예출판사.

이정우(1997). 가로지르기: 문화적 모순과 반 담론. 서울 : 민음사.

이학준(1999). 체육학의 참된 글쓰기. 한국사회체육학회 학술대회. 계명대학교.

임수무(1997). 장자의 공부론. 동서철학. 제29집.

임수무(2002). 공부(工夫). 제397회 목요철학세미나 자료.

신경림 · 안규남 역(1994). 체험연구: 해석학적 현상학의 인간과학 연구방법론. 서울 : 동녘.

조혜정(1996). 탈식민지 시대 지식인의 글 읽기와 삶 읽기 1. 서울: 또 하나의 문화.

최의창(2002). 체육의 역연금술(2판). 서울 : 태근.

최의창(2001). 읽는 스포츠의 매혹 : 사사적 글 읽기를 통한 스포츠 이해. 스포츠과학. 12(3). 한국체육과학연구원.

Van Mannen, John(1988). Tales of the Field: On Wright Ethnography. Chicago and London: The University of Chicago Press.

6. 인격

권욱동(2004). 여가속에서의 여성의 몸. 한국체육학회지. 43(1).

김동규(1996). 인간교육 실현을 위한 체육교육의 방향탐색. 한국체육학회지. 35(1).

김동규 · 구강본(2003). 신자유주의 학교체육의 전개양상과 대응과제. 한국체육학회지. 42(3).

김동규 · 김영갑 · 주동진(2004). 몸에 대한 사회철학적 담론. 한국체육철학회지. 43(1).

김미숙(2003). 통합적인 인간형성에 관한 인지학적 접근. 한국체육학회지. 11(1).

김미자(1983). 인격형성을 위한 체육의 성립과정. 서울교육대학교논문집. 16.

김옥태(2000). 체육과 인격형성: 그 가능성과 한계. 한국체육철학회지. 8(2).

김현덕(1980). 체육과 인격형성에 관한 소고. 국민대학교논문집. 17(1).

김현덕(1985). 근대영국의 스포츠가 인격형성에 미친 영향. 국민대 스포츠과학연구논총. 3.

김이수(2005). 한국의 신체문화, 몸닦달로 접근. 미간행 박사학위논문. 세종

대학교 대학원.
노양진(2001). 몸의 철학적 담론. 용봉논총. 30(1).
박찬국(2004). 들길의 사상가, 하이데거. 서울: 동녘.
박홍식 역(2001). 체육・스포츠철학론・무도론. 서울 : 대경.
최봉영(2006). 일상적 인격투쟁과 과잉권력욕. 웹진 시대소리.
최대혁(1988). 스포츠와 인격형성에 관한 고찰. 성균체육대학회지, 5(1).
윤여탁(2004). 신자유주의에 따른 스포츠상업성에 관한 비판적 고찰. 한국체육학회지. 43(4).
임재구(2001). 신자유주의에 따른 스포츠의 상업성. 한국체육철학회 추계학술대회.
임혜옥・김영선(2005). 도덕교육으로서 스포츠의 과제. 한국체육철학회지. 13(1).
송형석(2003). 왜 몸인가? 한국체육학회지. 42(3).
이기상 역(1993). 기술과 전향. 서울 : 서광사.
이진수(1999). 체육에서의 몸 닦기. 서울대학교 체육연구소논집. 20(1).
이진수(2000). 몸을 기르는 것은 마음을 기르는 것과 다른가? 제38회 한국체육학회 학술발표회.
이천희(2006). 스포츠에 있어서 인격형성의 가능성과 한계. 한국체육철학회 춘계학술대회.
이학준(2003). 몸의 지위. 한국체육철학회지. 11(1).

7. 건강

김교헌(1999). 전인적 건강과 시스템이론. 충남대학교 사회과학연구소. 사회과학논총 제10권.
김영선・함정혜(2004). 현대운동문화의 가치비판. 한국체육학회지. 43(1).
송형석(2000). 건강의 목적에 대한 철학적 소고. 한국체육학회지. 39(1).
송형석(2004). 사회문화적 관점에서 본 스포츠와 건강. 한국체육학회지. 43(1).
김은영・김동규(2005). 건강문화 속의 건강제일주의 비판. 한국체육학회지. 44(4).
김은영(2004). 건강의 의미를 역설적으로 생각한다. 한국체육학회지. 43(4).

차건수 · 강진호(2001). 성경에 나타난 건강의 의미와 건강교육의 방향에 관한 연구. 한국체육학회지. 40(2).

차건수 · 김정완(2000). 퇴계의 철학사상과 활인심방에 나타난 건강의 의미. 한국체육학회지. 39(4).

황태상(1996). 개화기 건강과 위생의식에 관한 연구. 한국체육학회지. 35(3).

한성일(1956). 건강교육. 한국체육학회지. 2.

유헌식(2003). 건강제일주의는 건강한가. 철학과 현실. 철학과 현실연구소.

카토쿠리히코(1995). 스포츠는 몸에 나쁘다. 서울 : 예예원.

Fox, L. (1975). A Linguistic Analysis of the concept 'Health' in sport. Journal of the philosophy of sport. II. 31-35.

Wachter, Frans De. (1985). The Symbolism of the Healthy Body: A Philosophical Analysis of the Sportive Imagery of Health. Journal of the philosophy of sport. XI. 56-62.

Lenk, H. (1982). Social Philosophy of Athletics. Champaign, IL: Stipes.

Jung Hee Kim(1994). Concept and Measures of Health and Physical Health. Journal of Institute of health and Environmental science. Vol. 2. No. 2.

Weiss, P. (1969). Sport: A Philosophic Inquiry. Carbondale: Southern illinois University Press.

8. 신체

송형석(2004). 왜 몸인가?. 한국체육학회지. 42(3)

이학준(2004). 몸의 지위. 한국체육철학회지. 11(1)

주동진외(2005). 몸의 사회철학적 담론. 한국체육학회지. 43(1)

김동규(2001). 몸에 대한 성찰. 스포츠사회철학연구회 회보.

김정현(2000). 니체의 몸 철학. 서울 : 문학과 현실사.

박치완(2000). 베르그송의 간-신체와 사이 존재론. 몸. 서울 : 산해.

송형석(2001). 육체사의 재음미. 한국체육학회지. 40(1).

양해림(2000). 메를로-퐁띠의 몸의 문화현상학. 몸의 현상학. 서울 : 철학과 현 실사.

오생근 역(1994). 감시와 처벌. 서울 : 나남.

유근직(1999). 식민지 체조교육과 한국인의 신체형성에 관한 역사적 고찰.

한국체육학회지. 39(2).
윤여탁, 이형일(2001). 사회변화에 따라 형성된 신체적 담론이 학교체육에 끼친 영향. 한국체육학회지. 40(1).
이정우 역(1996). 철학사전. 서울 : 동녘.
이진수(2001). 체육에서의 몸 닦기. 한국체육사상사. 서울 : 한양대학교출판부.
정웅근(1990). 메를로-퐁띠의 인식주체적 신체가 갖는 체육적 의의. 미간행 박사학위논문. 서울대학교 대학원.
조원규 역(2001). 몸 숭배와 광기. 서울 : 여성신문사.
조선일보. 2001년 6월, 7, 8, 9일자.
진교훈 역(2001). 우주에서의 인간의 지위. 서울 : 아카넷.
함정혜 · 김영선(2000). 운동하는 몸의 반성적 고찰. 한국체육학회지. 39(1).
Hyland Drew A.(1990). Philosophy of sport. Paragon House. New York
Krechmar, R. S.(1994). Practical Philosophy of sport. Champaign Human Kinetics.
Shilling, Chris(1993). The Body and Social Theory. Sage. London.

9. 영화

거린다 차다(2002). 슈팅 라이크 베컴. 서울 : (주) 아론미디어.
곽경택(2002). 챔피언. 서울 : (주) 크라이 픽쳐스.
김종현(2004). 슈퍼스타 감사용. 서울 : (주) 싸이더스.
노만 주이슨(1999). 허리케인 카터. 서울 : (주)삼화프로덕션.
류승환(2005). 주먹이 운다. 서울 : (주) CJ엔터테인먼트.
백건영(2005). 영화에게 길을 묻다. 서울 : 생각의 바다.
보아즈 야킨(2001). 리멤버 타이탄. 서울 : (주)삼화프로덕션
수오 마사유키(2000). 으랏차차 스모부. 서울 : (주)동성프로덕션.
윌리엄 프리드킨(19994). 샤킬 오닐의 NBA의 챔프. 서울 : (주)삼화프로덕션.
이민용(2003). 보리울의 여름. 서울 : (주)펄프로덕션.
정윤철(2005). 말아톤. 서울 : (주)미디어 플렉스.
정준영 역(2001). 스포츠, 그 열광의 사회학. 서울 : 한울 아카데미.
주성철(2006). 영화 속의 스포츠, 그 허구와 리얼리티. 시민체육 1월호.

클린트 이스트우두(2005). 밀리언 달러 베이비. 서울 : (주)신영디지털.
토마스 카터(2005). 코치카터. 서울 : (주)동우영상.
페니 마샬(1992). 그들만의 리그. 서울 : (주)세신영상.
휴 허드슨(1981). 불의 전차. 서울 : (주)동우영상.

10. 무도

송형석 외(2005). 태권도란 무엇인가? 대구 : 이문출판사.
스티븐 캐패너(1998). 동양무도 수련관의 변천과 현대적 의의. 미간행 박사학위논문. 서울대학교 대학원.
양진방(1998). 무술, 무예, 무도개념에 대한 새로운 인식의 틀. 스포츠의 철학적 이해. 서울 : 태근.
이정학(1995). 심신관을 통해본 동양무도의 원리. 움직임의 철학: 한국체육철학회지. 3(1).
이진수(1999). 체육에서의 몸 닦기. 서울대학교 체육연구소논집. 20(1).
최복규(1995). 전통무예의 개념정립과 현대적 의의. 미간행 석사학위논문. 서울대학교 대학원.
황의룡외 역(2003). 스포츠문화의 탈구축. 서울 : 21세기 교육사.

11. 승리

고범서(1992). 가치관연구. 서울 : 나남.
박철홍 · 유병인(2005). 대학운동선수의 승리에 대한 인식. 한국체육학회지. 43(6).
박홍규 · 정홍익 · 임혁진(1992). 스포츠사회학. 서울 : 나남.
이동연외(1998). 스포츠, 어떻게 읽을 것인가. 서울 : 삼인.
이정우역(1996). 철학사전. 서울 : 동녁.
이진수(1996). 고대한국 스포츠 연구. 서울 : 교학연구사.
이천희(1996). 스포츠의 철학적 탐구. 서울 : 고려대학교 출판부.
이한우역(1995). 해석학이란 무엇인가. 서울 : 문예출판사.
황영조(1999). 마라토너 손기정의 생애와 사상. 고려대학교 교육대학원 미간행 석사학위논문.
Beckett, A(1984). Philosophy, Chemistry and the Athlete. New Scientist,103,18.

Brown, W.M(1980). Ethics, Drugs and Sport. Journal of the philosophy of sport. VII.

Fraleigh, Warren P(1984). Performance-Enhancing Drugs in Sport: The Ethical Issue. Journal of the philosophy of sport. XI.

Grupe, O(1985). The Problem of Doping or the Influence of Pharmaceutics on Performance in sports from the standpoint of Sport Ethics. SNIPES Journal, 8.

Ho-Kun Yi(1995). The mind/body problem in Western cuture: Ethical implication for sport. Ph. D. dissertation of the ohio state university.

Hyland, drew(1990). philosophy of sport. paragon house. new york.

Kretchmar R. S(1994). Practical Philosophy of Sport. Champaign IL. Human Kinetics.

Moorcraft, D(1985). Doping: The Athlete's View Dilemmas and Choices. Olympic Review.

Weiss, Paul(1969). Sport: A Philosophic Inquiry. Carbonbale IL: Southern Illinois University Press.

12. 도덕

박현우 · 김부찬(2005). 스포츠에서 윤리가 필요한가? 스포츠의 인문학적 탐색. 광주: 전남대학교 출판부.

김방출 외(2005). 내기스포츠에 관한 윤리적 고찰: 억대 내기 골프 무죄판결 사례를 중심으로. 한국체육학회지. 44(4).

차건수(2005). 기독교적 인간이해에서 본 체육, 스포츠의 윤리와 그에 따른 윤리교육의 방향에 관한 고찰. 한국체육학회지. 44(1).

함정혜 · 김영선(2003). 운동의 가치위계에 관한 가치 윤리학적 이해. 한국체육학회지. 42(5).

남중웅(2002). 스포츠윤리의 사회윤리학적 인식과 접근방법에 관한 고찰. 한국체육학회지. 41(5).

남중웅(2002). 스포츠의 사회윤리학적 고찰. 41(2).

최미란(2001). 스포츠상업주의에 따른 스포츠지도자와 경영자의 윤리의식에 관한 연구. 한국체육학회지. 40(2).

정응근 · 김홍식(2000). 스포츠윤리 담론의 새로운 방향. 한국체육학회지. 39(2).

이학준(1998). 스포츠윤리의 사회윤리학적 접근과 의의. 한국체육학회지. 37(1).

이학준(2003). 스포츠의 사회윤리. 서울 : 북스힐.

강유원(1994). 스포츠 경기에서의 가치판단: 윤리적 차원. 한국체육학회지. 33(2).

정종훈(1994). 현대스포츠경영과 정책수립에 있어서의 철학적 과제 : 윤리적, 인종적, 성적, 약물 사용 문제를 중심으로. 한국체육학회지. 33(2).

13. 심판

구강본 · 김영갑(2006). 스포츠현장에서의 오심 논쟁 읽기. 한국체육철학회지. 14(2).

고범서(1998). 포스트모던시대의 사회윤리. 서울 : 소화.

김동규(1982). 심판의 자질과 심판풍토에 관한 조사 연구. 인문연구. 1.

김사엽 · 김희중(2000). 중고등학교 하키 선수들의 심판 판정에 대한 의식 조사 연구. 한국체육학회지. 39(3).

김성우(1999). 인권의 민주주의와 책임의 윤리. 건국대학교 대학원 논문집. 제48집.

김영진 역(1985). 윤리학의 기본원리. 서울: 서광사.

김태길(1992). 문제 상황과 철학적 사유. 철학과 현실. 서울: 철학과 현실사.

박찬혁 · 정민규 · 윤호천(2004). 국내 농구 선수들의 심판판정에 대한 인식 조사. 한국체육교육학회지. 9(2).

박해용(2003). 한국 축구 심판들의 판정실책 원인분석. 한국스포츠심리학회지. 14(3).

방 열(2004). 한국 프로농구의 심판문제 및 그 개선방안. 한국스포츠교육학회지. 11(2).

소흥렬(1985). 윤리와 사고. 서울 : 이화여대출판부.

이진우 역(1994). 책임의 원칙: 기술시대의 책임윤리. 서울 : 서광사.

조선일보, 2002. 8. 22일자. 양태영, 오심 없었으면 금메달.

최관용 · 조민선(2000). 유도심판의 판정 요인분석. 한국체육학회지. 39(4).

최상욱(2006). 차세대 무한시장 스포츠를 읽어라. 서울 : 스포츠인코퍼레이션.

최용철 역(1994). 도덕행위론. 서울 : 지성의 샘.

최종삼 · 최관용(1999). 유도판정 경기에 대한 심판과 선수의 견해차이 분석. 한국체육학회지. 38(1).

Hyland, D.(1990). Philosophy of Sport. New York: Paragon House.

Simon, Robert.(1985). Sports and Social Values. Englewood Cliffs, N. J., Prentice-Hall.

14. 환경

김동규 · 이정식(2004). 스포츠환경론. 경산: 영남대학교 출판부.

박이문(1996). 문명의 위기와 문화의 전환. 서울 : 믿음사.

박현우 · 김부찬(2005). 스포츠는 자연환경 적대적인가? 스포츠의 인문학적 탐색. 광주: 전남대학교 출판부.

송형석(1997). 체육학의 과제로써 스포츠와 환경. 한국체육학회보. 제68권.

송형석(1998). 스포츠와 환경: 공존을 위한 윤리적 이념 모색. 한국체육학회지. 37(1).

송형석(1999). 스포츠와 환경(2) : 공존을 위한 윤리적 이념 모색. 한국체육학회지. 38(3).

이진우 역(1994). 책임원칙: 기술시대의 생태학적 윤리. 서광사.

황경식 · 김상득 역(1995). 환경윤리와 환경정책. 서울 : 서광사.

15. 체벌

심향보 · 원유병(2005). 단체종목과 개인종목 운동선수들의 폭력으로 인한 탈진비교. 한국체육학회지. 44(4).

김재원 외(2005). 폭력을 이용한 운동선수의 정서 상태분석. 한국체육학회지. 44(2).

이강우(2003). 청소년의 스포츠활동 참가와 폭력행동의 관계 연구. 한국체육학회지. 42(3).

강신욱(1998). 운동선수 신체적 학대에 관한 실태조사. 한국체육학회지. 37(2).

김영갑 · 김동규(2001). 스포츠현장의 체벌과 보상. 움직임의 철학 : 한국체육철학회지. 9(2).
김은경(1999). 체벌불가피론과 학생인권. 사회와 문화. 11.
김응식(2001). 체벌에 대한 운동선수와 지도자 태도. 한국체육학회. 40(3).
김정명(1999). 청소년 인권의 사각지대. 청소년연구. 6(2).
김혜선(1994). 체벌의 정당성 여부에 관한 연구. 미간행 박사학위논문. 성신여자대학교 대학원.
박정하(2001). 체벌의 정당성 문제에 대한 윤리학적 접근. 대동철학. 15. 대동철학회.
송기성(2001). 성인 스포츠팀 운영시 체벌의 실태와 대책. 한국체육학회. 40(3).
신동로 · 이국행 외(1998). 체벌의 대한 다문학적 접근과 그 대안. 한국교사교육. 15(2).
신선애(2001). 체벌논쟁에 대한 소고. 지성과 창조. 4.
신차균(2003). 학교체벌 논쟁에 대한 교육철학적 분석. 교육논총. 13(1).
오성기(1999). 체육교사의 지도유형과 체벌이 교육성과에 미치는 영향. 외대논총. 19(4).
윤미정(2005). 교육적 체벌의 범위와 한계. 미간행 석사학위논문. 대구대학교 교육대학원.
윤용규(2002). 교원의 학생체벌에 대한 형법적 고찰. 형사법연구. 21.
윤용규(2002). 체벌의 정당화의 관한 소고. 비교형사법 연구. 4(2).
정진곤(2001). 체벌의 개념과 교육적 의미. 비교교육연구. 11(2).
조동섭(2001). 체벌의 교육적 의미와 한계. 초등교육연구. 11(2).
함정혜(1997). 중, 고등학교 운동선수의 활동 및 체벌 실태 연구. 한국체육학회지. 36(4).
Jeong, Eigsun(2002). The Status of Hazing in South Korea University Team Sports. Philosophy of Movement : The Journal of Korean Philosophic Society for Sport and Dance. vol.10. No.2.

16. 미래

강유원(1996). 스포츠에서의 경쟁적 운동경험의 체험적 분석. 미간행 박사학위논문. 세종대학교 대학원.

김동규(1992). 현대 휴머니즘을 중심으로 한 체육, 스포츠의 본질 및 목표설정에 관한 연구. 미간행 박사학위논문. 한국체육대학교 대학원.

김석환(1996). 테니스 경기경험의 현상학적 접근. 미간행 박사학위논문. 경북대학교 대학원.

김홍식(1994). 스포츠체험의 교육적 의미. 미간행 석사학위논문. 서울대학교 대학원.

문일지 역(1986). 움직임의 의미. 서울 : 탑 출판사.

박 권(2005). 대한올림픽위원회의 미래 전략적 대응과 분석. 한국체육학회지. 44(1).

손환 외역(2001). 스포츠를 생각한다. 서울 : 홍경.

송형석(1989). 체육의 예술성에 관한 연구. 미간행 석사학위논문. 서울대학교 대학원.

송형석(2001). 스포츠와 인간. 대구: 이문출판사.

스포츠서울, 1998년 8월29일자.

이동연외(1999). 스포츠, 어떻게 읽을 것인가. 서울: 삼인.

이정우 역(1996). 철학사전. 서울 : 동녘.

이종길(2004). 대학운동선수의 미래포부와 자아실현의 관계. 한국체육학회지. 43(4).

이진수(1999). 체육에서의 몸 닦기. 서울대학교 체육연구소논집. 19(2).

이천희(1992). 인간의 감성과 스포츠 미. 한국스포츠, 무용철학회지. 1(1).

장성수(2000). 한국의 민족적 국가주의 체육의 역사적 이해와 미래체육의 세계화를 위한 제언. 한국체육학회지. 39(2).

장성수(2003). 미래지향적 올림픽 경기 정신에 대한 통사적 고찰. 한국체육학회지. 42(6).

정순철(1986). Martin Buber의 철학사상이 학교체육에 주는 의미. 미간행 박사학위논문. 한양대학교 대학원.

정웅근(1990). 메를로 퐁띠의 인식주체적 신체가 갖는 체육적 의의. 미간행 박사학위논문. 서울대학교 대학원.

정웅근 · 송형석(1996). 스포츠인간학 구성에 관한 기초연구. 서울대학교 체육연구소논집. 17(1).

정희준 · 이광용(2000). 세계화 과정 속의 한국 프로스포츠: 그 현실과 미래에 대한 사회학적 접근. 한국체육학회지. 39(1).

중앙일보, 2000년 7월11일자.

최의창(2000). 체육교육의 목적과 의미의 두 측면. 교육학연구. 38(2).

최충환(1993). 체육의 현상학적 접근. 미간행 박사학위논문. 한양대학교 대학원.

Arnold, P. J.(1979). Meaning in Movement, Sport and Physical Education. London: Heinemann.

Brohm, J. M(1978). Sport: A Prison of measured time. London: Ink Links.

Gim, J. M. (1989). Physical Education as Artful Knowing. Dissertation. The Ohio state University.

Hargreave, J.(ed)(1982). Sport, Culture and Ideology. London: Routledge & Kegan Paul.

Hoch, P.(1972). Rip off the big game: The exploitation of sports by the power elite. New York: Anchor Doubeday.

Ho-Kun, Yi.(1995). Th mind/body problem in western culture: Ethical implication for sport. Dissertation. The ohio state university.

Hyland. D.(1990): The philosophy of sport. New York: Paragon House.

Kleimann, Seymore. (1980). Art, Sport and Intention. Proceeding of the national Association for physical education.

Metheny, E.(1975). Moving and Knowing in sport, dance and physical education. Peek Publication.

Morgan, W. J. and Meier, K. V.(eds). (1988). Philosophic Inquiry into sport. Champaign. IL: Human Kinetics. 1st.

Novak, M.(1976). The Joy of sports. New York: Basic Books, Inc., Publishers.

Riguer, B.(1981). Sport and Work. New York: George Braziller. Inc.

Simon, R. L.(1985). Sports and Social values. Englewood Criffs, NJ: Prentice Hall.

Thomas, C. E.(1974). Toward an experiential aesthetic: Journal of the philosophy of sport. 1.

원문출처

01. 1997년. 스포츠의 맛(앎)의 함의. 한국체육철학회지. 4(2). 15-24.
02. 2000년. 스포츠를 권하는 사회 만들기. 한국체육학회지. 39(3). 82-90.
03. 1998년. 스포츠, 이미지, 기호, 사회, 한국체육학회지. 35(2). 522-530.
04. 2006년. 스포츠의 고향상실과 회복. 한국체육학회지. 45(2). 23-31.
05. 2003년. 체육의 공부론: 기의 습득과 도의 체득. 한국체육학회지. 42(4). 125-132.
06. 2006년. 인격형성으로서 체육공부. 한국체육학회지. 45(5). 41-47.
07. 2006년. 건강개념: 오해와 이해. 한국체육학회지. 45(1). 113-120.
08. 2003년. 몸의 지위. 한국체육철학회지. 11(1). 123-137.
09. 2006년. 영화 속의 스포츠 읽기. 한국체육학회지. 45(4). 41-48.
10. 2006년. 무의 길. 한국체육철학회지. 14(2). 137-143.
11. 1999년. 스포츠에서 승리와 패배의 함의. 한국체육학회지. 37(2). 68-76.
12. 2001년. 운동선수는 왜 도덕적으로 보여져야 하는가? 한국체육철학회지. 9(2). 75-84.
13. 2006년. 심판오심과 도덕적 책임. 한국체육학회지. 45(6). 81-89.
14. 2002년. 스포츠 환경과 생태학적 윤리. 한국체육철학회지. 10(1). 175-183.
15. 2006년. 체벌대안담론. 한국체육철학회지. 14(3). 115-125.
16. 2001년. 인간의 얼굴을 한 스포츠. 한국체육학회지. 40(4). 111-121.

찾아보기

키워드로 읽는 스포츠

저 자 ◎ **이 학 준**
펴낸이 ◎ **조 승 식**
펴낸곳 ◎ (주) 도서출판 **북스힐**
등 록 ◎ 제 22-457 호
주 소 ◎ 142-877 서울시 강북구 수유2동 258-20
E-mail ◎ bookswin@unitel.co.kr
www.bookshill.com
전 화 ◎ 02-994-0071(代)
팩 스 ◎ 02-994-0073

2007년 3월 5일 1판 1쇄 발행
2010년 12월 5일 1판 2쇄 발행

값 9,000원
ISBN 978-89-5526-383-1